历史学与人类学:
20世纪西方历史人类学的理论与实践

History and Anthropology:
Theories and Practices of Western Historical Anthropology in the 20th Century

陆启宏 著

复旦大学出版社

国家社科基金后期资助项目出版说明

后期资助项目是国家社科基金设立的一类重要项目,旨在鼓励广大社科研究者潜心治学,支持基础研究多出优秀成果。它是经过严格评审,从接近完成的科研成果中遴选立项的。为扩大后期资助项目的影响,更好地推动学术发展,促进成果转化,全国哲学社会科学工作办公室按照"统一设计、统一标识、统一版式、形成系列"的总体要求,组织出版国家社科基金后期资助项目成果。

全国哲学社会科学工作办公室

序言 "音调未定"的思想潮流

西方史学,源远流长,行至20世纪,具有悠久传统的西方史学发生了裂变,日渐剥离传统史学的脐带,自19世纪末新旧史学之争,启动了现当代西方史学的历史行程,迎来了20世纪西方史学瑰丽的篇章。

20世纪西方史学的行程,概要之,大体上是从传统史学走向新史学。这一进程,随着社会发展而推陈,适合时代进步而更新。20世纪以降,新史学一路走来,至60年代前后,曾一度雄踞史坛,风行一时。在这一过程中,我们可以看到,西方新史学伸出双手,一只与自然科学牵手,另一只与社会科学相挽,交汇沟通,互补反馈,它再也不能"闭关自守"、束缚在单一的史学研究模式中。从现代美国新史学派创始人鲁滨逊所发出的史学需充分利用"新同盟军"的呐喊,到法国年鉴学派在《年鉴创刊词》中的"打破学科之间的围墙"的呼唤,其旨都在倡导跨学科与多学科的研究,随之而来的是出现了现代史学的多个分支学科,比如心理史学、计量史学、口述史学、比较史学和影视史学等,在我们面前呈现出了多姿多彩的史学景观,"历史人类学"也就在这一学术背景下应运而生了。

其实,读陆启宏的《历史学与人类学:20世纪西方历史人类学的理论与实践》便可知,历史人类学并不是历史学或人类学的分支学科,在相当长的一段时间内,两者之间仍是相当疏远的,但到了20世纪60年代后期则发生了变化,它们两者的相似性与共同性被指出,在各方举行的学术论坛上,探讨人类学与历史学结合的可能性,被提上了议事日程。正是在这样的学术氛围中催生出了"历史人类学"。年鉴学派史家雅克·勒高夫在《新史学》一文中阐述"史学的前途"时,提出了三个假设,其中的一个就是:"或许是史学、人类学和社会学这三门最接近的社会科学合并成一个新学科。关于这一学科,保罗·韦纳称其为'社会学史学',而我更倾向于用'历史人类学'这一名称。"(雅克·勒高夫:《新史学》,载勒高夫等主编:《新史学》,姚蒙编译,上海译文出版社,1989年,第40页)于是,"历史人类学"之雅名也就此登上了史坛。

那么,何谓历史人类学?学术研究当然不是从定义出发,但为一个学科正名也很重要。对此,毋容我置喙,且看启宏的陈述。他说,"历史人类学"当是一个宽泛的概念,不同的学科有着不同的理解,故学者见解也各异。赵世瑜教授指出:"历史学有自己的历史人类学,人类学有自己的历史人类学。"倘如是,我们可以这样认为,历史人类学包括两个方面:人类学的历史化和历史学的人类学转向。对人类学而言,历史人类学意味着人类学从共时性分析转向历时性分析;而对历史学而言,历史人类学提供了新的研究领域和研究方法。不管怎样,历史学家和人类学家对历史人类学有着诸多不同的理解,但有一点可以肯定,两者之间的交流互鉴、取长补短显然有助于两个学科的发展。对此,我深以为然。由此想到,随着时代的变化、社会的发展,现当代西方史学也随之变化和发展着,而历史人类学也将变化和发展。正如人类学家雅乐塔·宾尔沙克(阿莱塔·比尔扎克)所指出:"人类学与历史学已经以各自的方式从欧洲凿出了各式各样的思想潮流。今日,知识源头相当密切的这两个领域,都是具有理论性刺激的场所,也是众多传统争夺(或者说,屈服于、穿越以及融入)霸权之处,而且那里的关键词和概念也是具有高度争议性的。这些冲突提供了肥沃的土壤,目前这两门学科从中奋力地创造自己的未来。从属于同样的源流,受到同样的思想力量的浇灌,人类学与历史学如今面对同样的可能性。"(雅乐塔·宾尔沙克:《地方性知识、地方史:纪尔兹与超越纪尔兹》,载林·亨特主编:《新文化史》,江政宽译,麦田出版社,2002年,第115页)写到这里,不由想到了多年前朱维铮先生写过的一篇《音调未定的传统》(《复旦学报(社会科学版)》1987年第1期),他在文章引言中指出:"目前关于传统的种种诠释,音调如此错杂,蕴涵的价值判断又如此大异其趣,在可以望见的将来,争论诸方也未必能够达成共识。"朱氏将当时学界关于"传统"概念的争议,称为"音调未定",这与上引宾氏关于当下"历史人类学"的争议,又何其相似乃尔,称其"音调未定"亦无不可。因此,序题"音调未定的思想潮流",想借此仿句,形容历史人类学当下的"学术生态",庶几可矣。

本书所述虽然是史学理论,而不是历史叙事,但不难读。翻开本书,纲目清晰,无论是理论部分的解释还是实践部分的阐述,都是据充分,论严谨。当然,作为一本西方史学的理论著作,还可以说开去,比如作者的主体意识、关于话语权等要旨的阐发,那就更上一层楼了。不管怎样,我还是可以这样说,《历史学与人类学:20世纪西方历史人类学的理论与实践》一书,对不谙西方史学的读者来说,或许开辟了一个观察史学的窗口;对史学专业的工作者来说,也能启智益思,或许为本行研究插上了一对思维的翅膀;对像我这样专治西方史学史的人来说,或许也可为西方史学史的现当代部分补遗,填补了一个空白。不信吗?请读读这本书吧。反正我信,且主意已定,在再次修订出版我主著的《西方史学史》第五版的时候,将在现当代西方史学部分上增添有关"历史人类学"的内容。

吾生启宏,在读博士研究生时,他做的学位论文是关于近代早期西欧的巫术问题,这种斑驳陆离的历史色调,关注下层民众的历史视野,也许与人类学的旨趣有着天然的联系,自此他心中埋下了人类学的"种子",后论文经修改与增补,结成题为《近代早期西欧的巫术与巫术迫害》一书出版(复旦大学出版社,2009年)。记得2007年,我应《历史教学问题》主编王斯德先生之约,为该刊主持是年"当代西方史学新趋势讲座",在筹划作者与选题时,我要启宏写历史人类学,他欣然同意了,其文《历史学的"人类学"转向:历史人类学》(《历史教学问题》2007年第4期)出手不凡,令我满意,此文大概成了本书的雏形。这之后,他对于历史人类学的关注,一发而不可收,在全国性的史学理论会议上可以见到他提交的参会论文,大多与此相关联。就这样,他孜孜矻矻、潜心治学,刻苦努力了十多年,期间又得国家社科基金后期资助项目的鼎力支持,现在终成硕果。作为他的老师,我希望作者继续努力、奋发有为,在学术上迈上一个新的台阶。

回到正题。勒高夫在《新史学》一文的最后充满自信地说道:"史学史取得的引人注目的进展应当一浪推一浪,继续下去。"是的,就以中国的西方史学史而言亦然。回望历史,自新中国成立七十周年以来,毋庸置疑,中国的西方史学史研究取得了引人注目的长足进步。观当下,山河温润,东风又启新征程。让我们与同道者一起,迈着新时代的步伐再出发,以开创中国西方史学史更加璀璨的明天!

是为序。

张广智

己亥春日于复旦书馨公寓

目 录

导　论　何谓历史人类学 …………………………………… 1

上篇　理　论　篇

第一章　文化的概念 ……………………………………… 19
第二章　文化的建构 ……………………………………… 37
第三章　结构与历史 ……………………………………… 52
第四章　历史的制作 ……………………………………… 64
第五章　微观与宏观 ……………………………………… 82

下篇　实　践　篇

第六章　社会人类学与历史人类学 …………………… 98
第七章　社会史与历史人类学 ………………………… 111
第八章　年鉴学派与历史人类学 ……………………… 128
第九章　格尔兹人类学与历史人类学 ………………… 155
第十章　新文化史与历史人类学 ……………………… 174

结　语 …………………………………………………… 184
参考文献 ………………………………………………… 196
后　记 …………………………………………………… 219

导论　何谓历史人类学

一、历史学与人类学

一般认为,历史学和人类学①是两个不同的学科:一个研究时间,一个研究空间;一个研究历史,一个研究结构;一个是历时性的研究,一个是共时性的研究。两者的研究方法也是不同的,历史学注重文字资料的研究,而人类学则注重田野考察和口头资料的研究。法国人类学家克洛德·列维-斯特劳斯(Claude Lévi-Strauss)认为:"历史学是从社会的有意识的表达方面来组织其资料的,而人类学则通过考察它们的无意识的基础来进行研究。"②

事实上,早期的人类学并不排斥历史。无论是英美的古典进化论还是德国的文化传播论,无不是将文化置于历史中考察的,而美国人类学家弗兰兹·博阿兹(Franz Boas)更是提出文化"必须在其独特的历史发展的语境中理解"③。博阿兹认为存在着一种人类学的"神圣集束",包括考古学、体质人类学、语言学、民族志和民族学,这五者的结合基于如下的认识论假设,即

---

① 在美国,人类学家弗兰兹·博阿兹认为人类学分为四个分支:体质人类学、文化人类学、语言人类学和考古学。在英国,与文化人类学相当的是"社会人类学",在欧洲大陆则是"民族学"(ethnology)。"Ethnology"有时也被翻译为"人种学",在本书中,我统一使用"民族学",而只在引文中保留"人种学"。另一个与之相关且容易混淆的概念是"民族志"(ethnography)。克洛德·列维-斯特劳斯在《结构人类学》一书的导论中提到了"民族志"与"民族学"的区别:"民族志乃是对于被看作是一些独特的实体的人们共同体的观察与分析,因此民族志的目标是在于尽可能精确地记录不同人们共同的各自的生活方式;至于民族学,则是利用民族志学家所提供的资料,以便进行比较研究。""民族志"在所有国家中都具有相同的含义,它通常包含两个方面:田野工作(社会文化人类学家采用的方法)和民族志写作(人类学家写作的文章和著作)。在本书中,人类学主要是指文化(社会)人类学,而民族学则大致可以与文化(社会)人类学相互替换。
② 克洛德·莱维-斯特劳斯:《结构人类学》(第一卷),谢维扬、俞宣孟译,上海译文出版社,1995年,第22页。
③ Davidson, J., "History and Anthropology", Lambert, P. et al., eds., *Making History: An Introduction to the History and Practices of a Discipline*, Routledge, 2004, p.151.

"人类学事实上是'历史学'的一种形式"。①

到了19世纪和20世纪,历史学和人类学逐渐分离,并确立各自不同的研究领域和研究方法。这种分离状态随着以英国人类学家布洛尼斯洛·马林诺夫斯基(Bronisław Malinowski)为代表的社会人类学提出田野工作方法而加剧了。

社会人类学家通过田野工作方法来认识被研究对象的制度、风俗和日常生活,这种田野工作方法包括研究者的观察以及被研究者的口述。社会人类学家认为,理解一种文化的关键是"长期近距离地观察当地社会,阐明社会结构各独立部分的功能,展现每个部分是如何结合并组成一个整体"。② 马林诺夫斯基将田野工作的方法原则归纳为三点:"首先,学者理所当然必须怀有科学的目标,明了现代民族志的价值与准则;其次,他应该具备良好的工作条件,主要是指完全生活在土著人当中而无须白人介入;最后,他得使用一些特殊方法来搜集、处理和核实他的证据。"③因此,在马林诺夫斯基那里,田野工作是一种科学的方法。

自从出现田野工作以来,人类学家主要都是"从共时性的角度加以研究","一部分是因为最初以这种新方法进行研究的社会,都是没有文字记录的社会;一部分则是由于承袭涂尔干传统的社会人类学,其研究目的就是要以社会制度内在的功能连贯性来将其概念化。"④人类学家通常在一个封闭的、"无污染的"土著社会中进行田野工作,他们否认这些土著社会在外来者(传教士、商人、殖民者等)到来之前存在历史,他们认为这些土著社会存在着某种结构,这些结构"使这些土著处于无时空的乐园中"。这种无时间性的模式被美国人类学家伯纳德·科恩(Bernard Cohn)称为"小船里的传教士"(missionary in the row boat)模式。在这一模式中,"传教士、商人、劳工招募者或政府官员带着圣经、穆穆袍(mumu)、烟草、钢斧或其他西方的事

---

① Cohn, B. S., "History and Anthropology: The State of Play", *Comparative Studies in Society and History*, Vol.22, No.2, Apr., 1980, p.202. 但西佛曼(Marilyn Silverman)和格里福(P. H. Gulliver)认为:"对于鲍亚士(Boas)式文化史和新演化论的探究,以及1930年代、1940年代和1950年代所谓民族史的出现,刺激起某种历史的关怀,但是,这些很难视为我们目前关注的晚近历史人类学先驱。"(玛丽莲·西佛曼、P. H. 格里福:《历史人类学和民族志的传统——个人、历史和知识性的考量》,玛丽莲·西佛曼、P. H. 格里福编:《走进历史田野——历史人类学的爱尔兰史个案研究》,贾士蘅译,麦田出版社,1999年,第21页)
② Davidson, J., "History and Anthropology", *Making History*, p.151.
③ 马凌诺斯基:《西太平洋的航海者》,梁永佳、李绍明译,华夏出版社,2002年,第4页。
④ 克斯汀·海斯翠普编:《他者的历史——社会人类学与历史制作》,贾士蘅译,中国人民大学出版社,2010年,第4页。

物来到一个岛屿,这个岛屿的社会和文化处于结构功能主义的幻境之中,在新来者的冲击下,'快乐的'土著的社会结构、价值和生活方式瓦解了"。① 这种非历史性长期主导了英国的社会人类学。

历史学和人类学的这种疏离状态持续了很长的时间,英国历史学家彼得·伯克(Peter Burke)曾在文章中指出,在20世纪60年代早期历史学和人类学仍然是互相疏远的。但是情况到了60年代后期则发生了变化,伯克认为在英国有两个标志表明两者的结合:1966年社会人类学家协会在爱丁堡召开了主题为"历史学和人类学"的大会;20世纪70年代初,英国历史学家基思·托马斯(Keith Thomas)和艾伦·麦克法兰(Alan Macfarlane)各自出版了研究英国巫术史的重要著作,两本著作都受到了人类学的影响。② 历史学和人类学的结合可能比彼得·伯克所说的更早。1956年,英国历史学家埃里克·霍布斯鲍姆(Eric Hobsbawm)受人类学家马克斯·格拉克曼(Max Gluckman)的邀请在曼彻斯特大学做了三次讲座,参与讨论的有历史学家、人类学家、经济学家和政治学家;讲座的内容后来以《原始叛乱者》(*Primitive Rebels*)为名于1959年出版。③

在人类学领域,马林诺夫斯基自己在晚年也提出使用功能论来研究历史和文化变迁。④ 在马林诺夫斯基之后,英国人类学家埃德蒙·利奇(Edmund Leach)和爱德华·埃文思-普里查德(E. E. Evans-Pritchard)在他们的人类学研究中都关注历史。差不多同样的时间,美国的人类学也开始关注历史。美国人类学家弗雷德·埃根(Fred Eggan)在1954年的一篇文章中提出将英国社会人类学的结构功能主义与美国文化人类学对文化过程和历史的兴趣结合起来。⑤ 美国人类学家阿尔弗雷德·克鲁伯(Alfred L. Kroeber)则在20世纪50年代后期写了一系列的文章关注人类学和历史的问题。⑥

历史学与人类学之间的隔阂由于人们对时间和空间的重新理解而日益缩小,法国历史学家弗朗索瓦·菲雷(François Furet)认为这主要体现

---

① Cohn, B. S., "History and Anthropology: The State of Play", *Comparative Studies in Society and History*, Vol.22, No.2, Apr., 1980, p.199.
② Burke, P., "Historians, Anthropologists, and Symbols", Ohnuki-Tierney, E., ed., *Culture Through Time: Anthropological Approaches*, Stanford University Press, 1990, p.268.
③ Hobsbawm, E., *Primitive Rebels: Studies in Archaic Forms of Social Movement in the 19th and 20th Centuries*, Manchester University Press, 1959, p.v.
④ 刘海涛:《论西方"历史人类学"及其学术环境》,《史学理论研究》2008年第4期,第77页。
⑤ Eggan, F., "Social Anthropology and the Method of Controlled Comparison", *American Anthropologist*, New Series, Vol.56, No.5, Part 1, Oct., 1954, p.745.
⑥ Kroeber, A., *An Anthropologist Looks at History*, University of California Press, 1963.

在两个方面:"人类空间变成了一致的整体;与此同时,时间却不再是一致的了。"①另一方面,人类学家对人类学的时间也进行了反思。人类学民族志尽管是共时性研究,但否认主体间的同时性,即否认民族志学者和研究对象之间拥有相同的历史时间和空间。人类学家约翰尼斯·费边(Johannes Fabian)将这种对同时性(coevalness)的否认称为人类学的"异时性"(allochronism),传统的人类学家正是通过这种异时性强化了自我/他者以及西方/非西方之间的二分。②

事实上,历史学和人类学有着相同的研究主题:"他者"(与我们所在的社会不同的社会),只不过一个是由于时间上的间隔,而另一个是由于空间上的间隔。两者都致力于"将根植于一种时空中人的行动的意义向另一个时空的人进行阐释",并最终需要以一种文学形式报告它们的研究结果。③ 基思·托马斯指出了"我们社会的历史经验和土著社会的当代经验"之间的相似性。④ 法国哲学家保罗·利科(Paul Ricoeur)也注意到了这一点:"正如地理距离使人类学家获得了疏远感,历史间隔也使历史学家怀有这种疏远感。"⑤美国历史学家小威廉·休厄尔(William H. Sewell, Jr.)指出:

> 历史学者发现了与我们的世界在结构上不同的世界,那个世界里人的动机、荣誉感、日常工作和政治计算,是基于那些我们所不熟悉的关于人类社会和宇宙秩序的假设。许多历史巨著[例如布克哈特的《意大利文艺复兴时期的文化》(1958年)、赫伊津哈的《中世纪的衰落》(1954年)、布洛赫的《封建社会》(1964年)、汤普森的《英国工人阶级的形成》(1963年)、拉杜里的《蒙塔尤》(1978年)]向我们展现了与巴厘、祖尼或特罗布里恩一样陌生的世界。历史学和人类学一样,致力于发现和展现人类的多样性,但是在时间中而非在空间中。这表明甚至我们祖先的生活也和我们有着很大的不同。⑥

---

① 弗朗索瓦·菲雷:《历史学和人种学》,许明龙译,《史学理论》1987年第4期,第96页。
② Fabian, J., *Time and the Other: How Anthropology Makes Its Object*, Columbia University Press, 1983.
③ Cohn, B. S., "History and Anthropology: The State of Play", *Comparative Studies in Society and History*, Vol.22, No.2, Apr., 1980, pp.198-199.
④ Thomas, K., "History and Anthropology", *Past and Present*, No.24, Apr., 1963, p.10.
⑤ 保罗·利科:《法国史学对史学理论的贡献》,王建华译,上海社会科学院出版社,1992年,第86页。
⑥ Sewell, W. H., Jr., "History, Synchrony, and Culture: Reflections on the Work of Clifford Geertz", *Logics of History: Social Theory and Social Transformation*, The University of Chicago Press, 2005, pp.179-180.

正是由于这种相似性，历史学和人类学的结合成为可能。英国人类学家爱德华·埃文思-普里查德早在1950年的"马雷特讲演"中就提出了历史学与人类学的结合，他认为"历史方法的基本特征并不是事件的时间关系，而是事件的描述性综合；这是历史学与社会人类学共有的特征"，并指出"社会人类学和历史学之间的区别是技术的区别、重点的区别、视角的区别，而不是方法和目标的区别"。① 1961年，埃文思-普里查德在曼彻斯特大学所做的讲演中更是指出："社会学的历史学家和人类学家都充分意识到，任何事件既有独一无二的特征又有概括性的特征，在阐释它时，这两点都要考虑到。如果一个事实的独特性丧失了，那对它的概括就会显得太一般而没有什么价值。另一方面，如果不被视作有一定的规则性和连续性，视作属于事件某一类型，事件也就失去了大部分甚至是全部的意义，所有这方面的事例都有许多共同特征。"② 埃文思-普里查德通过同时赋予"事件"独一无二和概括性的特征，将历史学和人类学连接了起来。英国的一些历史学家正是受到埃文思-普里查德的影响，转而在研究中引入人类学的方法，其代表人物就是基思·托马斯。

　　正是在这一背景下，历史学和人类学的结合成为必然。法国历史学家雅克·勒高夫(Jacques Le Goff)在《新史学》中论述史学的前途时提出了三个假设，其中之一是："或许是史学、人类学和社会学这三门最接近的社会科学合并成一个新学科。关于这一学科保罗·韦纳称其为'社会学史学'，而我则更倾向于用'历史人类学'这一名称。"③ 人类学家克劳斯·墨勒(Klaus E. Müller)指出："历史人类学提供了一种可能的一元论解释，这不是因为它当下有些时髦，而是因为它提供了最理想的学术环境，准确地说它把民族学和历史学联合起来，使我们无论是在历史背景下还是在当前环境中对人类社会的理解都更加合适，更加可行。"④

二、以1981年《跨学科历史杂志》的讨论为例

　　历史人类学经过二三十年的发展，到了20世纪80年代，学者们开始反

---

① Evans-Pritchard, E. E., "Social Anthropology: Past and Present the Marett Lecture", *Man*, Vol. 50, Sep., 1950, p.122.
② 爱德华·埃文思-普里查德：《论社会人类学》，冷凤彩译，梁永佳审校，世界图书出版公司，2010年，第130—131页。
③ 雅克·勒高夫：《新史学》，雅克·勒高夫等编：《新史学》，姚蒙等译，上海译文出版社，1989年，第40页。
④ 克劳斯·墨勒：《透析历史人类学》，约恩·吕森主编：《跨文化的争论：东西方名家论西方历史思想》，陈恒、张志平等译，山东大学出版社，2009年，第56页。

思历史人类学,并展望其前景。1981年夏秋的两期《跨学科历史杂志》(Journal of Interdisciplinary History)以"新史学:20世纪80年代及以后"为题,对诸多历史领域的新发展进行了讨论,其中有一组(四篇)文章的主题就是"20世纪80年代的人类学和历史学"。

第一篇文章是芝加哥大学历史学和人类学教授伯纳德·科恩(Bernard S. Cohn)的《朝向复合》。科恩认为,历史学和人类学的关系在相当长的一段时间内是十分紧密的,直到18世纪人类学仍是历史学的一部分,且深深根植于西方的历史经验之中。在西方的历史观念中,时间是线性的,因此历史主要就是年代学(chronology),这就使得历史学家可以根据时间编排"国王的统治、圣徒的传记以及那些影响政治的事件"。当西方进行海外殖民时,他们遇到了另一种不同的历史观。因此到了18世纪末,西方人类学的研究对象就变成了"与欧洲空间上相隔的异域他者"。同时人类学成了一种无历史的学科,因为"它所研究的社会是不变的,或最多缓慢变动,这些社会没有历史,因为它们没有年代学"。但是,即使如此,19世纪时人类学的方法仍是"历史学的一种形式"。①

到了19世纪,历史学和人类学逐渐分离,并确立各自不同的研究领域和研究方法。科恩指出:"当19世纪历史学家的兴趣领域日益倾向于民族国家时,人类学家则转为研究由欧洲国家所统治的殖民民族。欧洲民族的历史可以在档案中发现;海外被统治民族的风俗通过'田野'发现。"②

到了20世纪六七十年代,人类学家试图"回到历史",他们意识到这些殖民民族在遇到西方殖民者之前并非一成不变的,因此他们开始研究变迁的问题。科恩写道:"历史民族学家(ethnohistorian)的一个主要贡献是使得历史学家和人类学家日益意识到'真实的土著'(authentic natives)——人类学调查的传统对象——在第一位民族志学者出现并记录其生活的文本和特征之前业已经历了大范围的变迁。"③

正是在这样的背景下出现了"人类学的史学"。历史学家劳伦斯·斯通(Lawrence Stone)认为,人类学开始关注变迁的问题,而历史学家则受到诸如玛丽·道格拉斯(Mary Douglas)、维克多·特纳(Victor Turner)以及克利福德·格尔兹(Clifford Geertz)等象征人类学家的影响;雅克·勒

---

① Cohn, B. S., "Toward a Rapprochement", *The Journal of Interdisciplinary History*, Vol.12, No.2, Autumn, 1981, pp.227-229.
② Ibid., p.231.
③ Ibid., p.235.

高夫更是期待历史学家和人类学家在分离两百年之后相互靠近。科恩写道：

> 民族学者关注"重复的或预料的事件、节日……与生物的和家庭史相关的事件——出生、婚姻和死亡……历史社会中的礼拜元素……精神状态和心态的研究……魔法元素和克里斯玛的功能"，现在（它们）成了历史学家的主要兴趣。这些历史学家所关注的人类学涉及稳定性、结构、规律性，地方性的、共同的、小规模的内容，以及表象的、象征的和魔法的元素。①

当然，很多历史学家对于历史学和人类学的结合仍有怀疑，其中最主要的问题是，人类学家用以理解和解释非欧世界的理论、模型和方法是否可以用以解释欧洲的历史。

科恩指出，找到历史学家和人类学家共同关心的主题是相对容易的，困难的是为历史人类学描绘出"一个共同的认识论空间"。一些历史学家强调叙事仍是历史学家的主要任务，但是他们叙述的故事应该更完整，不仅包括事件，也包括结构。科恩最后总结并展望："历史人类学家将是对诸文化的描绘，通过研究影响和改变结构的事件说明这些文化在历史时间中的位置，以及解释这些变化的重要性。这不会产生如19世纪的学者们所寻求的关于社会变迁的'科学的'理论，而是一种关于变迁的历史。"②

事实上，科恩在一年前的另一篇文章中更清晰地分析了历史学与人类学的结合。科恩在文中指出，人类学的方法是共时性的，人类学是某种具体化和客体化的研究，而历时性的研究将使人类学家摆脱社会生活的客体化，而研究社会生活的建立和构建，因为任何文化都不是自然的客体，而是在历史进程中构建的。人们可以通过表象（representation）来研究文化构建的进程。③ 科恩认为，"探究历史学和人类学之间结合的可能性，不仅是作为一个新的专业领域，也不仅是作为产生更多历史学和人类学结合的方法，而是作为重申这两门学科共有的认识论和主题的方法"；"历史学

---

① Cohn, B. S., "Toward a Rapprochement", *The Journal of Interdisciplinary History*, Vol.12, No.2, Autumn, 1981, pp.242-243.
② Ibid., p.252.
③ Cohn, B. S., "History and Anthropology: The State of Play", *Comparative Studies in Society and History*, Vol.22, No.2, Apr., 1980, p.217.

能够在变得更人类学的同时变得更历史,而人类学在变得更历史的同时变得更人类学"。①

第二篇文章是人类学家约翰·亚当斯(John W. Adams)的《一致、社区和异国情调》。亚当斯在开篇就指出历史人类学存在的问题:

> 人类学家的概念被断章取义且没有被完全理解,这些概念已经被研究北美殖民地的历史学家误用。部分困难在于将自己的领域和另一领域结合所带来的危险;部分困难则是因为历史学家不愿使用单一的解释。后一困难使得历史学家支持这些不易衡量的人类学概念。②

同时,亚当斯也批评历史学家只关注诸如克利福德·格尔兹、维克多·特纳和玛丽·道格拉斯等少数人类学家,对其他具有同样重要性的人类学家则置之不顾,因此历史学家只是借鉴那些与历史学很相近的领域,即涉及观念的研究。

20 世纪 70 年代,历史学家和人类学家的研究兴趣从社区转向异国情调;而到了 80 年代,他们则更关注日常生活,而不是那些"特殊的、精英的和异国情调的",因此他们的任务是"揭示位于常识之下的前提并为自然的行动提供合理性"。③

亚当斯对历史学和人类学的结合抱有强烈的怀疑,在文章最后他写道:"历史学必须对它的目标及其用来实现目标的方法有更多的反省。对人类学家而言,历史学家对理论缺乏兴趣仍然非常明显。但从另一个学科借鉴概念有时也不会带来太大的希望,尤其是如果这些概念只是用一种轻率的方式被简单误用了。"④

第三位作者是美国历史学家娜塔莉·泽蒙·戴维斯(Natalie Zemon Davis),她对历史学和人类学的结合抱有更为积极的态度。在《过去的可能性》一文中,戴维斯认为人类学著作在四个方面对历史学家有所助益:"对社会互动的过程的近距离观察;解释象征行为的有趣方式;关于社会系统的各部分间如何契合的观点;以及那些来自与历史学家过去所研究的非常不同的文化的材料"。戴维斯要求历史学家关注那些人类学家非常熟悉的而历

---

① Cohn, B. S., "History and Anthropology: The State of Play", *Comparative Studies in Society and History*, Vol.22, No.2, Apr., 1980, p.216.
② Adams, J. W., "Consensus, Community, and Exoticism", *The Journal of Interdisciplinary History*, Vol.12, No.2, Autumn, 1981, p.253.
③ Ibid., pp.260-261.
④ Ibid., p.265.

史学家却无法理解其意义的文本。因此,人类学提供给历史学解释模式,如戴维斯自己所言,人类学的解释"能够有助于历史学家,提供其研究类似材料的方式"。因此,戴维斯认为,我们在进行历史人类学的研究时,首先应该研究文本本身,然后可以借鉴人类学的解释模式。①

很多历史学的研究受到了人类学的影响,如宗教史研究、交换的机制、社会性别体系等,其中最先得益于人类学的是被历史学家视为非理性和迷信的巫术。娜塔莉·戴维斯认为在引入了人类学方法后,"现在可以将巫术迫害视为中央权力与地方民众以及村民之间的一系列政治的、社会的、心理的和性别的斗争。同时也可以鉴别包括医学和仪式在内的许多行为,而这些行为通常被社区标定为邪术。"②

娜塔莉·戴维斯也注意到历史学在借鉴人类学时存在的危险。首先,历史学家在借鉴人类学理论时都是折中主义的,但戴维斯认为这并不是一个主要的问题。戴维斯认为,更为严重的问题是错误地将人类学解释和田野考察运用到历史学研究中。戴维斯写道:"我们借鉴人类学著作,不是为了寻求法则,而是寻求建议;不是为了寻求人类行为的普遍规则,而是寻求相关的比较。"戴维斯接着举了巫术史研究的例子来说明这个问题:"如果不理解17世纪关于财产、身体、灵魂、健康和社会联系等的观念是如何影响人们相互间的恐惧的话,就不能将阿赞德人巫术控告的心理运用于欧洲的情况。"③

最后,娜塔莉·戴维斯总结道,人类学不仅提供给历史研究新的研究路径,更重要的是扩大了"可能性":"人类学对我的历史思考上的影响在于,不仅加深了我对不变的过去的理解,还有对人类经验多样性的认识。……人类学能够扩大可能性,帮助我们打开眼界,给予我们一个新的位置来看待过去并从早已熟知的历史文本中发现惊奇。"④

最后一篇文章是意大利历史学家卡洛·金斯伯格(Carlo Ginzburg)对娜塔莉·戴维斯文章的评论。在这篇简短的评论中,金斯伯格更多的是提出了自己对历史人类学的看法。金斯伯格认为,历史学和人类学的结合是基于两个危机的影响:"关于历史的一种结构的、自信的观念的终结""人类学家日益意识到土著文化自身也是一个历史的产物"。人类学对于历史学

---

① Davis, N. Z., "The Possibilities of the Past", *The Journal of Interdisciplinary History*, Vol.12, No.2, Autumn, 1981, pp.267-269.
② Ibid., p.270.
③ Ibid., pp.273-274.
④ Ibid., p.275.

家的影响主要体现在两个方面："对文化差异的重视，及通过强调那些迥异于我们的社会中各个方面的内在一致性来克服它（文化差异）的努力"。由此在历史研究中形成了一种新的呈现证据的方式，而"叙事史的复兴"在很大程度上也受到了人类学中个案研究的影响。金斯伯格认为，历史学和人类学的交流有助于两个学科的发展。对于历史学由于受到人类学的影响而产生的碎片化问题，金斯伯格认为"这是为了制作更为有力的分析工具而必须付出的代价"。①

1981年《跨学科历史杂志》上的这一组四篇文章正是对历史人类学理论和实践的反思和总结，其中很多学者自身也是历史人类学的实践者。同时，我们也可以发现，对于历史学和人类学的结合，历史学家抱有更为积极和开放的态度，而人类学家则相对谨慎和犹疑。但是，这四篇文章都展望了历史学和人类学结合的前景。

三、历史人类学的两种路径

尽管历史学家和人类学家都在倡导历史学和人类学的结合，但我们发现人类学家和历史学家通常是在非常不同的语境中理解"历史人类学"的。人类学家安唐·布洛克（Anton Blok）注意到，历史学家"很少会讳言他们援引人类学家的构想和研究方法的程度"；而对人类学家而言，"历史主要是代表过去（以及对过去的描述），很少是指历史编纂"。例如海斯翠普是这样谈论"历史"的："在非常普通的层次上，历史可以用两种不同的方法纳入社会人类学当中：一是透过对某一特殊历史资料的分析；二是包含在分析社会制度时对时间观点的认识当中。"②在人类学家大贯惠美子那里，"历史"（history）是指"在过去信息的基础上试图表现过去的一种解释或构建"。③ 美国学者查尔斯·蒂利（Charles Tilly）也意识到了这个问题，他写道："历史学的技术对人类学的实践，只有极其有限的影响。很少人类学家拥有丰富的历史知识，更少懂得历史研究，而会在工作中运用历史学家的模式、资料或见解的，更

---

① Ginzburg, C., "[The Possibilities of the Past]: A Comment", *Journal of Interdisciplinary History*, Vol.12, No.2, Autumn, 1981, pp.277-278.
② 安唐·布洛克：《制作"制作历史"的反思》，克斯汀·海斯翠普编：《他者的历史》，第136页。
③ Ohnuki-Tierney, E., "Introduction: The Historicization of Anthropology", Ohnuki-Tierney, E., ed., *Culture Through Time: Anthropological Approaches*, Stanford University Press, 1990, p.6.

是少之又少。对人类学和历史学这两门实践学科而言,它们之间的交流影响大致是单向的。"①因此,人类学家的历史人类学著作很少提到历史学家及其研究。

尽管历史学著作对人类学的影响很小,但埃里克·霍布斯鲍姆和特伦斯·兰格主编的《传统的发明》却是一个例外。埃里克·霍布斯鲍姆在《传统的发明》的导论中区分了"传统"(tradition)和"习俗"(custom)。传统的发明"本质上是一种形式化和仪式化的过程,其特点是与过去相关联"②。而"习俗"则通常是真实的和可变的,人类学家将习俗视作"文化"。③ 通过这种转换,人类学家就能将"传统的发明"这一概念运用到人类学的研究中。

同时,人类学家在进行历史人类学研究时并不认为是在进行历史学研究。关于这一点,人类学家玛丽莲·西佛曼(Marilyn Silverman)和菲利普·格里福(P. H. Gulliver)做了明确的宣告:

> 我们必须认识:历史人类学的努力,不是为了给爱尔兰历史学家提供研究资料。正如这次学术谈论会上一位参与者所恰当表示的:"我不以为我的工作是为爱尔兰的历史填空。"因此,作为在爱尔兰工作的历史人类学家,我们以为,对于爱尔兰历史(history)和史料编纂(historiography)所需的工作,历史人类学家可以有所贡献。然而,爱尔兰的历史人类学,有自己的过去、自己的现在,以及自己的时间表——这一点使它与爱尔兰的史料编纂学有别。更重要的是,通过人类学一般而言的跨文化传统,它将爱尔兰的历史人类学和其他文化、社会及时期在进行的和已经完成的历史人类学研究,系联在一起。④

可见,当历史学家和人类学家提到"历史人类学"(historical anthropology)时,他们对"历史"(history)一词的理解是不同的:对于历史学家而言,history 指"历史"和"历史学";而对于人类学家而言,history 仅指"历史",一般与"历史学"无关。人类学家沙佩拉(I. Schapera)就是一个很好的例子。

---

① 转引自安唐·布洛克:《"制作历史"的反思》,克斯汀·海斯翠普编:《他者的历史》,第136页。
② 埃里克·霍布斯鲍姆、特伦斯·兰格:《传统的发明》,顾杭、庞冠群译,译林出版社,2004年,第4页。
③ Biersack, A., "Introduction: History and Theory in Anthropology", Biersack, A., ed., *Clio in Oceania: Toward a Historical Anthropology*, Smithsonian Institution Press, 1991, p.14.
④ 玛丽莲·西佛曼、P. H. 格里福:《历史人类学和民族志的传统》,玛丽莲·西佛曼、P. H. 格里福编:《走进历史田野》,第38页。

沙佩拉在一篇批评埃文思-普里查德的文章中,一方面认为人类学家一直都在做历史的研究,而且也使用历史学的方法和文献材料;另一方面他又认为人类学和历史学是截然不同的,人类学使用历史学方法和材料是为了便于民族志描述当下,而历史学则是研究过去。这一看似矛盾的观点,其实归根结底就是沙佩拉认为 history 是指历史,而不是历史学。正如他文章的标题"人类学家应该成为历史学家吗?"所显示的,他的答案是"否"。① 此外,人类学家"写历史"与历史学家也有很大的差别,人类学家西佛曼和格里福就是很好的例子。他们为爱尔兰的汤玛斯镇写了一部当地历史:《在诺尔河流域:1840—1983 年汤玛斯镇社会史》(*In the Valley of the Nore: A Social History of Thomastown, County Kilkenny, 1840-1983*, 1986),书中他们将阶级等类别与"当地实际人、事以及国家历史编年联系在一起",其结果是"有史以来第一次,汤玛斯镇的历史按照它或许偏狭但可能是实际经验的方式写了出来"。②

根据这种差异,我们可以将"历史人类学"(historical anthropology)分为人类学的史学(anthropological history)和历史人类学(historical anthropology)两种。③ 人类学家西佛曼和格里福将历史人类学又分为两个类别:历史民族志(historical ethnography)和历史的人类学(anthropology of history)。其中历史民族志:

> 使用档案资料以及相关的当地口述历史资料,描写和分析某个特定且可识别地点的民族一段过往的岁月。民族志可以是一般性的、涵盖那个时代社会生活的许多方面,或者,它也可以集中注意力于特定的题目,如社会生态、政治活动或宗教。这种民族志最后带领人类学家,远离像民族志的现在、自给自足的"群落"和稳定的"传统"这类根基久固但粗糙的设计和假设。④

---

① Schapera, I., "Should Anthropologists Be Historians?", *The Journal of the Royal Anthropological Institute of Great Britain and Ireland*, Vol.92, No.2, Jun.-Dec., 1962.
② 玛丽莲·西佛曼、P. H. 格里福:《历史人类学和民族志的传统》,玛丽莲·西佛曼、P. H. 格里福编:《走进历史田野》,第 19 页。
③ 如果将民族志从人类学中单列出来的话,历史人类学还可以分出另两种形式:民族志的史学(ethnographic history)和历史民族志(historical ethnography),也有学者将文化史(cultural history)单列为历史人类学的第五种形式。(参见 Goodman, J., "History and Anthropology", Bentley, M., ed., *Companion to Historiography*, Routledge, 1997, p.790)
④ 玛丽莲·西佛曼、P. H. 格里福:《历史人类学和民族志的传统》,玛丽莲·西佛曼、P. H. 格里福编:《走进历史田野》,第 25—26 页。

历史民族志有两种不同的研究模式。最常见的一种是人类学家"注意在时序编年和功能上将过去和现在系联在一起,以便参考过去来解释和了解现在";还有一种是"过去时期的历史民族志",这种历史民族志通常取决于档案资料的情况。① 可见,前一种历史民族志强调在民族志实践中纳入历史的维度;后一种历史民族志通常指的是在历史研究中使用档案材料进行类似于民族志的工作("在档案馆中做田野工作"),这一模式更受历史学家的欢迎,勒华拉杜里的《蒙塔尤》即是例证。

历史民族志注重文献材料,这通常被视为人类学和历史学趋近的标志,但我们也要注意到,人类学家和历史学家对待文献材料的态度是有差别的。这可以以中山大学刘志伟教授所举的一个亲身例子作为说明:

> 有一次我们(指刘志伟和萧凤霞)去镇(指广东小榄镇)里面的一个商业站,商业站的墙上贴了一张他们这几年各种税收的表。她明明看到了,却假装没看到,一味地问访问对象。我在旁边提醒她说:"不用问那么多了,我已经用照相机把内容拍下来了。"但她仍然坚持继续问。出来的时候,她才跟我解释:"你拍下来的是你的,我问是要看他怎么讲。你拍下来的那个东西不解决问题,那个没用,他怎么讲对我来说才是有用的。"我说:"我拍下来的那个就是他们正式报上去的数字,他讲那个可能是记错了。"她说:"不是,我就是要听他怎么讲。"②

在这个例子中我们可以看到,历史学家(刘志伟)和人类学家(萧凤霞)对待文献材料的态度是不同的,历史学家完全依赖于文献,视之为历史真实的来源;而人类学家则更注重于当事人对事件的记忆和理解,这可能与文献有所不同,但往往这种不同正是他们研究的突破口。

历史民族志是对某一地点进行的历史调查和研究,它与历史学有着很大的相似之处。而"历史的人类学"(anthropology of history)则与历史学没有太大的关系,它是对"历史"进行人类学分析:

> 有的历史人类学家不只认真考量土著观点,而且集中注意力于特定民族藉以拟想、创造和再造他们的过去,以至把过去和他们身处的现

---

① 玛丽莲·西佛曼、P. H. 格里福:《历史人类学和民族志的传统》,玛丽莲·西佛曼、P. H. 格里福编:《走进历史田野》,第26页。
② 罗艳春、周鑫:《走进乡村的制度史研究——刘志伟教授访谈录》,常建华编:《中国社会历史评论》第14卷,天津古籍出版社,2013年,第407页。

在联接在一起的各种方法和文化理路。我们称此为历史的人类学。它注意的是记录和描写局内人的看法、假设和感觉,并用局内人自己的社会文化措辞表达。因而,这样的人类学几乎没有制造"客观"历史的企图。相反的,它感兴趣的是人们对过去知道和记得些什么,如何记得,又为什么记得,以及人们如何解释过去并和现在联接在一起。①

西佛曼和格里福将历史民族志和历史的人类学的特征概括如下:②

历史民族志	历史的人类学
1. 过去如何导致和创造现在 2. 对于过去同时性和历时性研究	1. 过去的建构如何用来解释现在(历史作为一种意识形态) 2. 过去如何在现在被创造出来(传统的发明) 3. 过去如何创造和再创造现在

在这里,还要简单说一下与历史人类学相关的另一个概念:历史民族学(ethnohistory)③。历史民族学是人类学和历史学的结合,很多学者视之为"一种方法或技巧,而不是一门学科"④。伯纳德·科恩认为,历史民族学"结合了历史资料和民族志的田野工作"⑤。詹姆斯·阿克斯特尔(James Axtell)将历史民族学定义为"历史学和民族学的结合",其目的是"制造集合了历史学的历时性维度和民族学的共时性敏感的学术性产物"⑥。历史民族学涉及考古学、民族学、历史学和语言学等诸多学科,其使用的材料除了文献之外,还包括民间传说、口述资料、地图、绘画和手工艺品等。⑦

威廉·斯图尔特范特(William Sturtevant)将历史民族学定义为"通常由人类学研究的诸民族历史"。同时,斯图尔特范特指出,历史民族学在人

---

① 玛丽莲·西佛曼、P. H. 格里福:《历史人类学和民族志的传统》,玛丽莲·西佛曼、P. H. 格里福编:《走进历史田野》,第 28 页。
② 同上书,第 25 页。
③ Ethnohistory 有时也被翻译为"历史人种学",但王铭铭教授认为将 ethnology 翻译为"人种学"是误译(王铭铭:《"在历史的垃圾箱中"——人类学是什么样的历史学?》,杨念群、黄兴涛、毛丹主编:《新史学》,中国人民大学出版社,2003 年,第 74 页)。Ethnohistory 也被翻译为"民族史学",但由于 ethnohistory 更多地被认为属于人类学的分支,因此翻译成"历史民族学"更合适。当然,也有历史学家称自己的研究为"历史民族学",如埃马纽埃尔·勒华拉杜里称《蒙塔尤》为"历史民族学"。
④ Carmack, R. M., "Ethnohistory: A Review of Its Development, Definitions, Methods, and Aims", *Annual Review of Anthropology*, Vol.1, 1972, p.230.
⑤ Cohn, B. S., "Ethnohistory", Sills, D. L., ed., *International Encyclopedia of the Social Sciences*, Vol.6, The Macmillan Company & The Free Press, 1968, p.440.
⑥ Green, A. et al., *The Houses of History: A Critical Reader in Twentieth-Century History and Theory*, New York University Press, 1990, p.175.
⑦ Ibid., p.175.

类学家和历史学家那里有着不同的内涵：对人类学家而言，历史民族学是指使用非人类学的材料（历史文献）来研究西方社会的过去；而对历史学家而言，历史民族学则是指使用非历史学的材料（人类学的数据）来研究无文字社会的过去。① 威廉·斯图尔特范特认为，历史民族学有两个主要的研究领域：历史民族志（historical ethnography）和无文字文化的历史编纂学（historiography of nonliterate cultures），其中历史民族志是指"一种文化过去阶段的共时性和民族志的描绘"，通常基于与之同时的文献材料。②

在美国，历史民族学的传统是研究美洲的印第安人，后来扩展到殖民史，这也说明了为什么美国的历史人类学家（如西敏司、埃里克·沃尔夫和马歇尔·萨林斯等）有研究殖民遭遇的传统。在美国，"历史民族学"和"历史人类学"基本上是可以互换的；随着研究领域的进一步扩展以及"历史人类学"这一概念的兴起，"历史民族学"这一名称就逐渐被取代了。在美国，还有另外一个与历史人类学相关的名称："人类学史学"（anthrohistory），它源于20世纪80年代后期美国密歇根大学的一个跨学科项目（the Anthrohistory Program），但是这一名称不是很流行。③

可见，"历史人类学"是一个宽泛的概念，不同的学科有着不同的理解。刘永华教授在介绍西方历史人类学时指出有着不同的历史人类学："有历史学的历史人类学，着重借用人类学的理论和方法，分析心态史和民间文化；有英美主流人类学的历史人类学，着重讨论政治经济过程对一般民众的影响，揭示民众的历史观，注意在'写文'时结合对历史因素的考察；有中北欧民族学的历史人类学，则注意发掘本土丰富的民俗学资料，讨论欧洲人自身日常生活的变迁。"④基本上，我同意赵世瑜教授的观点："历史学有自己的历史人类学，人类学有自己的历史人类学。"⑤因此，我们可以认为，历史人类学

---

① Sturtevant, W. C., "Anthropology, History, and Ethnohistory", *Ethnohistory*, Vol.13, Issue 1/2, Winter/Spring, 1966, p.6.
② Ibid., p.7.
③ Murphy, E. et al., eds., *Anthrohistory: Unsettling Knowledge, Questioning Discipline*, The University of Michigan Press, 2011.
④ 徐桂兰：《历史学与人类学的互动——历史人类学的理论与实践学术研讨会综述》，《广西民族学院学报（哲学社会科学版）》2001年第6期，第29页。刘永华教授后来在《历史学家的人类学与人类学家的历史学》一文中对这一问题做了具体的讨论。（刘永华：《时间与主义》，北京师范大学出版社，2018年，第99—120页）
⑤ 赵世瑜：《小历史与大历史——区域社会史的理念、方法与实践》，生活·读书·新知三联书店，2006年，第370页。另可参见张小军：《历史的人类学化和人类学的历史化——兼论被史学"抢注"的历史人类学》，《历史人类学学刊》2003年第1期；Kalb, D. et al., "Historical Anthropology and Anthropological History: Two Distinct Programs", *Focaal*, No. 26/27, 1996.

包括两个方面：人类学的历史化和历史学的人类学转向。对人类学而言，历史人类学意味着人类学从共时性分析转向历时性分析；而对历史学而言，历史人类学提供了新的研究领域和研究方法。尽管，历史学家和人类学家对历史人类学有着不同的理解，但显然历史学和人类学的交流有助于两个学科的发展。

  本书正是以人类学的历史化和历史学的人类学转向为基础进行讨论的。全书分为两个部分，第一部分为西方历史人类学的理论，包括：（1）文化的概念。"文化"是人类学的核心概念，也是历史人类学的基础。在第一章中，我梳理了人类学对"文化"的不同思考和理解，而这给了历史人类学很大的启发，同时也导致了不同的历史人类学。"文化"概念的变化和扩展使得历史人类学开始思考文化是如何建构社会现实的，这则是第二章讨论的主要内容。（2）人类学的历史化。传统的人类学并不关注历史，因此历史人类学致力于消融结构主义人类学的"共时性/历时性""结构/历史"之间的鸿沟。在第三章中，我以美国人类学家马歇尔·萨林斯（Marshall Sahlins）的研究为例，讨论人类学如何试图建立一种结构的、历史的人类学。在第四章中，我以出版于20世纪90年代初的三本论文集（《时间中的文化》《他者的历史》和《走进历史田野》）为例，讨论在20世纪八九十年代之后人类学家如何在萨林斯和布尔迪厄的基础上继续思考人类学的历史化（制作历史）。（3）微观与宏观。历史学和人类学之间的另一个不同是微观和宏观之间的视角差异。在第五章中，我讨论历史人类学是如何解决这个问题的。

  第二部分为西方历史人类学的实践。这一部分主要介绍西方史学的人类学转向的几个主要的实践，包括：（1）社会人类学与历史人类学，介绍基思·托马斯和艾兰·麦克法兰等学者的历史人类学，他们主要是受到英国社会人类学的影响。（第六章）（2）社会史与历史人类学，介绍梳理历史人类学在社会史领域的影响。（第七章）（3）法国年鉴学派和历史人类学，主要介绍年鉴学派第三代历史学家的历史人类学实践，如雅克·勒高夫和埃马纽埃尔·勒华拉杜里。（第八章）（4）新文化史与历史人类学，主要介绍美国新文化史的历史人类学实践，包括格尔兹式历史人类学和娜塔莉·戴维斯的历史人类学等。（第九章和第十章）

上篇
理论篇

第一章 文化的概念

"文化"的概念是历史人类学的基础,正如德国历史学家汉斯·梅迪克(Hans Medick)所指出,历史人类学"把文化视作历史研究的范畴和历史现实的意义因素"。①

"文化"是人类学的核心概念,因为人类学关注他者的文化。但是,正如英国学者雷蒙·威廉斯(Raymond Williams)所言,文化是英语里比较复杂的两三个词之一。② 人类学家理论间的差异很大程度上源于对于"文化"这一概念的不同理解。早期人类学家大多将文化视为"一种特殊的生活方式(关于一个民族、一个时期、一个群体或全体人类)"。③ 他们对"文化"的理解大致有两个路径:普世主义的路径(单数的文化),强调同一性,往往按照进化论的图式理解文化;特殊主义的路径(复数的文化),强调多样性,通常主张文化相对主义。④ 前者的典型代表就是英国人类学家爱德华·泰勒(Edward Tylor),泰勒在1871年对"文化"做了如下的定义:

> 文化,或文明,就其广泛的民族学意义来说,是包括全部的知识、信仰、艺术、道德、法律、风俗以及作为社会成员的人所掌握和接受的任何其他的才能和习惯的复合体。人类社会中各种不同的文化现象,只要能够用普遍适用的原理来研究,就都可成为适合于研究人类思想和活动规律的对象。一方面,在文明中有如此广泛的共同性,使得在很大程度上能够拿一些相同的原因来解释相同的现象;另一方面,文化的各种不同阶段,可以认为是发展或进化的不同阶段,而其中的每一阶段都是前一阶段的产物,并对将来的历史进

---

① 汉斯·梅迪克:《历史人类学》,斯特凡·约尔丹主编:《历史科学基本概念辞典》,孟钟捷译,北京大学出版社,2012年,第133页。
② 雷蒙·威廉斯:《关键词:文化与社会的词汇》,刘建基译,生活·读书·新知三联书店,2005年,第104页。
③ 同上书,第106页。
④ 丹尼斯·库什:《社会科学中的文化》,张金岭译,商务印书馆,2016年,第19—20页。

程起着相当大的作用。①

随着西方中心主义和社会进化论遭到批判，人类学家逐渐用复数的文化取代单数的文化概念，他们认为："每一种文化都依存于特定的历史形成的生活方式，有着自己独特的构造、制度和行为模式。"②美国人类学家克莱德·克鲁克洪（Clyde Kluckhohn）在泰勒提出文化的定义之后八十年（1951年）对文化做了这样的定义："一种文化"是"某个人类群体独特的生活方式，他们整套的'生存式样'"。③同时，克鲁克洪认为文化是有结构的，并构成了不同的文化模式。这就构成了人类学家对"文化"的普遍观念：一方面主张文化的复数性，同时他们依然会单个地看待某一特定文化，寻找其文化的结构。因此，他们认为文化是"系统协调的整体，是由信仰、知识、价值观念和实践构成的一个稳定共享的体系"。这一观念已经渗透于20世纪的人类学思想（功能主义、结构—功能主义和结构主义）中。④

一、功能、结构和历史

英国人类学家马林诺夫斯基认为，对于文化的分析应当在共时性视角下进行，他"批评朝向于未来的进化论，也批判朝向过去的传播论"。马林诺夫斯基的文化功能主义的核心是需求理论，即"一种文化的各个组成部分从功能上讲应当是满足人的基本需求"。⑤英国人类学家阿尔弗雷德·拉德克利夫-布朗（Alfred Radcliffe-Brown）认为社会人类学是"建立在比较方法的基础上，它的目标是解释人类社会的普遍规律"。拉德克利夫-布朗的"社会结构"概念使得他的比较方法成为可能，社会结构是"人与人组合的各种群体间的关系"。对于拉德克利夫-布朗来说，文化的功能是满足社会结构的需要。⑥人们通常将马林诺夫斯基和拉德克利夫-布朗的观点都归为"功能

---

① 爱德华·泰勒：《原始文化：神话、哲学、宗教、语言、艺术和习俗发展之研究》，连树声译，谢继胜、尹虎斌、姜德顺校，上海文艺出版社，1992年，第1页。
② 奈杰尔·拉波特、乔安娜·奥弗林：《社会文化人类学的关键概念（第二版）》，鲍雯妍、张亚辉译，华夏出版社，2009年，第89—90页。
③ 克莱德·克鲁克洪：《文化的研究》，克莱德·克鲁克洪等：《文化与个人》，高佳、何红、何维凌译，浙江人民出版社，1986年，第4页。
④ 奈杰尔·拉波特、乔安娜·奥弗林：《社会文化人类学的关键概念（第二版）》，第91页。
⑤ 丹尼斯·库什：《社会科学中的文化》，第46页。
⑥ 杰里·穆尔：《人类学家的文化见解》，欧阳敏、邹乔、王晶晶译，李岩校，商务印书馆，2009年，第168—172页。

主义",即"文化是如何发挥功能来满足特殊的需求",但事实上两者是不同的:马林诺夫斯基关注的是"文化如何满足个体的需要",而拉德克利夫-布朗强调的是"文化如何满足社会的需要"。① 马林诺夫斯基和拉德克利夫-布朗的"结构功能主义"由于深受涂尔干社会学理论的影响而具有反历史的特点;同时,"社会(结构)"而非"文化"成了他们研究的中心。②

英国人类学家爱德华·埃文思-普里查德是拉德克利夫-布朗在牛津大学的继任者。埃文思-普里查德的早期著作如《阿赞德人的巫术、神谕与魔法》(1937年)和《努尔人》(1940年)深受拉德克利夫-布朗的影响,关注静态的社会,并强调社会关系中的结构和功能。20世纪50年代之后,埃文思-普里查德致力于反对拉德克利夫-布朗的结构功能主义,转向了社会历史。埃文思-普里查德在1950年的讲演中就提出了历史学与人类学的结合。在埃文思-普里查德的影响下,英国的社会人类学不再循着拉德克利夫-布朗的道路试图揭示普遍规律,而是强调马林诺夫斯基的田野工作方法,因而致力于"对至多两个或三个社会进行专门的研究,这样的研究就如历史学家般关心事实和处境的独特性,这样的研究很可能会带有一定程度的个人情感"。③

二、结构、象征和解释

雷蒙·威廉斯曾注意到:"在考古学与'文化人类学'里,'文化'或'一种文化'主要是指物质的生产,而在历史与'文化研究'里,主要是指'表意的'(signifying)或'象征的'(symbolic)体系。"④ 20世纪60年代之后,后一种观点成了人类学的主流。人类学家开始将文化视为"思想体系或象征意义的结构"⑤。这导致了两个结果:(1)模糊了"结构"与"文化"之间的区分,如爱德华·汤普森在《英国工人阶级的形成》中"把文化描绘为个体和集体'经验'被赋予历史形式的方式,它在两种力量之间发挥调节作用,一方面是经济结构和社会结构,另一方面是政治和阶级意识"⑥。(2)文化的象征本

---

① 杰里·穆尔:《人类学家的文化见解》,第155页。
② 希安·琼斯:《族属的考古——构建古今的身份》,陈淳、沈辛成译,上海古籍出版社,2017年,第60页。
③ Thomas, K., "History and Anthropology", *Past and Present*, No.24, Apr., 1963, p.4.
④ 雷蒙·威廉斯:《关键词》,第107页。
⑤ 奈杰尔·拉波特、乔安娜·奥弗林:《社会文化人类学的关键概念》,第92页。
⑥ 西蒙·冈恩:《历史学与文化理论》,韩炯译,北京大学出版社,2012年,第62页。

质开始主导文化的定义,这导致的诸多后果之一是对意义的关注。①

这种转变很大程度上得益于法国人类学家克洛德·列维-斯特劳斯。列维-斯特劳斯自 1941 年至 1947 年旅居美国,因此他的思想深受美国文化人类学的影响,但他"努力寻求超越关于文化的特殊主义的方法",他所要寻找的是"人类的精神范畴与无意识的结构"。② 美国人类学家谢里·奥特纳(Sherry Ortner)认为,列维-斯特劳斯的结构主义是"60 年代所发展的唯一真正的新范式;有人甚至认为它是 20 世纪社会科学(以及人文学科)所发展的唯一的真正原创性的范式"。奥特纳将列维-斯特劳斯的理论概括如下:

> 那些表面看起来令人困惑的各种社会和文化现象是可以通过将这些现象的共有关系展现为少数简单、深层的原则而被理解的。他试图建立文化的普遍法则、文化话语的单位被创建的方式(通过二元对立的原则),以及这些单位(对立的双方)被安排和结合以产生那些被人类学家记录下来的实际文化产品(神话、婚姻规则、图腾氏族的分类等)所依据的规则。文化主要是分类系统,也是建立在这些分类系统之上的并在这些系统之上进行进一步运作的一系列制度的和智力的产物。文化最重要的一个与它自身分类系统有关的次级运作是协调这些对立的单位,这些对立单位最初就是分类系统的基础。③

奥特纳认为列维-斯特劳斯最主要的贡献在于,他认为"过多的多样性甚至是明显的无序,可能有着某种深层的统一性和系统性,而这来自少数深层原则的运作"。④

英国人类学家维克多·特纳(Victor Turner)也强调文化的象征本质,但把对它的解释"置于社会生活的动态过程之中",因此"象征的使用与意义的创造都处于公共的、社会性的互动之中"。⑤

特纳在研究社会文化时借用了法国民族志学者阿诺尔德·范热内普(Arnold van Gennep)的"阈限"(liminality)这一概念。范热内普在《过渡礼

---

① 杰里·穆尔:《人类学家的文化见解》,第 248 页。
② 丹尼斯·库什:《社会科学中的文化》,第 62—63 页。
③ Ortner, S., "Theory in Anthropology since the Sixties", *Comparative Studies in Society and History*, Vol.26, No.1, Jan., 1984, p.135.
④ Ibid., p.136.
⑤ 杰里·穆尔:《人类学家的文化见解》,第 249 页。

仪》(1909年)中认为,个体从一个世界过渡到另一个世界时需要经过一个中间阶段,因此过渡礼仪可以分为三个阶段:分隔礼仪(阈限前礼仪)、边缘礼仪(阈限礼仪)和聚合礼仪(阈限后礼仪)。①

特纳将范热内普的"阈限"概念"扩展成为一个思维工具来理解当变迁成为主题时社会生活中的特定阶段",他将边缘期或阈限期视为"一种结构间的状态"。② 特纳早期在研究坦桑尼亚恩丹布人(Ndembu)的成年礼时,认为恩丹布人社会处于不断摆动之中,摆动的一极是"个体的社会经验和高度结构化的文化",另一极是阈限期(反结构)。后来,特纳将这种结构和反结构的二分法进一步拓展到其他的研究范围,他将阈限"用于解释各种各样的制度、实践、运动、情形、角色和人:从教派到神殿与牧师、朝圣者、僧侣与修女、苦行僧与隐士甚至嬉皮士、以色列的集体农场的农民、新兴的旅行者和革命者",所有这些人的共同特点就是反结构,他们脱离了正常身份,"目的就是占据有利位置批判和改变社会结构"。③

英国人类学家玛丽·道格拉斯(Mary Douglas)和美国人类学家克利福德·格尔兹(Clifford Geertz)"都遵循法国结构主义者列维-斯特劳斯的做法,把文化理解为一种象征体系,人类学家就是要描绘出这种象征体系的意义。然而,他们批判列维-斯特劳斯根据深层精神结构去界定文化表现的做法,似乎这些结构是普遍的,而且不受历史变化影响。"④玛丽·道格拉斯在《洁净与危险》中对文化做了如下的定义:

> 任何文化都是一系列相关的结构。它包括社会形态、价值观念、宇宙哲学和整体知识体系。通过它们,所有的经验都能得到调和。特定的文化主题由调控身体的仪式表达。……仪式演示的是社会关系的形式。通过直观地表现这些关系,它能使人们认识自身所处的社会。通过物质性的身体这个象征性的媒介,仪式作用于政治实体。⑤

道格拉斯探索了文化意义的社会分类,她的研究"开拓了一种新的看待

---

① 阿诺尔德·范热内普:《过渡礼仪》,张举文译,商务印书馆,2010年,第10页。
② 杰里·穆尔:《人类学家的文化见解》,第274页。
③ 奈杰尔·拉波特、乔安娜·奥弗林:《社会文化人类学的关键概念》,第219—221页;维克多·特纳:《仪式过程:结构与反结构》,黄剑波、柳博赟译,中国人民大学出版社,2006年;维克多·特纳:《戏剧、场景及隐喻:人类社会的象征性行为》,刘珩、石毅译,民族出版社,2007年。
④ 西蒙·冈恩:《历史学与文化理论》,第63页。
⑤ 玛丽·道格拉斯:《洁净与危险》,黄剑波、卢忱、柳博赟译,张海洋校,民族出版社,2008年,第159页。

象征分类和它们的社会背景的人类学视角"。道格拉斯最重要的贡献是依据涂尔干(Émile Durkheim)和马塞尔·莫斯(Marcel Mauss)的分析路径,检视了"关于象征性纯洁和玷污——食物禁忌、行为禁止、回避制度——的文化论述重申社会理念的方式",并分析了"人们是怎样筹划象征体系和社会制度来创造意义丰富而独特的声明,表明他们是谁"。①

美国人类学家克利福德·格尔兹也认为文化是象征性的,他认为文化的概念是指"从历史沿袭下来的体现于象征符号中的意义模式,是由象征符号体系表达的传承概念体系,人们以此达到沟通、延存和发展他们对生活的知识和态度"②。谢里·奥特纳注意到格尔兹的理论与特纳理论的差别,即:"格尔兹主要受到韦伯的影响,而特纳则主要受涂尔干的影响;而且,格尔兹明显代表了主要关注'文化'运作的早期美国人类学的一种转变,而特纳则代表了主要关注'社会'运作的早期英国人类学的一种转变。"③与特纳等人不同,格尔兹并不关注"象征符号在社会过程中进行特定实践运作的方式",而是关注"象征符号如何形塑社会行动者观看、感知和思考世界的方式,或换言之,象征符号作为'文化'载体是如何运作的。"④

对格尔兹而言,人类学家的任务就是去解释符号的意义。而且在格尔兹看来,这种解释需要"将某一事件置于某一具体文化行动者的动机、价值和意图当中去",因此人类学家"不是在一种统摄性的、普遍的框架内去解释某一文化事件,而是将其置于特定的意义编码中"。⑤ 因此,格尔兹的文化解释具有双重任务:"揭示使我们的研究对象的活动和有关社会话语的'言说'具有意义的那些概念结构;建构一个分析体系,借助这样一种分析体系,那些结构的一般特征以及属于那些结构的本质特点,将凸现出来,与其他人类行为的决定因素形成对照。"⑥

除了人类学家,这里还要提到文化理论家米哈伊尔·巴赫金(Mikhail Bakhtin)。尽管巴赫金的理论和维克多·特纳、玛丽·道格拉斯有很多相似之处,但西方学者直到20世纪70年代才发现巴赫金,娜塔莉·戴维斯是

---

① 杰里·穆尔:《人类学家的文化见解》,第250页。
② 克利福德·格尔兹:《作为文化体系的宗教》,克利福德·格尔兹:《文化的解释》,纳日碧力戈等译,上海人民出版社,1999年,第103页。
③ Ortner, S., "Theory in Anthropology since the Sixties", *Comparative Studies in Society and History*, Vol.26, No.1, Jan., 1984, pp.128-129.
④ Ibid., p.129.
⑤ 杰里·穆尔:《人类学家的文化见解》,第250页。
⑥ 克利福德·格尔兹:《深描:迈向文化的阐释理论》,克利福德·格尔兹:《文化的解释》,第31页。

最早注意到巴赫金重要性的历史学者之一。① 巴赫金提供给历史学家"一种思考文化的方式",尤其他在《拉伯雷与他的世界》(1965年)中对于近代早期狂欢节的分析以及认为狂欢节是对秩序的暂时性颠倒的观点极大地影响了历史学家,如彼得·伯克的《欧洲近代早期的大众文化》和娜塔莉·戴维斯的《乱政的理性》均受到巴赫金的影响。②

三、结构、实践和权力

20世纪的人类学家对于"文化"有一个普遍的观念,即"文化体是由一群拥有共享的习得价值、世界观、分类、词汇等等的人群组成的"。③ 这一观念的一个相关推论是:这些文化是客观地存在着的,并且可以为人所了解。这一观念在20世纪末遭到了质疑,一些人类学家意识到,"文化不是统一的,人类学探询本身就是一种会影响到其探询结果的文化建构"。④

人类学家在研究他者的文化时,会产生一个严重的问题,即他者的异化,如奈杰尔·拉波特和乔安娜·奥弗林所指出的:

> 人类学家表述异文化的过程中,把"他者"转换为人类学的对象,这就具体化、均质化并异化了他者的生活。从这一角度很难探究真实的正在生活和经历且创造意义过程的人的特定生活方式。更有甚者,人类学专家把这样的生活规约到"客观"抽象的结构中,可是这些生活中人们却保持沉默。安·萨尔蒙德说,正是这种让他者缄默的手法才使民族志中他者被对象化,并成为自我源泉之一。她指出,对象在西方思想中具有消极意义,因为他们无法进行言说、思考或理解。用她的话,人类学家在描述和衡量的过程中"为满足欧洲人的好奇心"创造了"他者"!⑤

---

① Burke, P., "Bakhtin for Historians", *Social History*, Vol. 13, No. 1, Jan., 1988, pp.85-86.
② 西蒙·冈恩:《历史学与文化理论》,第75—78页;彼得·伯克:《欧洲近代早期的大众文化》,杨豫、王海良等译,杨豫校,上海人民出版社,2005年;Davis, N. Z., "The Reasons of Misrule: Youth Groups and Charivaris in Sixteenth-Century France", *Past and Present*, No.50, Feb., 1971.
③ 杰里·穆尔:《人类学家的文化见解》,第308—309页。
④ 同上书,第309页。
⑤ 奈杰尔·拉波特、乔安娜·奥弗林:《社会文化人类学的关键概念》,第94页。

另一方面,人类学家在分析他者的文化时所使用的都是西方的分类体系,例如科学、宗教、经济、政治、亲属制度、社会。奈杰尔·拉波特和乔安娜·奥弗林认为,人类学家采用的这一套语汇,"具有自己的特定形式和不可告人的隐蔽意图:在我们本地的背景下去理解他者的当地,最终使前者成为普遍性的标准,不仅用于判断,而且用于描述。"①因此,当20世纪60年代之后的人类学家关注文化的象征体系时,这就引发了一个问题,即"这些体系是人类学家的创造物,而非那些假定'遵循'它们的人的意义体系"②。

可见,人类学家越来越意识到"他们的理论假设和方法受到了他们自身的历史和文化的影响"③。因此,到了20世纪末,人类学出现了一系列共同的关注点:"需要同时观察共享模式和个体实践,注意一个文化内部的不同群体和位置是基本要求,必须要观察文化之间的联系,以及分析人类学探询本身。"④谢里·奥特纳将20世纪70年代后期以来人类学的发展概括为:"一种新的理论取向的关键象征符号正在出现,可以称之为'实践';它本身既不是一种理论,也不是一种方法,而是如我所说的是一种象征符号,以其名义发展了诸多的理论和方法。"⑤此后,以实践为导向的研究越来越盛行,其标志是1977年法国社会学家皮埃尔·布尔迪厄(Pierre Bourdieu)的《实践理论大纲》(*Outline of a Theory of Practice*)英译本的出版。谢里·奥特纳曾引用彼得·伯格和托马斯·卢克曼在《现实的社会构建》中说过的一句话:"社会是人的产物,社会是一种客观现实,人是社会的产物。"她认为以前的人类学家关注后两点,而现在开始关注第一点,即"理解社会和文化自身是如何通过人的意图和行动被生产和再生产的"⑥。

(一) 结构与实践

20世纪60年代,法国思想界在让-保罗·萨特的存在主义所强调的个体优先性和克洛德·列维-斯特劳斯的结构主义所强调的深层结构这两个截然相反的理论立场之间摇摆。皮埃尔·布尔迪厄早年深受结构主义人类学的影响,他在1963年的《住宅或颠倒的世界》一文中对"柏柏尔人住宅空

---

① 奈杰尔·拉波特、乔安娜·奥弗林:《社会文化人类学的关键概念》,第95页。
② 同上书,第93页。
③ 杰里·穆尔:《人类学家的文化见解》,第310页。
④ 同上书,第312页。
⑤ Ortner, S., "Theory in Anthropology since the Sixties", *Comparative Studies in Society and History*, Vol.26, No.1, Jan., 1984, p.127.
⑥ Ibid., p.158;彼得·伯格、托马斯·卢克曼:《现实的社会构建》,汪涌译,北京大学出版社,2009年,第52—53页。

间的解释"显然"属于结构主义思维方式范畴"①。但是,在这之后布尔迪厄就开始逐渐与结构主义保持距离,他认为结构主义"过于强调客观存在的集体性社会构造和观念形态对个人的影响,而忽略了人的实践的能动性",因此,布尔迪厄提出了实践(praxis)理论,力求"在结构与人的行动之间寻求辩证关系和人的能动性"。② 有学者曾用游戏的比喻很好地解释了布尔迪厄的实践理论:游戏由游戏规则(结构)、参与者的行为和策略组成,因而一场特定比赛的结果要受到规则的限制,由个体来进行,并经由策略来实现。③ 因此,社会行为并不是对文化规则的简单执行(如语言不是语法规则的简单反映,亲属关系也不是对亲属规则的机械执行),人类学家还需要考虑到"创造着他们自身社会空间的个体能动者、社会生活的实践策略,以及人类学家自身的实践"。④

布尔迪厄的实践论通过构建惯习、场域等概念,超越了客观主义与主观主义之间的对立。在布尔迪厄看来,为了摆脱由客观主义导致的结构实在论,而又不重新陷入主观主义,就必须回到实践中来,因为实践是"实施结果和实施方法、历史实践的客观化产物和身体化产物、结构和惯习的辩证所在"⑤。

惯习(habitus)是一种"结构形塑机制",它作为外在结构内化的结果,"以某种大体上连贯一致的系统方式对场域的要求做出回应"⑥。因此,在布尔迪厄看来,惯习是"一种不断受经验控制和改造的、开放性的意向系统"⑦。场域与惯习的关系包括两个方面:一方面是制约关系,场域形塑着惯习;另一方面又是一种知识关系或者说是认知建构的关系,惯习"有助于把场域构建成一个充满意义的世界,一个被赋予了感觉和价值、值得社会行动者去投入、去尽力的世界"⑧。

惯习在结构和实践之间起中介作用。布尔迪厄认为,惯习是"习得的生成图式系统",是共同的感知、理解和行为图式的"主观的内在化结构",它在

---

① 皮埃尔·布迪厄:《实践感》,蒋梓骅译,译林出版社,2003年,第425页。
② 王铭铭:《想象的异邦——社会与文化人类学散论》,上海人民出版社,1998年,第290、63—64页。
③ 杰里·穆尔:《人类学家的文化见解》,第343页。
④ 同上书,第350页。
⑤ 皮埃尔·布迪厄:《实践感》,第80页。
⑥ 皮埃尔·布迪厄、华康德:《实践与反思:反思社会学导引》,李猛、李康译,中央编译出版社,2004年,第19页。
⑦ 皮埃尔·布迪厄、罗杰·夏蒂埃:《社会学家与历史学家:布尔迪厄与夏蒂埃对话录》,马胜利译,北京大学出版社,2012年,第86—87页。
⑧ 皮埃尔·布迪厄、华康德:《实践与反思》,第172页。

特定的条件下产生各种思想、感知和行为;惯习是"对于受制的即兴创作的持久设置的生成原则","惯习产生实践,实践趋向再生产其生成原则之产生条件的内在规则性,同时又使自己符合由构成惯习的认知和促动结构定义的情境所包含的作为客观可能性的要求"。① 杰里·穆尔(Jerry Moore)用"女人应该待在家里"这一文化观念作为例子来说明惯习和实践之间的关系:

> "家"和"女性"之间的关系就是一个生成图式——一种惯习——但它只有通过社会实践才能获得社会实存:语言分类("工作的母亲"对比"居家的母亲")、制度政策(例如男女薪酬的差异),以及最重要的,男性和女性个体的行动。这个联结了性别与工作的美国文化生活的元素不能够化约为单纯的惯习、信念或者个体行动,所有这些领域组成了一个独特的实践领域。②

因此,结构是通过惯习与实践建立联系的,"产生惯习的结构借助惯习支配实践行为","惯习能使行为人生活于制度之中,在实践中占有制度,从而使制度保持活力、生机和效力。"③

尽管从本质上说,惯习需要保证自身的稳定性,但同时惯习也不断地对结构加以修正和改变:惯习时刻都在按先前经验生产的结构使新的经验结构化,而新的经验在由其选择权力确定的范围内,对先前经验产生的结构施加影响。可见,正是通过惯习,结构和实践确立了辩证关系。

此外,布尔迪厄认为"知识的理论是政治理论的一个维度",因为"施加于现实(尤其是社会现实)建构原则的象征权力是政治权力的一个主要维度"。④ 因此,"认为一种将文化行为看作是对既定规则或者规范的执行的社会理论(例如结构主义)都忽视了这种存在于知识体系和政治权力之间的联系"。⑤

布尔迪厄对文化观念研究的一本重要著作是《区分:判断力的社会批判》(*Distinction: A Social Critique of the Judgement of Taste*, 1979)。在书中,布尔迪厄认为,文化趣味不是天然的,而是"教育的产物","所有文

---

① Bourdieu, P., *Outline of a Theory of Practice*, Cambridge University Press, 1977, p.78.
② 杰里·穆尔:《人类学家的文化见解》,第352—353页。
③ 皮埃尔·布迪厄:《实践感》,第84、87页。
④ Bourdieu, P., *Outline of a Theory of Practice*, p.165.
⑤ 杰里·穆尔:《人类学家的文化见解》,第352页。

化实践(去博物馆、音乐会、展览会、阅读等等),以及文学、绘画和音乐方面的偏好,都与教育水平密切相关,其次与社会出身相关",因此趣味是"作为'等级'的特别标志其作用"的。① 可见,对布尔迪厄而言,趣味是"一种'区分'和'评价'的后天配置",或者说是"通过一种区分的举动建立或显示差别的配置"。② 布尔迪厄揭示了趣味与社会等级和阶级分层观念之间的关系:

> 对低级的、粗俗的、平庸的、贪财的、奴性的,总之是自然的享乐的否定,如是构成了文化的神圣性,并包含着对某些人的优越性的肯定,这些人懂得满足于升华的、精致的、无关利害的、无偿的、优雅的快乐,而这些快乐从来都是禁止普通门外汉享受的。这就使得艺术和艺术消费预先倾向于满足一种使社会差别合法化的社会功能,无论人们愿不愿意,无论人们知不知道。③

布尔迪厄的文化观念对于历史学家研究19和20世纪的资产阶级和精英文化产生了重要影响。④

(二) 文化与权力

美国人类学家埃里克·沃尔夫(Eric Wolf)批评美国文化人类学的"文化"概念,反对"将文化视为非历史性的、静止的和和谐一致的人类学观点"。⑤ 沃尔夫在《欧洲与没有历史的人民》(*Europe and the People Without History*, 1983)中"不再将社会看作孤立的、自足的系统",因此他认为必须重新思考文化的概念,即"固定的、统一的和有界限的文化概念就必须让位于文化丛(cultural sets)的可流动性与可渗透性观念",因而一种文化应"被看作是一系列的过程,它们在应对可确定的决定因素时不断地对文化素材进行建构、重构与分解"。⑥

沃尔夫进而关注文化与权力之间的关系。沃尔夫在1990年的一篇文章中,区分出四种不同的权力模式:①"作为有影响力的权力"(power

---

① 皮埃尔·布尔迪厄:《区分:判断力的社会批判》,刘晖译,商务印书馆,2015年,第1—2页。
② 同上书,第737页。
③ 同上书,第10—11页。
④ 西蒙·冈恩:《历史学与文化理论》,第84—86页。
⑤ 杰里·穆尔:《人类学家的文化见解》,第312页。
⑥ 埃里克·沃尔夫:《欧洲与没有历史的人民》,赵丙祥、刘传珠、杨玉静译,上海人民出版社,2006年,第450—457页。

as potency),这是一种个人的特性,是尼采意义上的权力;② "社会互动中的权力"(power in social interaction),指"在人际关系和社会行动中,自我向他人施加其意志的能力";③ "战术性或组织性权力"(tactical or organizational power),指"控制环境的权力,在此环境中人们显示其潜能并与他人互动";④ "结构性权力"(structural power),这种权力"不仅在环境或领域内运作,而且组织和安排环境本身,并规定能量流动的分配和方向"。沃尔夫尤其关注于后两种权力的关系,因为这有助于解释我们所居住的世界。①

在《欧洲与没有历史的人民》中,沃尔夫也注意到了文化与权力之间的关系,他写道:

> 人类学家将这些实际运用和意识形态合理化的特定结合称为"文化",认为它们具有不随时间改变的内在一致性。但实际工具与对其更广泛含义的共识的结合决不是自主的,不证自明的。意义并不是自然留在事物上面的印记;它们是由人类发展出来并强加在事物上面的。从这一点又引出了几种含义。人类强加意义的能力——为事物、行动和观念"命名"——是权力的源泉。对共识的控制使得意识形态的主宰者可以强制推行某些范畴,而人们正是借助这些范畴来认识现实的。反过来说,这也赋予人们拒绝接受新范畴的能力,将之归于无序和混乱的领域,使它们变成社会层次和象征层次上的盲点。此外,一旦事物被命名,权力就必须保证意义也会这样原封不动地产生。在面对可能的挑战时,必须运用惩罚来捍卫意识形态话语的范畴。因此,一整套意识形态共识的建构与维持是一个社会的过程,它不能仅仅被解释为一种内在的文化逻辑的必然结果。②

沃尔夫在 1999 年出版的《展望权力:统治与危机的意识形态》(*Envisioning Power: Ideologies of Dominance and Crisis*)中进一步"扩展了对文化概念的批评并将其与对权力的分析联系起来"③。

因此,沃尔夫对"文化"的批评主要表现在如下方面:"文化不是一些抽象的观念而是始终与物质世界相关联的。单个文化绝非与世隔绝的而总是

---

① Wolf, E., "Facing Power: Old Insights, New Questions", *American Anthropologist*, New Series, Vol.92, No.3, Sep., 1990, pp.586—587.
② 埃里克·沃尔夫:《欧洲与没有历史的人民》,第 453—454 页。
③ 杰里·穆尔:《人类学家的文化见解》,第 373 页。

受到其他社会群体的影响。单个文化不是对内在价值的静止的表达而总是历史先在状况的动态结果。最后,文化总是与权力问题纠缠在一起的,因为权力显现在所有社会安排之中。"①

同样地,人类学家西敏司(Sidney W. Mintz)也关注"权力"的问题,在其名著《甜与权力》中,他通过对蔗糖的研究揭示"掩藏在大众消费里的庞大权力":"对糖的控制权,以及对最终果实的觊觎,这些导致了决定宗主国与殖民地之间关系的哲学的彻底修正。"②

相对于沃尔夫和西敏司所关注的宏观权力,历史人类学还受到米歇尔·福柯(Michel Foucault)微观权力概念的影响。福柯认为权力不仅是禁止的、消极的,也是生产性的和积极的;而且,权力不仅存在于宏观的政治层面,也存在于微观的领域,他认为,微观的权力关系不是国家权力在微观领域的延伸:

> 在一个社会实体的每个点之间、一个男人和一个女人之间、家庭成员之间、一位老师和一位学生之间、每一个知道的人和不知道的人之间,都存在着权力关系,这些权力关系不单纯是至高权力在个人身上的投射;它们更是至高权力所根植的具体的和不断变化的土壤,是至高权力能产生作用的条件。即使现在,家庭也不是国家权力简单的反映和延伸;在其与孩子的关系上,它不是作为国家的代表来行动,如同男性在与女性的关系上不是作为国家权力的代表来行动一样。这是国家起作用的方式,在男性和女性之间或成人和儿童之间,一定存在着有着其特有形态和相对自主性的特定的支配关系。③

福柯将微观权力运用于其对监狱的著名分析中,他在《规训与惩罚》中对微观权力提出了三个假设:

> 首先,施加于肉体的权力不应被看作是一种所有权,而应被视为一种战略;它的支配效应不应被归因于"占有",而应归因于调度、计谋、策略、技术、运作;人们应该从中破译出一个永远处于紧张状态和活动之

---

① 杰里·穆尔:《人类学家的文化见解》,第379页。
② 西敏司:《甜与权力——糖在近代历史上的地位》,王超、朱健刚译,商务印书馆,2010年,第181—182页。
③ Foucault, M., *Power/Knowledge: Selected Interviews and Other Writing*, 1972-1977, Pantheon Books, 1980, pp.187-188.

中的关系网络,而不是读解出人们可能拥有的特权;它的模式应该是永恒的战斗,而不是进行某种交易的契约或对一块领土的征服。

其次,这种权力在实施时,不仅成为强加给"无权者"的义务或禁锢;它在干预他们时也通过他们得到传播;正是在他们的反抗它的控制时,它对他们施加压力。

最后,它们不是单义的;它们确定了无数冲撞点、不稳定中心,每一点都有可能发生冲突、斗争,甚至发生暂时的权力关系的颠倒。[①]

福柯对监狱、诊所、疯癫和性之中微观权力运作的分析启发了很多人类学家的研究。

四、"文化"与历史人类学

小威廉·休厄尔将文化区分为两种最基本的意涵:作为社会生活范畴的文化(culture)和作为信仰与实践的特定整体的诸文化(cultures)。在第一种意涵中,"文化是社会生活的一个范畴,并与其他非文化的范畴完全不同"。休厄尔将之总结如下:"应当将文化理解为系统与实践的辩证;作为社会生活的一个面向,比之其他面向有着自治的逻辑与空间结构;文化的确具有连贯性,但是它的连贯性却相当薄弱,很容易在实践中面临很高的风险,由此易产生转变。"[②]

在第二种意涵中,文化"代表某个实在且有边界的实践与信仰的世界",即文化通常被视为"属于某个'社会'或一些特定的次社会群体,或者与它们是同质的"。[③] 这种意涵是传统人类学研究的主流模式,如马林诺夫斯基研究的特洛布里恩人、埃文思-普里查德研究的努尔人、格尔兹研究的巴厘人等。现在这种"诸文化的连贯性与文化作为差异性整体的观点"受到了质疑,休厄尔将文化"视作不同的意涵世界,它们是相对矛盾、松散结合、易变与可渗透的"。[④]

人类学关于文化概念的这种转变与历史人类学有着密切的联系。如果

[①] 米歇尔·福柯:《规训与惩罚:监狱的诞生》,刘北成、杨远婴译,生活·读书·新知三联书店,1999年,第28—29页。
[②] 小威廉·休厄尔:《文化的(多种)概念》,小威廉·休厄尔:《历史的逻辑——社会理论与社会转型》,朱联璧、费滢译,上海人民出版社,2012年,第159页。
[③] 同上书,第148页。
[④] 同上书,第160页。

我们将历史人类学区分为人类学的史学（历史学的人类学转向）和历史的人类学（人类学的历史化），那么可以看到在历史学的人类学转向中，历史学家主要受到爱德华-埃文思-普里查德、维克多·特纳、玛丽·道格拉斯以及克利福德·格尔兹等人类学理论的影响。而人类学的历史化则明显与20世纪70年代以来的人类学发展有关，人类学家从对结构、规则和一致的关注中摆脱出来，转而强调实践、过程和权力。皮埃尔·布尔迪厄提出"实践"的概念以试图"调和社会与个体、社会结构与历史行动的对立"①，而这种实践的概念对历史学也产生了影响。俞金尧教授认为，正是这种实践理论导致了社会史学的范式转换，形成了"实践的历史"（the history of practice）。② 可见，实践理论是20世纪80年代以来的历史人类学（无论是人类学的史学还是历史的人类学）最重要的理论基础之一。

同时，历史人类学利用过去来"探寻历史制作中权力的存在"③。人类学将历史视为"将过去运用于现在"，因此他们思考"不同群体和利益集团将他们过去的形象作为现时利益的组成部分或者强化手段"。④ 历史人类学对权力的关注日益增长，尤其是在有关非西方的历史人类学研究中。在2009年出版的一本有关历史人类学的论文集中，编者指出："我们特别感兴趣于反思权力和文化的关系、重估合并和抵抗的观念和概念、研究在一个日益不均衡的全球体系中的霸权和历史。"⑤这种对权力的关注，也可以解释近来人类学和历史学对社会记忆的兴趣，因为记忆和遗忘是历史的来源，体现了权力关系。而且，这种权力不是自上而下的霸权，它是一种复杂的、微妙的相互关系。人类学和历史学在这里交会：一种"自下而上的"视角，即关注殖民地和第三世界（相对于欧洲）以及普通民众（相对于精英）。在这方面，美国人类学家詹姆斯·斯科特（James Scott）的《弱者的武器》（*Weapons of the Weak: Everyday Forms of Peasant Resistance*，1985）就是一个很好的例子。斯科特认为"有组织的、大规模的抗议运动"并非真正的农民视角，因为

---

① Dube, S., "Introduction: Anthropology, History, Historical Anthropology", Dube, S., ed., *Historical Anthropology*, Oxford University Press, 2007, p.24.
② 俞金尧：《书写人民大众的历史：社会史学的研究传统及其范式转换》，《中国社会科学》2011年第3期。
③ Dube, S., "Introduction: Anthropology, History, Historical Anthropology", *Historical Anthropology*, 2007, p.39.
④ 迈克尔·赫茨菲尔德：《人类学：文化和社会领域中的理论实践（修订版）》，刘珩、石毅、李昌银译，华夏出版社，2009年，第60页。
⑤ Tagliacozzo, E. et al., "History and Anthropology: Strange Bedfellows", Willford, A. et al., eds., *Clio/Anthropos: Exploring the Boundaries Between History and Anthropology*, Stanford University Press, 2009, p.2.

"正式的、组织化的政治活动,即使是秘密的和革命性的,也是典型地为中产阶级和知识分子所拥有;在这一领域寻找农民政治大半会徒劳无功"。因此,斯科特在书中关注的是"农民反抗的日常形式",他称之为"弱者的武器",包括"偷懒、装糊涂、开小差、假装顺从、偷盗、装傻卖呆、诽谤、纵火、暗中破坏等等"。斯科特认为这些日常武器"避免直接地、象征性地与权威对抗",但这类反抗却"最有意义和最有成效",最终"会使得在首都的那些自以为是的官员所构想的政策完全无法推行"。①

这里我分别以美国人类学家谢里·奥特纳和历史学家杜赞奇(Prasenjit Duara)为例来说明文化与历史人类学的关系。谢里·奥特纳受到格尔兹的影响,将文化视为一套象征体系,象征体系是"与在特定文化中概念化的某些不可化约的和反复出现的人类条件的主题或问题相关的指南、纲要或计划"②。洁净/污染观念就是这样一种象征体系,奥特纳在《夏尔巴人的洁净》一文中分析了夏尔巴人的洁净/污染观念。奥特纳认为:"夏尔巴人的洁净/污染观念表现了夏尔巴人世界观中三个基本原则(精神的、物质的和恶魔的)的三角关系;污染表现了物质性和(或)恶魔性占据优势,洁净则是精神性占据优势。"③对于奥特纳而言,象征体系不仅是对现实进行概念化的模型,也是人类行动的模型,因此夏尔巴人的洁净/污染观念"体现了处理洁净/污染的根本问题的三种不同策略",三种策略包括两种洁净仪式和寺院制度。

在发表《夏尔巴人的洁净》的同一年(1973年),奥特纳在《论关键象征》一文中对"关键象征"(key symbols)做了综述。奥特纳认为关键象征是一个连续体,其两极是概述性象征(summarizing symbols)和详述性象征(elaborating symbols)。概述性象征"综合一个复杂的观念体系,并在单一的形式下'概述'它们,这种单一的形式以一种旧的方式作为一个整体'象征'体系"。概述性象征通常具有神圣性,例如美国国旗,美国国旗"对特定的美国人而言象征了'美国方式',聚集了包括民主、自由企业、努力工作、竞争、进步、国家优越性、自由等的观念和情感"。详述性象征"为区分出复杂和未分化的情感和观念提供一种媒介,并使它们为人们自身可理解、可与他人交流、并可译为有秩序的行动"。详述性象征可分为根隐喻(root

---

① 詹姆斯·斯科特:《弱者的武器:农民反抗的日常形式》,郑广怀、张敏、何江穗译,译林出版社,2011年,前言第1—4页。
② Ortner, S., "Sherpa Purity", *American Anthropologist*, New Series, Vol.75, No.1, Feb., 1973, pp.49-50.
③ Ibid., p.53.

metaphors)和关键剧本(key scenarios)两种,前者具有"概念详述性力量","为整理概念经验提供范畴",后者具有"行动详述性力量","为组织行动经验提供策略"。根隐喻"区分出经验,并将之置于文化范畴中,帮助我们思考经验如何综合在一起"。根隐喻的一个例子是丁卡(Dinka)文化中的牛,牛为丁卡人"提供了一组概念化和响应经验之微妙的无尽的概念"。关键剧本是"适合于正确和成功生活的清晰的行动模式",美国成功的神话(Horatio Alger myth)就是关键剧本的例子。奥特纳认为,每个文化都有许多类似的关键剧本,它们"既制定了合适的目标,也暗示了达到这些目标的有效行动;换言之,它制定了关键的文化策略"。①

《夏尔巴人的洁净》和《论关键象征》尽管是不同的文章,但两者在一个关键点上交叉:奥特纳把象征体系看作行动的基础。② 因此,奥特纳认为文化不仅是社会现象和历史进程的表象,同时也塑造着社会现象和历史进程。奥特纳赞同沃尔夫关于文化和权力关系的论断,她试图展示"如果人们对定义、意识形态和文化进行争夺,那他们这样做是因为通过人们对世界的经验和(更重要的是)作用文化确实定义了范畴"。③ 在这里,我们可以发现奥特纳对文化的理解与布尔迪厄和沃尔夫有着某些共同之处。

同样,历史学家杜赞奇也认为文化研究应该探讨文化与权力之间的关系,这主要是受到解构主义和后现代主义的影响。正是在此基础上,杜赞奇在《文化、权力与国家》(Culture, Power, and the State: Rural North China, 1900-1942, 1988)一书中提出了"权力的文化网络"(culture nexus of power)这一分析模式。杜赞奇首先对"权力"和"文化"这两个概念进行了解释:"权力"是指"个人、群体和组织通过各种手段以获取他人服从的能力,这些手段包括暴力、强制、说服以及集成原有的权威和法统";"文化"则是指"各种关系与组织中的象征与规范,这些象征与规范包含着宗教信仰、相互感情、亲戚纽带以及参加组织的众人所承认并受其约束的是非标准"。④ 在杜赞奇的定义中,文化网络"由乡村社会中多种组织体系以及塑造权力运作的各种规范构成,它包括在宗族、市场等方面形成的等级组织或巢

---

① Ortner, S., "On Key Symbols", *American Anthropologist*, New Series, Vol.75, No.5, Oct., 1973, pp.1340-1342.
② 杰里·穆尔:《人类学家的文化见解》,第 329 页。
③ Ortner, S., "Patterns of History: Cultural Schemas in the Foundings of Sherpa Religious Institutions", Ohnuki-Tierney, E., ed. *Culture Through Time: Anthropological Approaches*, Stanford University Press, 1990, p.60.
④ 杜赞奇:《文化、权力与国家——1900—1942 年的华北农村》,王福明译,江苏人民出版社,1996 年,第 4、20 页。

状组织类型",这些组织包括"以地域为基础的有强制义务的团体(如某些庙会)""自愿组成的联合体(如水会和商会)"以及"非正式的人际关系网(如血缘关系、庇护人与被庇护人、传教者与信徒等关系)"。杜赞奇认为,文化网络是地方社会很重要的组织基础,因为"文化网络是地方社会中获取权威和其他利益的源泉,也正是在文化网络之中,各种政治因素相互竞争,领导体系得以形成"。可见,杜赞奇的"权力的文化网络"这一分析模式通过分析文化与权力之间的关系,来理解"晚清社会中帝国政权、绅士以及其他社会阶层的相互关系"。①

另一方面,杜赞奇作为社会史学者通过"权力的文化网络"这一分析模式来连接历史学和社会科学。历史学和社会科学有着根本的不同,前者关注中央化过程、上层文化、机能、历时性和叙述,而后者关注地方化过程、大众文化、结构、共时性和分析;而"权力的文化网络"正可以将共时性分析和历时性视角有机地结合起来。②

通过奥特纳和杜赞奇的例子,我们可以发现无论是人类学的历史化还是历史学的人类学转向,历史人类学的发展与文化概念的发展总是紧密相连的。

---

① 杜赞奇:《文化、权力与国家》,第13—14页。
② 同上书,第246—250页。

第二章 文化的建构

彼得·伯克曾指出,"文化"概念的变化有两个趋势:其一,"'文化'这个术语的意思随着历史学家、社会学家、文学评论家和其他人对文化兴趣的增加而不断扩展"。其二,"当文化的意义逐渐扩大的时候,认为'文化'是积极的而不是消极的倾向也在增长……过去经常被认为是客观的东西——硬性的社会现实,如性别、阶级或共同体——现在都被认为是文化'建构'或'组构'"。① 在这一章中,我通过两个方面来讨论"文化的建构":(1)"文化的建构",即文化对社会的建构作用,以共同体的建构(族属的建构和科学共同体的建构)为例。(2)"建构的文化",即某种文化是如何被建构的,以《美好生活》为例。

一、文化的建构

(一)族属的建构

在人类学的族属(ethnicity)②研究中一直存在着客观派和主观派之争。客观派认为,"族群是社会和文化构建的范畴,具有相对独立和缺乏互动为特点的边界";在实践中,客观派"倾向于采用客位(etic)视角,根据分析者对社会—文化差异的观察来定义族群"。③ 具体而言,客观派"将一定范围内同质性的文化实体与特定人群、族群、部落和/或人种相对应"。④

主观派则认为,"族群是文化构建的范畴,提供社会互动和行为的信

---

① 彼得·伯克:《历史学与社会理论》,姚朋、周玉鹏等译,刘北成校,上海人民出版社,2010年,第149—150页。
② Ethnicity 也被翻译为"族群性""族性"等。
③ 希安·琼斯:《族属的考古——构建古今的身份》,陈淳、沈辛成译,上海古籍出版社,2017年,第72页。
④ 同上书,第30页。

息";在实践中,主观派"主位(emic)观点优先,根据被研究人群主观的自我归类来定义族群"。① 早在1954年,英国人类学家埃德蒙·利奇出版的《缅甸高地诸政治体系》(Political Systems of Highland Burma)中就有了主观论的影子。尽管书中的一些观点遭到了质疑和争论,但《缅甸高地诸政治体系》在很多方面是有开创性的,正如利奇自己所言,"标志着一个趋势的开端"②。《缅甸高地诸政治体系》的贡献主要有两个方面:动态均衡的理论和族属建构的反思。

《缅甸高地诸政治体系》出版时,占英国人类学统治地位的是阿尔弗雷德·拉德克利夫-布朗的理论,其核心是"社会系统被说成好似它是自然存在的真正的实体,而内在于这类系统的均衡也似乎是固有的,是大自然的一个事实",因而人类学家"在经验事实的混乱之中可以洞悉系统性秩序"。③ 社会人类学家在构建关于社会结构的学术理论时,发明了一套术语体系,这些术语(如外婚制、父系世系群等)"只意指人类学家界定好的那种含义",因此"人类学家所描述的结构系统总是静态的系统"。④

利奇通过"动态均衡"的观点来突破拉德克利夫-布朗的理论框架。借助"动态均衡"的观点,利奇分析了缅甸克钦人在贡萨(gumsa)和贡劳(gumlao)两种政治结构之间的摆动。利奇的动态分析强调了"马林诺夫斯基等学者对'理念的'(ideal)与实际的(real)行为模式的区分"。⑤ 利奇自己是这样解释他的方法的:

> 我的观点是,民族志和史籍上的事实只有在我们的思想虚构物加诸其上之后,才可能以一种系统的方式显得井然有序。我们首先为自己发明了一套可以精致地组织起来形成有序系统的言语范畴,然后我们让经验事实适配这些语言范畴,随即,变魔法似的,这些事实"看起来"是系统有序的!但在这种情况下,系统是概念之间的关系,而不是像拉德克利夫-布朗和他的一些追随者所坚称的那样是在原始事实材料中"实际存在"的关系。把社会比作有机体,有时是有助益的,但社会

---

① 希安·琼斯:《族属的考古》,第72页。
② 对《缅甸高地诸政治体系》中一些观点的质疑可参见F.K.莱曼、张文义:《利奇克钦模式的得与失(代译序)》,埃德蒙·利奇:《缅甸高地诸政治体系——对克钦社会结构的一项研究》,杨春宇、周歆红译,商务印书馆,2010年;利奇的话见埃德蒙·利奇:《1964年重印版导言》,埃德蒙·利奇:《缅甸高地诸政治体系》,第5页。
③ 埃德蒙·利奇:《1964年重印版导言》,埃德蒙·利奇:《缅甸高地诸政治体系》,第6—7页。
④ 埃德蒙·利奇:《缅甸高地诸政治体系》,第107页。
⑤ 雷蒙德·弗思:《序》,埃德蒙·利奇:《缅甸高地诸政治体系》,第2页。

第二章 文化的建构

不是有机体,更不是机器。

……我的论点其实是说,第五章描述的这套语言范畴形成了一个持久的结构性定式,而且当克钦人试图(向他们自己或向他人)诠释他们在身边所观察到的经验性社会现象时,所依据的往往就是这套范畴。……

既然把贡萨和贡劳两种政治秩序看作范畴性结构,那么它们必定都是理念型的,不论何时何地都会与实际情况中的经验事实不太相符。如果这样,似乎有理由来探询是否存在这样一种可分析的社会过程:它源于实际情况与两种南辕北辙的理念范畴结构之间持续的不一致。第七和第八章的论题就说明,这种不一致造成克钦地区的各个地方都处于一种长时期的政治摆动,当然,因为周期结束时的事实与周期开端的事实颇不相同,"实际体系"的均衡与"理念体系"的均衡并不相同。①

根据利奇的观点,社会结构并不全然是决定性的,行动者的实践也是很重要的因素。利奇指出:"实践常常会与结构上的理想状态有很大差距,同时更因为土著概念的灵活性,克钦人能够使自己确信依然在严守规则。"②因此,某个特定克钦社区的政治模式是贡萨、贡劳还是掸式的,"取决于特定个人在特定时间里持有的态度和观念"③。在克钦文化中,"仪式和神话'再现'了社会结构的一个理想版本",但是在不同的案例中,仪式陈述和神话的结构性内涵都是模糊不清的,"根据引用故事者的个人既得利益而有所不同"。④ 正是在这点上,利奇和马林诺夫斯基分道扬镳,利奇认为神话和仪式并不完全是一种整合机制(如马林诺夫斯基所认为的),而常常是一种"分裂的机制","人们可以藉此表达对权利和地位的要求"。⑤

利奇在动态均衡的基础上提出了社会变迁的理论。一方面,利奇"扩展了分析的时间跨度,均衡被设定为大约150年期间内的运作"⑥。另一方面,利奇在分析中考察了三个参数:物质环境、政治环境以及人的因素。从某种意义上可以说这是一种历史人类学的方法。

利奇在动态均衡理论的基础上对族属的建构进行了反思,这是《缅甸高

---

① 埃德蒙·利奇:《1964年重印版导言》,埃德蒙·利奇:《缅甸高地诸政治体系》,第8—9页。
② 埃德蒙·利奇:《缅甸高地诸政治体系》,第161—162页。
③ 同上书,第270页。
④ 同上书,第262、271页。
⑤ 同上书,第263页。
⑥ 埃德蒙·利奇:《1964年重印版导言》,埃德蒙·利奇:《缅甸高地诸政治体系》,第7页。

地诸政治体系》一个重要的贡献。利奇在全书结论的最后指出：

> 最后让我申明一点，我在本书中尝试的整个这类分析可能在克钦山区以外的其他情境下也有其价值。正如我所描述的，克钦山地的文化境况既混乱又复杂，但并不罕见。相反，我要说的是，设想在一个"正常的"民族志环境下，人们通常都能发现像地图上那样形式齐整、疆界分明的各个独立的"部落"，这种设想多半只是种学术的虚构而已。我当然承认，那些民族志专著所暗示的情况往往就是如此，但那些事实得到证明了吗？我自己的观点是，民族志作者常常只会费尽心思去分辨"一个部落"的存在，因为他把这类文化实体必定存在当成了公理。但在某种意义上说，许多这类部落只是民族志的虚构而已。①

传统人类学家"一直习惯于将族别范畴（被命名的并自我认同的社会体系及其文化）在原则上认做是近乎原生的实体"，但在《缅甸高地诸政治体系》问世后，人们得以重新考虑族属，"并将其想象为社群中社会政治关系的一个函数，因此是相对的而非绝对的、固定的或单一的"。②

利奇的书起初并没有引起学术界很大的关注，而真正引起学术界关注的族属研究的主观派代表是挪威人类学家弗雷德里克·巴斯（Fredrik Barth）。巴斯是利奇的学生，他抛弃了当时盛行的结构功能主义范式，强调个体在结构中的作用，这与后来布尔迪厄的实践理论有着某种渊源关系。巴斯在对斯瓦特巴坦人的政治过程的研究中发现，"在斯瓦特，人们通过一系列选择在政治结构中找到自己的位置，而很多的选择都是暂时的或可以更改的"③。后来，巴斯运用这种强调个体在结构中作用的观点来理解族属问题，这引发族属研究"在方法论上出现了认知转向"④。

巴斯在《族群与边界》（*Ethnic Groups and Boundaries*，1969）中认为，"族群单位和文化的相似性与差异之间不存在简单的一一对应关系"，"文化特质并不是'客观'差异的综合，而只是当事人自己认为这些特质有意义"。

---

① 埃德蒙·利奇：《缅甸高地诸政治体系》，第 274—275 页。
② F. K. 莱曼、张文义：《利奇克钦模式的得与失（代译序）》，埃德蒙·利奇：《缅甸高地诸政治体系》，第 1 页。
③ 弗雷德里克·巴特（弗雷德里克·巴斯）：《斯瓦特巴坦人的政治过程——一个社会人类学研究的范例》，黄建生译，上海人民出版社，2005 年，第 2 页。
④ 范可：《何以"边"为：巴特"族群边界"理论的启迪》，《学术月刊》2017 年第 7 期，第 100—101 页。

可见,巴斯强调"自我归类与被他人归类的特征"是族属定义中的关键要素。他指出:"从假设是由一个人的出身和背景来决定他基本的、最普通的身份的这个角度来看,对他的明确归类属于族群归类。在当事人出于互动的目的使用族群身份来对自己和他人进行分类的范围内,他们就形成了组织意义上的族群。"①

在巴斯那里,边界不一定是物理性的,更是文化意义上的:边界是在"遭遇"(encounter)之际才体现出来的,因此,族属是一种"主体间性"(inter-subjectivity),是不同主体"遭遇"的问题。② 巴斯所研究的帕坦人(Pathans)就是一个很好的例子。尽管生活在不同区域的帕坦人在社会和文化上有着很大的差异,但他们都自认为同属一个族群:

> 很显然人们要认同自己,同时还要得到他人的认同,正如根据截然不同的原则构建起来的各阶层的成员一样,帕坦人在各种各样的组织形式下生活并维持着认同。在这些不同的条件下,帕坦社区的生活方式展现出大量的表现型差异就不足为怪了。同时,帕坦人的基本价值观和社会形式在许多方面都与其他相邻族群类似。……
> 从表面上看,族群通过一些文化特征来区分,这些文化特征具有多样性并且被当做是认同的公开的符号,人们把这些公开的符号作为分类的标准。他们都是些具体的风俗,从服饰的样式到继承的规则。然而,有一点非常明显,族群分化并不依赖这些公开的符号。结果是,如果帕坦妇女开始穿俾路支妇女穿的服饰,即前襟绣花短上衣时,那么,帕坦族与俾路支族之间的对比仍旧不会改变。③

20世纪80年代,学者们将人类学关于族属构建的理论应用到民族主义的研究中,本尼迪克特·安德森(Benedict Anderson)的《想象的共同体》(*Imagined Communities*,1983)也许是这方面最重要的著作。安德森认为,民族性(nationality)和民族主义是"一种特殊类型的文化的人造物"④。因此,安德森在《想象的共同体》中的主要任务是:

---

① 弗雷德里克·巴斯:《导言》,弗雷德里克·巴斯主编:《族群与边界——文化差异下的社会组织》,李丽琴译,马成俊校,商务印书馆,2014年,第5—6页。
② 范可:《何以"边"为:巴特"族群边界"理论的启迪》,《学术月刊》2017年第7期,第102页。
③ 弗雷德里克·巴斯:《帕坦人的认同与维持》,弗雷德里克·巴斯主编:《族群与边界》,第118页。
④ 本尼迪克特·安德森:《想象的共同体——民族主义的起源与散布》,吴叡人译,上海人民出版社,2005年,第4页。

> 我将会尝试论证，这些人造物之所以在18世纪末被创造出来，其实是从种种各自独立历史力量复杂的"交汇"过程中自发地萃取提炼出来的一个结果；然而，一旦被创造出来，它们就变得"模式化"，在深浅不一的自觉状态下，它们可以被移植到许多形形色色的社会领域，可以吸纳同样多形形色色的各种政治和意识形态组合，也可以被这些力量吸收。我也会试图说明，为什么这些特殊的文化人造物会引发人们如此深沉的依恋之情。①

安德森将"民族"定义为一种"想象的政治共同体"，但是这种"发明"（invention）并不等同于"捏造"（fabrication）和"虚假"（falsity），而是"想象"，因此区别不同共同体的基础"并非他们的虚假/真实性，而是他们被想象的方式"。②

尽管，埃里克·霍布斯鲍姆关于民族起源的观点与安德森有很大的差别，但对于民族性的理解，两者却有着很大的相似性。霍布斯鲍姆在《传统的发明》一书中就提出了关于建构的思想，他在导论的开篇就说道："那些表面看来或者声称是古老的'传统'，其起源的时间往往是相当晚近的，而且有时是被发明出来的。"③在这里，发明就是一种建构的过程。后来，霍布斯鲍姆将这种观念运用于民族主义的研究中，他认为民族主义早于民族的建立，"并不是民族创造了国家和民族主义，而是国家和民族主义创造了民族"④。

历史学家也将这种族属建构的观念运用到历史学研究中，如英国历史学家西蒙·沙玛（Simon Schama）在《富人的困窘》（*The Embarrassment of Riches*, 1987）中论述了17世纪荷兰民族性的建构。⑤ 王明珂在《华夏边缘》一书中将人类学的族群理论和社会学的社会记忆理论引入民族史研究，提出了"边缘研究理论"。王明珂是这样解释他的理论的：

> 我所谓的"民族史的边缘理论"，主要是建立在一种对"族群"的定义上："族群"被视为一个人群主观的认同范畴，而非一个特定语言、文

---

① 本尼迪克特·安德森：《想象的共同体》，第4页。
② 同上书，第6页。
③ 埃里克·霍布斯鲍姆、特伦斯·兰格：《传统的发明》，顾杭、庞冠群译，译林出版社，2004年，第1页。
④ 埃里克·霍布斯鲍姆：《民族与民族主义》，李金梅译，上海人民出版社，2006年，第9页。
⑤ Schama, S., *The Embarrassment of Riches: An Interpretation of Dutch Culture in the Golden Age*, Vintage Books, 1987.

化与体质特征的综合体。人群的主观认同(族群范围),由界定及维持族群边界来完成,而族群边界是多重的、可变的、可被利用的。在多层次的族群认同中,民族是最一般性、最大范围的"族群"。这个主观族群或民族范畴的形成,是在特定的政治经济环境中,在掌握知识与权力的知识精英之导引及推动下,人们以共同称号、族源历史,并以某些特质、语言、宗教或文化特征,来强调内部的一体性、阶序性,并对外设定族群边界以排除他人。然而随着内外政治、经济环境的改变,资源分配、分享关系也随之变化,因此造成个人或整个族群或民族的认同变迁。在这过程中可能被观察到的现象是,原来的共同祖源被淡忘,新的共同祖源被强调;创造新的族称,或重新定义原有族称的人群指涉范畴;强调新的文化特征以排除"外人",或对内重新调整人群的核心与边缘。基于这种对民族本质(ethnicity)的理解,民族史研究的重点自然将由民族内涵转移到民族边缘。①

王明珂认为族群"并非完全由文化传播与生物性繁衍所生成",而是"在特定的环境中,由人群对内对外的互动关系所'造成'"。② 但是,这种"造成"并非完全脱离事实的建构,而是通过"集体记忆"(collective memory)和"结构性失忆"(structural amnesia)来完成的。王明珂将自己的族属建构观点归纳如下:

(1)"族群"不是一有共同的客观体质、文化特征的人群。"族群"是由族群边界来维持;造成族群边界的是一群人主观上对他者的异己感(the sense of otherness)以及对内部成员的根基性情感(primordial attachment)。

(2)族群成员间的根基性情感来自"共同祖源记忆"造成的血缘性共同体想象。

(3)族群边界的形成与维持,是在特定的资源竞争关系中人们为了维护共同资源而产生的。因此,客观资源环境的改变经常造成族群边界变迁。

(4)客观资源环境的改变,常造成个人或群体借着改变祖源记忆来加入、接纳或脱离一个族群,由此造成族群边界变迁,或对个人而言

---

① 王明珂:《华夏边缘:历史记忆与族群认同(增订本)》,浙江人民出版社,2013年,第43页。
② 王明珂:《序论一》,王明珂:《华夏边缘》,第4—5页。

的族群认同变迁。

（5）由于族群的本质由"共同的族源记忆"来界定及维系，因此在族群关系中，两个互动密切的族群经常互相"关怀"甚至干涉对方的族源记忆。失去对自身族源的诠释权或是接受强势族群给予的族源记忆，经常发生在许多弱势族群之中。

（6）在一个族群的内部，也经常形成不同的次群体，互相竞争着到底谁对本族群的"过去"有诠释权；因此，所谓族群现象不仅是两个互动族群间的关系，还包括族群内部的两性、阶级与地域性群体之间的关系。①

王明珂的"边缘研究理论"是"结合人类学的历史研究"，即"将历史记载当作田野报告人的陈述，以人类学家田野调查的态度进入史料世界之中"。②

除了族属建构，人种的建构也是近年来历史学家和人类学家研究的主题。例如，奇迈克（Michael Keevak）在《成为黄种人》（Becoming Yellow，2011）一书中探讨了东亚人的皮肤在西方的语境中是如何逐步变成黄色的；这一过程与另一过程（"蒙古人种"的出现）相伴随，而"蒙古人种"也是一种西方的建构。③

（二）科学共同体的建构

建构的共同体也包括科学实验的共同体。史蒂文·夏平（Steven Shapin）和西蒙·谢弗（Simon Schaffer）于1985年出版了《利维坦与空气泵》（Leviathan and the Air-Pump）一书，书中以霍布斯—波义耳之争为讨论中心，并对实验方法进行了系统的反思。波义耳大力宣传实验实作在自然哲学中的价值，而霍布斯否认实验纲领能产生波义耳所宣称的知识。"霍布斯—波义耳之争"在科学史上早已有了定论，波义耳的实验纲领获得了成功，而霍布斯则被排除在了自然科学家行列之外。夏平认为，过去的科学史家没有对"霍布斯—波义耳之争"做很好的反思，原因在于"成员说法"和"外人说法"之间的差别。内部成员对于理解本文化有着很大的优势，但是最大的缺点是"自明之法"，"实验纲领的成功，通常就被当作是本身的解释，不言自明"，因此对此最有效的办法就是质疑"该文化已经被视为理所当然的智

---

① 王明珂：《华夏边缘》，第43页。
② 同上书，第55页。
③ 奇迈可：《成为黄种人：一部东亚人由白变黄的历史》，吴纬疆译，八旗文化，2015年。

第二章 文化的建构

识架构"。①

夏平开篇就指出本书的主题是实验,"旨在了解实验实作及其智识产物的性质和地位"②。他的目的也不是站在霍布斯那边,为他平反,而是"要去打破环绕在以实验生产知识之方法的周围那种不证自明的光环"③。

夏平认为波义耳实验主义的处理,强调"成规(convention)、实作协议(practical agreement)以及劳力(labour)在实验知识的创造和正面评价中所担负的基本功能",将"真理""适当性""客观性"当作"成就、历史产物、行动者的判断及范畴来处理",因此夏平的方法是将"科学方法以及关于它的争议置于社会情境之中"。④

在我们今天这个智识世界中有一项成规,即"最稳固的知识莫过于事实",我们可以修正对事实的诠释,甚至抛弃以事实为基础建立起来的理论、假设和形而上体系,但事实本身不容否认。⑤ 但是,事实是社会产物。夏平认为,在波义耳的实验纲领中,事实的建立运用了三种技术:"镶嵌于气泵的建造和操作中的物质技术;将气泵所产生的现象传达给未直接见证者知道的书面技术;以及社会技术,即用以整合实验哲学家在彼此讨论及思考知识主张时应该使用的成规"。⑥ 夏平指出,波义耳的书面技术"创造了一个实验社群,从内在与外在为其划出疆界,并提供其中的社会关系的形式和成规",这一疆界的作用"在于使社群免于分裂,也保护那些可望取得普遍同意的知识";而社会技术"构成了一项客观化资源,方法是凸显知识生产过程的集体作为"。⑦ 一旦事实通过这些技术建构为共同同意的知识基础,那就只能对事实的因果解释进行争论,而事实本身是不可否认的。

霍布斯反对的正是实验的价值以及事实的基础地位,他认为实验的生活形式不能产生有效的同意,因为它不是哲学。⑧ 波义耳认为,实验产生一个公共空间,在其中事实得以产生和见证。霍布斯否认实验空间是一个公共空间,因为它并不对所有人开放,对成员的选择是有条件的。夏平在第五章中就揭示了"波义耳如何将接受空气弹力为事实,变成是检验实验社群成

---

① 史蒂文·夏平、西蒙·谢弗:《利维坦与空气泵:霍布斯、玻意耳与实验生活》,蔡佩君译,上海人民出版社,2008年,第3—4页。
② 同上书,第1页。
③ 同上书,第11页。
④ 同上书,第11—12页。
⑤ 同上书,第21页。
⑥ 同上书,第23页。
⑦ 同上书,第72页。
⑧ 同上书,第70、74页。

员资格的标准"①。

夏平认为,霍布斯和波义耳的争论涉及英国王朝复辟时期的利益之争,即"特定社会疆界之稳固性及其所表达的利益问题"②。内战的经验表明,知识的争议产生内乱,因而复辟后的体制最关切的就是"通过对知识的生产和传播进行规训,以防再度陷入无政府状态"③。实验者提出了一个解决体制问题的方式:"他们将自己的社群描述为理想社会,争议可以在这里安全进行,而具有颠覆性的错误将立即被纠正。"④而霍布斯正是质疑"波义耳在这个空间周围建立起的特权疆界",它认为这个社群"号称是公开的真理,其实是少数受选者的私人判断",这个社群"就像其他任何一种联盟,都是出于政治动机"。⑤夏平最后在结论中认为,科学史的领域和政治史相同:第一,科学从事者创造、挑选并维护一个政体,他们在其中运作,制造智识产物;第二,在该政体中制造出来的智识产物变成了国家政治活动中的一个元素;第三,在科学知识分子占有的政体的性质和更大的政体的性质间,有一种制约性的关系。⑥因此,夏平认为:

> 复辟政体和实验科学之共同处乃是某种生活形式。产生适当知识并对牵涉的实作加以捍卫,关系到某种社会秩序的确立和保护。其他智识实作被贬抑、排斥,是因为它们被判定为不适当,或者会危害复辟时期形成的政体。⑦

《利维坦与空气泵》是科学知识社会学的产物。20世纪70年代以来,科学知识社会学(Sociology of Scientific Knowledge,SSK)开始以社会建构主义对科学进行反思,对科学的本质和科学知识的形成机制进行了分析。科学知识社会学以爱丁堡学派为主要代表,他们提出了"强纲领"(strong programme),其中有四个信条:因果性、公正性、对称性和反身性。正是在"强纲领"的指导下,他们反思科学知识的客观性,认为科学知识的生产具有社会性。

科学知识社会学引发了学术界极大的争论。诺里塔·克瑞杰(Noretta

---

① 史蒂文·夏平、西蒙·谢弗:《利维坦与空气泵》,第215页。
② 同上书,第269页。
③ 同上书,第268页。
④ 同上书,第283页。
⑤ 同上书,第304页。
⑥ 同上书,第316—317页。
⑦ 同上书,第326页。

Koretge)将社会建构主义的观点归纳如下：

(1) 那种我们称之为一组复杂事业的科学的任何一个方面，包括其中最重要的内容和结果，只能根据其地域的历史和文化的语境来塑造和理解。

(2) 特别是，科学研究的产品，即所谓的自然律，必须始终被视为一种社会建构，其有效性依赖于专案之间的默契。

(3) 虽然科学家自称为认识论上的特殊权威，然而，科学知识不过是"众多故事"中的一种。

(4) 由于对客观知识的追求是一种唐吉诃德式的幻想，因此，评价科学论断的最好方式是通过一个政治评议的过程。对大众来说，关键问题不是科学的结果是否经受了很好的检验，而是它代表了谁的利益。

(5) "科学只不过是一种伪装的政治学"：权力的精英的意识形态议程深刻和重要地影响着科学研究的结果。

(6) 如果说一个社会中的科学比另一个社会中的科学更好，这并没有明确的意义。

(7) 我们谈论在欧洲传统中的科学进步，也没有什么明确的含义。

(8) 如果科学的客观性是不可能的，那么，告诫科学家与政策制定者在科学实践中的努力摆脱意识形态的偏见，将是徒劳的。①

因此，在《利维坦与空气泵》中，夏平的目的并不是要批评实验和科学，而是要揭示科学的社会和文化属性以及科学实验的共同体是如何形成的。他在最后指出：

我们以为我们的科学知识原则上是开放的、有门路可及的，但公众并不明了；科学期刊放在公共图书馆里，但是其中的语汇于一般公民有如域外之言；我们说我们的实验室属于最开放的专业空间，但公众不会进入其中；我们的社会据称是民主的，但公众无法争辩他们并不了解的事情。原则上最开放的知识形式，实际上变得最封闭。对我们的科学抱持怀疑，等于质疑我们社会的构造。②

---

① 诺里塔·克瑞杰主编：《沙滩上的房子——后现代主义者的科学神话曝光》，蔡仲译，南京大学出版社，2003年，序言第3—4页。
② 史蒂文·夏平、西蒙·谢弗：《利维坦与空气泵》，第327页。

二、建构的文化

"文化的建构"还包括另一个方面的内容:建构的文化,即某种文化是如何被建构的。瑞典学者奥维·洛夫格伦(Orvar Löfgren)和乔纳森·弗雷克曼(Jonas Frykman)的《美好生活:中产阶级的生活史》就是一个很好的例子。

《美好生活》探讨了 1880 年到 1910 年间"瑞典中产阶级世界观和生活方式的形成过程",即"中产阶级文化如何转变为一种主流生活方式,一种现代社会的主导文化"。[①] 正如作者在绪论中所言,该书的中心议题是"文化建构(culture building)的概念"[②],这个概念"强调在过程中研究文化,文化如何不断塑造和再塑造,如何处理矛盾和差异,如何扬弃"[③]。他们写道:

> 本书的研究并不是特别关注中产阶级或资产阶级文化的源起。我们的历史眼光稍微短一点,主要聚焦于这样一个过程:一个扩张中的阶层开始将自身生活方式和观念定义为"瑞典文化"甚至"人类本性",同时伴随它企图殖民和改造其他社会群体文化的努力,这些社会群体被他们视作低等文化乃至无文化的代表。我们的目的并不是呈现出一个时代的文化历史,而是想用历史的眼光,探讨一种文化霸权可能被发展或被挑战的方式。[④]

奥维·洛夫格伦讨论了中产阶级文化是如何构建时间、自然和家庭的。

(1)对时间的建构。时间的观念是社会的基础,而时间的观念也因社会的不同而各异。正如洛夫格伦所认为的:"文化对其时间的建构揭示出人们生活与思维方式的大量信息,这是理解每个社会的文化基础的一把钥匙。"[⑤]

中产阶级的时间观念和农民的时间观念是不同的,前者是线性的,后者

[①] 奥维·洛夫格伦、乔纳森·弗雷克曼:《美好生活:中产阶级的生活史》,赵丙祥、罗杨等译,北京大学出版社,2011 年,第 1 页。
[②] 书名的瑞典文原文是"Den Kultiverade Människan"(The Cultivated Man),英译本将书名翻译为"Culture Builders"。
[③] 奥维·洛夫格伦、乔纳森·弗雷克曼:《美好生活》,第 5 页。
[④] 同上书,第 5 页。
[⑤] 同上书,第 11 页。

则是循环的。18、19世纪工业生产的发展对"时间观念和守时提出新的要求"①。新的时间观念最明显地体现在19世纪的工厂和学校中,资产阶级通过各种方式(规章制度、精细的时间表、铃声等)来规训时间;新的时间观念"通过工作和学习而被内化,成为中产阶级世界观的基础"②。

(2) 对自然的建构。19世纪,中产阶级对自然的观念蕴涵了显著的矛盾。一方面他们将自然视为开发的对象,这种工业景观"被理性、算计、利润和效率充斥";另一方面是对自然的浪漫态度,这种态度折射出中产阶级世界观中与工业化相悖的观念,即"对乌托邦式的过去和未遭工业破坏的自然王国怀旧式的追求"③。

对自然的浪漫态度形成了两个后果:① 新的审美趣味。中产阶级对那些没有工业生产力的大自然(如群山和海岸等)感兴趣,并对景观形成了新的审美标准;同时,各种类型的作品(如风景画、素描、照片和明信片等)又反过来加强了这种审美标准。② 自然和非自然的二元对立。随着工业化和城市化,自然和非自然的二元对立日益明显,这种对立与乡村和城市的对立相吻合;同时,这种对立又反映了中产阶级文化上的矛盾,"一方面他们憎恶'自然方式',但另一方面,又渴望和迷恋'自然生活'"。④

(3) 对家庭的建构。文化不仅创造了新的自然观念,还对社会景观进行重新配置,其中最重要的就是家庭。中产阶级新的家庭观念体现在夫妻、父母身份和家屋三个方面的变化。① 夫妻。在农民社会中,夫妇的重要性"在于经济而不是情感上的需要";而随着工业化和城市化,夫妻之间"以劳作精神为本"的关系瓦解了,那现在中产阶级则"强调情感对于维系家庭的重要性",并"将浪漫的爱情视作婚姻的基石"。⑤ ② 父母身份。中产阶级家庭"不仅建立在夫妻感情上,更基于父母—子女之爱及儿童教育的新观念"。19世纪中产阶级文化形成了"母亲—父亲—孩子"这一恒定的三角关系,并形成了固定的父母形象:"受爱戴的母亲和受尊重的父亲"。在儿童教育方面,中产阶级倡导"以自我规训和自我控制为主导的新式教育法",这导致了孩子对自身的压抑:"孩子从很小的时候就开始学习抑制自己,约束自发的情绪反应,不要被时不时的冲动所影响。"这种教育的结果是"中产阶级个性结构和道德的最终内在化",这反过来强化了中产阶级

---

① 奥维·洛夫格伦、乔纳森·弗雷克曼:《美好生活》,第15—16页。
② 同上书,第19—21页。
③ 同上书,第40—41页。
④ 同上书,第40—51、69页。
⑤ 同上书,第74—77页。

的道德和自我控制。① ③家屋。家屋的布局和装饰是"把中产阶级对家的理想转化为现实的方式"。家屋具有舞台和庇护所的双重功能,这形成了家庭的公共和私人空间,这又与中产阶级对隐私的需求相契合。②

19世纪中产阶级的家庭观念是一种文化的建构,而不是历史的现实。如洛夫格伦所言:"发生改变的不是家庭和家户群体的组成,而是家庭关系中情感和心理结构的变化。"家庭被构建在"恩爱夫妻、慈爱父母、美好房屋"这一三角基础之上。③

另一位作者乔纳森·弗雷克曼研究了洁净和对身体的看法等问题。人类学家分析洁净观念的理论可以用于研究中产阶级和农民的洁净问题,因为"禁忌、不洁这样的概念是人类思考和观察世界的普遍方式"。英国人类学家玛丽·道格拉斯的洁净理论涉及秩序,"主流人群习惯认定只有某种秩序才是唯一正确的,若人行事触犯了这个秩序,就会被贴上肮脏的标签"。埃德蒙·利奇的禁忌理论认为禁忌与语言范畴相关,禁忌就是"所有掉落在已经建立的范畴之外的事物,所有在词语和概念体系中找不到位置的事物"。④

中产阶级的洁净观念包含两个因素:文化(秩序)—自然(无序)的对立和自我控制。污秽代表混乱,打扫清洁是为了重建秩序。中产阶级的洁净观念是以身体为中介的,通过对身体的自我控制(对自然性和动物性的压抑)来实现,这象征了文化对自然的胜利。自我控制是以健康为口号的:"文明人被引导着相信,在社会中什么是不合要求的,什么是被他人和官方所谴责的,这些限制都是出于健康的原因,破坏规则就会造成人身的伤害。关心自己身体健康和精神平衡的人们必须关注自我,实行自我规训。"⑤但是,中产阶级的洁净观念和卫生没有必然的关系,它更多的是维护了社会的分层,保持了中产阶级与农民和工人之间以及自我和他人之间的界线。

德国历史学家汉斯·梅迪克指出,历史人类学的出发点是"历史的生活方式与社会关系不能被理解为完美无缺的,而应该被理解为'文化文本'与'文化建构'"⑥。在这一章中,我通过族属的建构和科学共同体的建构这两

---

① 奥维·洛夫格伦、乔纳森·弗雷克曼:《美好生活》,第87—100页。
② 同上书,第102—107页。
③ 同上书,第123—124页。
④ 同上书,第127—140页。
⑤ 同上书,第206页。
⑥ 汉斯·梅迪克:《历史人类学》,斯特凡·约尔丹主编:《历史科学基本概念辞典》,孟钟捷译,北京大学出版社,2012年,第133页。

个例子表明了文化对社会的这一建构过程。同时,通过《美好生活》这一例子,我也试图表明文化的这种建构过程反过来又会重新形塑文化,即一方面中产阶级文化对时间、自然和家庭进行了构建,同时这一过程也塑造了中产阶级文化,使得中产阶级文化转变为一种主流生活方式,一种现代社会的主导文化。

第三章 结构与历史

历史人类学存在着一个理论困境,即人类学通常并不关注历史,尤其在结构主义人类学那里,它强调结构而忽视历史,例如结构主义人类学家列维-斯特劳斯就认为"历史的内容完全是幻觉性和神话性的"①。

1957 年,让-保罗·萨特在《方法的问题》(*Questions de Méthode*)一书的前言中提出了一个问题:"我们今天能有方法建立一种结构的、历史的人类学吗?"②之后,人类学家就一直试图摆脱结构主义,建立一种"结构的、历史的人类学"。人类学家谭拜尔(Stanley Jeyaraja Tambiah)在 1976 年出版的《世界征服者与遁世修行者》(*World Conqueror and World Renouncer: A Study of Buddhism and Polity in Thailand against a Historical Background*)就是一个很好的例子。

《世界征服者与遁世修行者》的第二部分基于谭拜尔的田野考察,内容主要是研究当今泰国佛教、僧伽、王权和政体之间的相互关系。但在研究中,谭拜尔发现,"除非考察这些主题在 19 世纪的发展和结构,否则无法系统地和有意义地处理这些主题",甚至需要更进一步回溯到印度早期佛教的教义、世界图景、关于救赎和社会秩序的观念以及关于王权和政体的概念等。因此,谭拜尔在第一部分考察了这些主题的历史背景。③ 如果说,《世界征服者与遁世修行者》的第二部分是传统人类学的共时性研究的话,那第一部分就是历时性研究。谭拜尔将"佛教的'形成'以及僧伽与政体的联系理解为一个总体的社会事实",用"连续和变迁的术语"构建一

---

① 弗朗索瓦·多斯:《从结构到解构:法国 20 世纪思想主潮(上卷)》,季广茂译,中央编译出版社,2004 年,第 312 页。
② Sartre, J.-P., *Search for a Method*, Barnes, H. E., trans., Alfred A. Knoff, Inc., 1963, p.xxxiv.
③ Tambian, S. J., *World Conqueror and World Renouncer: A Study of Buddhism and Polity in Thailand against a Historical Background*, Cambridge University Press, 1976, pp.3-5.

个"历史的总体",并说明总体的过程以及总体如何随着时间的变迁而形成今天的形态。① 谭拜尔正是通过历时性研究和共时性研究相结合的方式来构建一种"结构的、历史的人类学"。

在这一章中,我以美国人类学家马歇尔·萨林斯(Marshall Sahlins)为例,说明萨林斯的历史人类学是如何致力于消融结构主义人类学的"共时性/历时性""结构/历史"之间的鸿沟,试图建立一种结构的、历史的人类学的。

一、神话—实践:库克船长或垂死的神明

马歇尔·萨林斯的历史人类学主要以讨论库克船长在夏威夷群岛的遭遇为基础。当英国的库克船长在1778年年初首次出现在考爱岛和尼豪岛时,被夏威夷人视为"一次神圣的出场"。库克船长的"决心"号于1778年11月26日到达毛伊岛附近海域,12月2日开始进行环绕夏威夷岛的航行,1779年1月17日,库克船长在凯阿拉凯夸湾(Kealakakua Bay)登陆。在那里,库克船长受到了"万余狂欢的夏威夷人的热烈欢迎",在希基奥神庙中,库克成了罗诺神:他被人用嚼烂的椰肉涂抹,祭司还给他喂食,而金中尉协同另一位祭司把他的双臂伸展开来,祭司的助手们则吟唱起传统的歌谣。②

库克船长之所以被夏威夷人确认为罗诺神,一般认为是因为库克船长环绕夏威夷岛的航行暗合了"玛卡希基"(Makahiki)仪式。根据夏威夷的传统,玛卡希基仪式是以日落时昴宿星团(Pleiades)出现在地平线为标志的,在1778年,这可能出现于11月18日。在玛卡希基仪式期间,罗诺崇拜暂时代替了库神崇拜,而且国王在一段时间内也被隔离起来,人牲也被中止。人们抬着罗诺偶像(一个横档的标志,在横档上垂下白盖布)和其他神一道,在每个主要岛屿之间进行仪式性巡游。这种巡游表示罗诺对土地的占有。罗诺的巡游持续23天,根据惯例,以神的右手指向岛屿内地的中心,它是"向右的巡游"(顺时针方向)。最后罗诺的神像回到祖庙,几天后罗诺经历仪式性的死亡,最后玛卡希基偶像被拆卸、捆绑起来,并隔离在庙中。仪式结束时,国王经过特定的斋戒仪式转变回正常的地位,库神崇拜得以恢复,而罗诺则重新回到玛卡希基去。1779年1月17日,库克船长在凯阿拉凯夸结束巡游。1779年,玛卡希基的最后仪式大约是在2月1日结束的,2月

---

① Tambian, S. J., *World Conqueror and World Renouncer*, p.5.
② 马歇尔·萨林斯:《历史之岛》,蓝达居等译,上海人民出版社,2003年,第159—160页。

4日清晨,库克离开了凯阿拉凯夸这个仪式举行的传统地点,并向卡拉尼奥普国王(Kalaniopu'u)和高级祭司保证他下一年会再回来。2月11日,"决心"号不幸折断前桅,不得不重新回到凯阿拉凯夸。2月14日,库克被夏威夷人杀死。①

正如萨林斯在分析这一事件时所指出的:"库克在夏威夷出生入死的事件,在许多方面都是一种神话现实的历史隐喻。"②在这一事件中,库克船长和卡拉尼奥普国王,分别代表了罗诺和库神,他们是角逐夏威夷权力的两个天然敌手。

玛卡希基仪式体现了夏威夷的神—头人废黜土著统治世系的整个理论。在夏威夷的神话—政治传统中,国王是以"外来者/海洋者/妻子获得者"的身份出现的。外来者从海洋来到陆地,通过娶当地高层妇女来篡夺权力和土地,因此,国王与人民就好比外来者相对于当地人,海洋相对于陆地,获得妻子者相对于提供妻子者。法国人类学家、历史学家杜梅泽尔(Georges Dumezil)用 *celeritas* 和 *gravitas* 来命名这两种对立的力量,"*celeritas* 指胜利的王子们所具有的年轻的、活跃的、无秩序的、神奇的和创造性的暴力;而 *gravitas* 则指定居人民所具有的庄严的、沉着的、贤明的、祭司似的、平静的和生产性的性情"。这两个词语的联合产生了一个第三者,一个至高无上的君主。③

每当一位国王去世时,随之而来的是仪式性的混乱,那时世界消解了,一直到新国王返回来恢复禁忌,即恢复社会秩序。无论前一位国王是否死于新任国王的篡夺,新任国王都要进行仪式重演神话最初的篡夺,因此,每位国王的继位"乃是对社会生活最初体系的重新概括,也是对宇宙的再创造"。④而同样,玛卡希基仪式也重演了夏威夷的神—头人废黜土著统治世系的整个理论。罗诺(被废黜的神)回来拥有土地,而国王的权力和库神的崇拜被暂停,直到仪式最后,在罗诺的象征性死亡之后,国王(真正的篡位者)又恢复了权力。

"决心"号的返回犯了一个仪式上的错误,这一事件引发了夏威夷神话政治危机。库克船长从一个受崇敬者转变为一个受敌视的对象,他被一位头人的铁短剑击中而一头栽入水中,随即一大群人围攻他,最后库克船长的

---

① 马歇尔·萨林斯:《历史的隐喻与神话的现实》,刘永华译,上海人民出版社,2003年,第253—260页。中译本将《历史的隐喻与神话的现实》和《历史之岛》合订在一起出版。
② 同上书,第245页。
③ 马歇尔·萨林斯:《历史之岛》,第121—122页。
④ 同上书,第112页。

尸体被夏威夷国王用作祭品。尽管在我们看来，库克船长的死是"神话的现实"；但对夏威夷人来说，库克船长的死是仪式性的，因此，即使在杀死库克船长之后的很长一段时间里，夏威夷人一直都坚信他会再回来。

从结构上而言，库克船长这一事件不再是一个事件。萨林斯认为，"事件是系统的经验形式，而所有的事件都具有文化上的系统性与非偶然性"，一个事件的意义"取决于结构的存在和作用"。① 因此，一个事件必须被纳入神话—实践中去理解，"神话是以他们作为过去的意识形态的投射，来调整现在的实际安排的'宪章'"。②

萨林斯曾以毛利人作为例子来阐释"神话—实践"的问题。19世纪，在毛利人起义期间就任新西兰总督的乔治·格雷（George Gray）爵士发现，为了与毛利人打仗，他必须对毛利诗歌和神话有充分的了解，"否则他无法同毛利的头人们磋商战争与和平的关键问题"。③

1844年—1846年的毛利人起义围绕着"一根特定的杆子"——一根飘扬着英国国旗的旗杆，而这成为"战争的根本原因"。殖民者和毛利人对旗杆的象征意义的理解是不同的。对殖民者而言，重点在国旗（而非旗杆），国旗是神圣的，象征着"女王的主权"，而这个"主权"是毛利人在1840年的条约中所放弃的；对毛利人而言，旗杆类似毛利的土阿胡（*tuahu*）：插在一个低矮的土堆上的一根柱子或一枝树木，就像建在诸多毛利居住区的那些神圣禁地，代表他们对部落土地自古以来的所有权。④ 在这里，萨林斯发现了西方历史观和毛利人的区别："西方思想竭力想沿用偶然事件背后的力量或结构（诸如生产或心态），把偶然事件的历史理解为突发性事件；毛利人的世界却展示为一种永恒的回归，亦即相同体验被反复证明。"因此，对毛利人来说，"过去的体验就是体验现在的方式"。⑤

如同毛利人的情况，夏威夷的历史"自始至终都是建立于结构的基础之上，建立于对偶然性情景的系统化编排的基础之上"。⑥ 夏威夷头人把库克船长的出现纳入自己的神话—实践之中。库克船长的出现和死都不再是一个事件，而是被视为罗诺神，进而被纳入玛卡希基仪式和整个夏威夷的社会文化结构之中。

萨林斯对库克船长的解释遭到了人类学家加纳纳什·奥贝赛克拉

---

① 马歇尔·萨林斯：《历史之岛》，第196页。
② 马歇尔·萨林斯：《历史的隐喻与神话的现实》，第248页。
③ 马歇尔·萨林斯：《历史之岛》，第76页。
④ 同上书，第83页。
⑤ 同上书，第80页。
⑥ 同上书，第185页。

(Gananath Obeyesekere)的批评,并引发了学术界的广泛争论。奥贝赛克拉在 1992 年出版的《库克船长的神化》(*The Apotheosis of Captain Cook*)中认为,库克船长的神化是一种欧洲人的启蒙神话,因此库克船长的故事便是"一个征服的神话、一个帝国主义的神话以及文明的神话"。① 奥贝赛克拉认为夏威夷人具有普遍的理性,因此他们不会将库克这样一个外貌、语言和行为都与夏威夷人不同的人视为神,他们只是将库克船长加封为最高禁忌的头人,并仅仅在其死后才将其神化为阿夸神(akua)。正如有论者所指出的:"把死去的库克变成阿夸神就比把活着的库克尊为罗诺神更加的理性吗?"② 同时,这种普遍的理性本身也有欧洲启蒙神话的嫌疑,正如萨林斯所评论的:"在最终的分析中,奥贝赛克拉的反种族中心主义变成了一种同等的和颠倒的种族中心主义,即夏威夷人始终实践着一种资产阶级理性。"③

二、历史中的结构:夏威夷群岛的实践与结构转型

马歇尔·萨林斯的历史人类学讨论的另一个问题是分析夏威夷群岛的殖民遭遇以及由此引发的结构转型。萨林斯认为,结构转型是"因为某些意义的转换,改变了文化范畴之间的情境关系,因此,出现了某种'系统变迁'"。④

1778 年 1 月 20 日,当"决心"号和"发现"号首次在考爱岛的外密(Waimea)抛锚时,英国人和夏威夷平民之间很快就开始了令人满意的交易。在考爱岛的第四天,"发现"号再次"被不计其数的当地平民的小舟围得水泄不通",这时头人卡尼奥尼奥(Kaneoneo)的大型双独木舟出现了,平民的独木舟被命令退出,以便让这位头人一人独尊地驾临于英国人的面前。

夏威夷头人和普通的平民对于英国人的出现有着不同的反应,而这只能放在结构中才能够得到理解:一方面,平民聚集在船上,与英国人进行交易,这种行为"就与夏威夷人伊米哈库'寻求主子'的观念一致";而另一方面,头人对"来自玛卡希基的神圣访客模棱两可的态度,也可以放到习俗中

---

① 赵旭东:《神话的文化解释及其争论》,《民俗研究》2001 年第 1 期,第 166 页。
② 同上文,第 166 页。
③ 马歇尔·萨林斯:《"土著"如何思考:以库克船长为例》,张宏明译,上海人民出版社,2003 年,第 10 页。
④ 马歇尔·萨林斯:《历史之岛》,第 3 页。

第三章 结构与历史

去理解"。①

在夏威夷人和英国人的贸易过程中,夏威夷头人利用禁忌来管理与欧洲人的贸易,他们把禁忌从仪式延伸到实际的目的中。为了抢先获利,或者说为了确保政治的和贵族的消费需求优先于平民对家庭日用品的兴趣,头人们经常对与欧洲船队的商贸活动的时间和方式颁布禁令。同时,头人们的生活也不断向欧洲人靠拢,包括穿着、饮食,甚至用欧洲人的名字,通过将自己变成欧洲人,"夏威夷的显贵们再生产出他们自己与下层百姓之间的习惯性区别"。②

头人和平民的不同反应就体现了夏威夷关于历史与事件关系的理论。人们的行动必须要符合"特定的人们用以理解它们的范畴",在夏威夷的例子中,"平民和头人根据他们各自的习惯性自我概念和利益以不同的方式对神圣的陌生事物作出反应,通过以传统文化的形式包容特殊的事件,他们将再造出夏威夷社会状态的标准区分,其结果是使得夏威夷的文化建构得以延续"。③

另一方面,行动通常并不会完全符合公认的范畴,例如在分析库克船长这一事件时,萨林斯就注意到,"经验的真实在它们所有的特殊性上从来都无法与神话完全吻合,就像库克作为一个人而不可能与夏威夷人所欲加之于他的高贵地位完全相称一样"④,这也就是词语与事物之间的不对称性。正是由于这种不对称性,实践在把"先验的"概念对应于外在的对象时,会导致"一些不能被忽略不计的、无法预料的效应",因此,"文化的每一次再生产都是一种改变,使现实世界得以协调地存在的那些范畴在每一次变化中都增加了一些全新的经验内容"。⑤ 我们可以说,实践是"一种在被建构的文化中的冒险",范畴将在实践中被潜在地重新估价,在功能上被重新界定,最终会导致结构转型。在夏威夷的例子中,"夏威夷人与欧洲人之间发展起来的交易综合体,即并接结构,让前者陷入内部冲突与矛盾的混沌境地;他们与欧洲人迥然不同的关系,也给他们自己相互关系赋予崭新的功能意趣。"⑥这便是结构的转型。

夏威夷社会结构的转型发生在1819年11月19日,这一天禁忌系统被

---

① 马歇尔·萨林斯:《历史的隐喻与神话的现实》,第281页。
② 同上书,第270页。
③ 马歇尔·萨林斯:《历史之岛》,第179页。
④ 同上书,第191页。
⑤ 同上书,第191、186页。
⑥ 马歇尔·萨林斯:《历史的隐喻与神话的现实》,第301页。

推翻，夏威夷国王利霍利霍（Liholiho，卡梅哈梅哈二世）公开与头人妇女在同一张桌子上吃献祭食物。主持1819年禁忌废除行动的那些头人，是前任国王卡梅哈梅哈（Kamehameha）的姻亲，即其宠爱的妻子卡亚胡玛努（Kaakumanu）的亲属，他们被委以政治与经济要职，并负责与欧洲人的贸易事宜。而与之相对的是国王的旁系亲属，他们是国王的弟弟们，负责照看统治者的禁忌与神明。根据夏威夷的政治传统，国王的弟弟们是国王最大的潜在敌手，因此他们通常被排除在主要财富与权力资源之外。卡亚胡玛努集团在政治上和经济上都获得了大量的资源，他们一直统治着夏威夷王国，并且以欧洲的技巧与手段来治理国家。1819年利霍利霍的继任仪式刚结束，禁忌系统就被废除了。另一方面，卡梅哈梅哈国王将照看他私人献祭神（即照看国王自身的禁忌）的任务交给他弟弟基利麦凯（Kealilimaikai）的儿子克夸奥卡拉尼（Kekuaokalani），1819年克夸奥卡拉尼以反对欧洲人及其头人买办的名义发动叛乱，并于1819年12月与反禁忌军的作战中阵亡。①

1819年的事件是根本性的，因为它们彻底颠覆了夏威夷的政治传统，完成了一次结构的转型。根据夏威夷的神话—政治传统，国王作为外来者是妻子获得者，而土著人则是妻子提供者。而到1819年，情况则颠倒了：以克夸奥卡拉尼为代表的真正的夏威夷头人身份现在被界定为土著的；而作为妻子提供者的卡亚胡玛努集团现在则被视为外来的（在传统上应该是外来篡位行为的土著牺牲品），因为他们利用外来的手段进行统治。②

1819年的事件只是夏威夷结构转型的开始。在废除禁忌五年后，当利霍利霍国王去世后，卡亚胡玛努集团又恢复了禁忌，只是这次相关的禁忌是"加尔文主义的严格戒律"。继承利霍利霍的是他的弟弟考伊基奥利（Kauikeaouli，卡梅哈梅哈三世），他策划了1829年、1831年与1833年—1834年一系列针对卡亚胡玛努集团的叛乱，在这些叛乱中，国王宣布废除（基督教）禁忌，并通过支持酗酒与放荡的狂欢，向传教士与头人的统治示威。在这里，仍是一个倒置的形式：原本是外来的国王，现在却以夏威夷土著的面貌出现。在国王的头两次叛乱被镇压后，卡亚胡玛努模仿古老头人的仪式，她按顺时针的方向巡游群岛，宣布基督教的禁忌。而考伊基奥利国王最后的反抗行动，就是在1834年以仪式上邪恶的方向（逆时针方向）独自

---

① 马歇尔·萨林斯：《历史的隐喻与神话的现实》，第307—319页。
② 同上书，第320页。

环绕瓦胡岛巡游,并在巡游结束时,当着聚集的基督教头人的面,公开与他的妹妹私通,这在传统上是拒绝分享权力的象征。① 就这样,在实践过程中,系统自身或多或少地被改变了,而夏威夷的例子代表了最极端的方式,"以再生产开始的东西,却以转型告终"。② 在殖民遭遇的过程中,夏威夷的结构转型得以完成,建立了新的秩序。

三、结构与历史:萨林斯的历史人类学

马歇尔·萨林斯试图摆脱长久以来存在于人类学和历史学(尤其是布罗代尔的史学)中的"事件"与"结构"之间的对立,倡导事件的回归,并试图建立一种"历史的可能理论"。并不是所有发生之事(happenings)都是事件(event),只有那些有历史意义之事才是事件,而这种意义是由文化语境决定的。③ 在萨林斯看来,"事件"与"结构"是相互定义、相互形塑的,结构是过去事件累积的结果,而事件只有在结构中才能被理解。④ 在这里,萨林斯的"结构"不同于结构主义的概念,而是更倾向于安东尼·吉登斯"结构二重性"的观点。吉登斯在《社会的构成》中指出,"在结构二重性的观点看来,社会系统的结构性特征对于它们反复组织起来的实践来说,既是后者的中介,又是它的结果。相对个人而言,结构并不是什么'外在之物':从某种特定的意义上来说,结构作为记忆痕迹,具体体现在各种社会实践中,'内在于'人的活动,而不像涂尔干所说的是'外在'的。不应将结构等同于制约。相反,结构总是同时具有制约性与使动性。"⑤

因而,萨林斯关于事件的理论包括两个方面。一方面,人们总是将事件放在结构中加以理解,例如夏威夷人将库克船长视作罗诺神,这样他们就可以在传统的文化结构中理解欧洲人的到来这一事件。另一方面,将事件纳

---

① 马歇尔·萨林斯:《历史的隐喻与神话的现实》,第 321—322 页。
② 同上书,第 325 页。
③ Sahlins, M., "The Return of the Event, Again: With Reflections on the Beginnings of the Great Fijian War of 1843 to 1855 Between the Kingdoms of Bau and Rewa", Biersack, A., ed., *Clio in Oceania: Toward a Historical Anthropology*, Smithsonian Institution Press, 1991, p.45;马歇尔·萨林斯:《历史之岛》,第 11 页。
④ Sewell, W. H., Jr., "A Theory of the Event: Marshall Sahlins's 'Possible Theory of History'", *Logics of History: Social Theory and Social Transformation*, The University of Chicago Press, 2005, p.178.
⑤ 安东尼·吉登斯:《社会的构成:结构化理论大纲》,李康、李猛译,王铭铭校,生活·读书·新知三联书店,1998 年,第 89—90 页。

入结构中也会造成危险,因为事件本身是有指涉性的,它会破坏结构的意义,同时行动者的利益也会加速这一过程,最终可能导致结构的转型;例如,夏威夷头人通过将库克船长视为神,从而获得了与欧洲人贸易的垄断权,但将夏威夷的玛纳观念赋予新的指涉,这改变了其传统的意义,最终会危及结构的稳定。

在建立了关于"事件"的"一种历史的可能理论"后,马歇尔·萨林斯运用了皮埃尔·布尔迪厄的实践论和克利福德·格尔兹(Clifford Geertz)的"深描"方法来分析库克船长之死这一历史事件以及由殖民遭遇而引发的夏威夷群岛的结构转型。

皮埃尔·布尔迪厄的实践论力求"在结构与人的行动之间寻求辩证关系和人的能动性"。① 布尔迪厄的实践论通过构建惯习等概念,超越了客观主义与主观主义之间的对立。惯习在结构和实践之间起中介作用,结构是通过惯习与实践建立联系的。尽管从本质上说,惯习需要保证自身的稳定性,但同时惯习也不断地对结构加以修正和改变:惯习时刻都在按先前经验生产的结构使新的经验结构化,而新的经验在由其选择权力确定的范围内,对先前经验产生的结构施加影响。可见,正是通过惯习,结构和实践确立了辩证关系。

传统的人类学家长期以来都关注"系统如何形塑实践"的问题,他们认为"文化形塑、影响,甚至一定程度上支配了行为"。② 现在的人类学家则关注"实践是如何形塑系统"的问题,这涉及两个问题:"实践如何再生产系统以及实践如何改变系统"。③ 对于这两个问题,马歇尔·萨林斯提出了自己的模型,即"实践的改变以一种相当不同的方式引发系统的变迁",谢里·奥特纳将萨林斯的模型概述如下:

> 简言之,萨林斯认为处于不同社会位置的人有着不同的"利益",并且他们相应地展开行动。这本身并不意味着冲突或斗争,也不意味着有着不同利益的人持有完全不同的世界观。然而,这却意味着他们在机会出现时会试图提高他们各自的位置,尽管他们是以处于他们位置中的人所使用的传统的方式来进行的。当呈现传统关系模式(如头人

---

① 王铭铭:《想象的异邦——社会与文化人类学散论》,上海人民出版社,1998年,第290、63—64页。
② Ortner, S., "Theory in Anthropology since the Sixties", *Comparative Studies in Society and History*, Vol.26, No.1, Jan., 1984, p.152.
③ Ibid., p.154.

和平民或男人和女人之间的关系)的传统策略在新现象(如库克船长抵达夏威夷)中被使用,而这些新现象却无法以传统的方式来回应这些策略时,变迁就发生了。……此外,由于认为变迁主要通过(徒劳地)试图运用传统的解释和实践而发生,因而他的模型结合了再生产的机制和转型的机制。如他所言,变迁是失败的再生产。①

可见,萨林斯的历史人类学正是建立在布尔迪厄实践论的基础之上的。萨林斯坚持主张"人类学家所称的'结构'——文化秩序的象征性关系——乃是一种历史事物",这种主张"明确地超越了广泛存在于人文学科中的'结构'与'历史'之间的概念对立"。② 萨林斯认为不同的文化有不同的历时性,并提出了"述行的"(performative)和"规定的"(prescriptive)结构,认为这是"对结构在文化秩序中和历史过程中得以实现的各种方式所作的一种理想型区分",述行的结构倾向于"将自身融浸于偶然性情境中",而规定的结构倾向于"以一种否认其情境偶然性或突发性的方法把这种情境吸收为自身的一部分"。夏威夷的社会体系就是一种述行的结构,"将偶然性事件包含于公认结构之中,并在历史行动中理解神话的关系"。萨林斯认为,在夏威夷的个案中,"各种情境的事件经常根据它们与既存安排的差异和分离来进行标识和估价,因此,人们随后能根据这些事件而采取行动,去重新构建他们的社会条件"。③

同时,萨林斯用"情势结构"(structure of the conjuncture)这一术语来对事件和结构进行综合,情势结构表示"在一种具体的历史脉络中,文化范畴在实践上的表现"。④ 正是通过这种实践论,萨林斯将事件和结构联系起来,将历史引入结构之中,消融了"共时性/历时性""结构/历史"之间的鸿沟,建立"一种结构的、历史的人类学"。

另一方面,萨林斯的历史人类学也受到了格尔兹的"深描"方法的影响。当田野考察方法受到结构主义人类学的威胁时,美国人类学家克利福德·格尔兹捍卫了民族志在文化人类学中的地位,并用新的民族志代替旧的民族志。在格尔兹那儿,民族志已经不再像过去那样仅仅是一套程序,即"建立关系、选择调查合作人、作笔录、记录谱系、绘制田野地图、写日记等",而

---

① Ortner, S., "Theory in Anthropology since the Sixties", *Comparative Studies in Society and History*, Vol.26, No.1, Jan., 1984, pp.155-156.
② 马歇尔·萨林斯:《历史之岛》,第3—4页。
③ 同上书,第8—9,47页。
④ 同上书,第11页。

是"经过精心策划的对'深描'的追寻"。① "深描"(thick description)是格尔兹从哲学家吉尔伯特·赖尔那儿借用的术语,是指对意义的分层次的深入阐释,因此民族志不再是一种观察行为,而是一种解释行为。格尔兹曾用"深描"方法对巴厘岛的斗鸡游戏进行了分析:在巴厘岛,斗鸡不仅是一场大众游戏、赌博,它也体现了巴厘人的气质、男人与雄鸡之间的暗喻关系,它更是整个村落的社会结构和社会地位的体现。

我们可以发现,萨林斯对库克船长之死的研究与格尔兹对巴厘岛斗鸡游戏的研究有相似之处,他们都使用"深描"的方法,多层次地分析事件背后的文化语境和社会结构。反过来可以说,这些事件只有在社会语境和社会结构中才能得以理解。在萨林斯的分析中,库克船长之死不再仅仅是一个历史事件,它必须被纳入整个夏威夷的神话—实践中去理解,这一事件的意义取决于结构,它是"历史的隐喻与神话的现实"。同时,结构也不是一成不变的,公认的范畴在实践中被重新估价、界定,最终导致结构的转型。萨林斯将夏威夷群岛的殖民遭遇作为一个整体进行考察,探讨了夏威夷群岛王国早期历史中的结构,分析了夏威夷群岛在遭遇殖民的过程中所经历的结构转型与历史变迁。

但是我们必须指出的是,萨林斯的研究与格尔兹的研究并不是完全相同的:萨林斯的研究是基于对文本的分析的,属于历史人类学;而格尔兹的研究是基于对事件的直接观察的,仍属于传统的人类学范畴。因此,相对于人类学的民族志方法,历史人类学"不能按照自己的意图进行调查",不能对证人"进行提问和辩驳"。② 文本和事件本身存在着不对称性,这也正是能指和所指之间的不对称性,文本并不能完全反映历史的真实。因此,我们必须思考这样一个问题:萨林斯的研究方法是否存在对文本进行过度诠释的问题?而且其中有文化决定论的倾向,"人们试图赋予事件以意义,而这样的做法又以他们自己的知识本身为限度,换言之是在他们自己的知识体系中寻求事件的意义"。③ 因此,我们必须记住,萨林斯提出的仅仅是一种历史的解释而非一个历史事实,我们无法真正地了解夏威夷岛的历史事件。

正如萨林斯自己所表明的,他的历史人类学是"历史的人类学"(anthropology of history)。④ 萨林斯的目的并不是对斐济或夏威夷进行历

---

① 克利福德·格尔兹:《文化的解释》,纳日碧力戈等译,上海人民出版社,1999年,第6页。
② 乔治·杜比:《法国历史研究的最新发展》,《史学理论研究》1994年第1期,第102页。
③ 赵旭东:《神话的文化解释及其争论》,《民俗研究》2001年第1期,第168页。
④ 《历史之岛》的第二章的标题是"他者的时代,他者的风俗:历史人类学"(Other Times, Other Customs: The Anthropology of History)。关于"历史的人类学",参见本书导论。

史研究,而是显示斐济或夏威夷是如何成为"历史之岛"的:"历史中的岛屿,它们有历史,同时它们也根据一种特定的(如果绝非唯一的)时间秩序和历时性规则创造历史。"①

---

① Hartog, F., *Regimes of Historicity: Presentism and Experiences of Time*, Brown, S., trans., Columbia University Press, 2015, p.36.

第四章 历史的制作

20世纪七八十年代，人类学家开始反思"土著社会没有历史"的传统人类学观念。① 当时，民族志写作所面临的一个主要问题是"如何完全表现一个异文化的生活世界，并同时表明这种表现得以建构的独特历史时刻和诠释过程"。② 因此，人类学家将历史引入民族志写作，从共时性视角转向历时性视角。景军在《神堂记忆》一书中，就试图采用历时性的视角，将甘肃省永靖县大川村视为"时间之内的存在"，并"放在历史情境内加以研究"。他写道：

> 这（样）做的首因是孔家人本身总是通过历史透镜考察自己的生活以及孔庙的意涵。孔家人不但一直努力地去理解庙宇或社区意味着什么，而且不断主动地记录历史。这一努力包括将口述历史代代相传、编写大量族谱、刻写大量庙宇对联、撰写醒目的纪念性匾额、精心制作祖先灵牌、举办大型有历史意义的祭奠仪式。③

同时，这种历史意识的生产主要基于"人们对记忆的建构"，在大川村，"历史的概念不可避免地与国家政治、地方冲突、道德理性、社区苦难、宗教信仰以及仪式行为交织在一起，同时又受到影响"。④

除了历时性问题之外，历史制作还要考虑的一个问题是"传统的发明"。传统的发明是与历史相关的，如霍布斯鲍姆在《传统的发明》一书的导论中所言："发明传统本质上是一种形式化和仪式化的过程，其特

---

① 罗纳托·罗萨尔多：《伊隆戈人的猎头：一项社会与历史的研究（1883—1974）》，张经纬等译，北京大学出版社，2011年，第24—28页。
② Clifford, J., "Review: Ilongot Headhunting 1883-1974 by Renato Rosaldo", *American Anthropologist*, New Series, Vol.84, No.3, Sep., 1982, p.697.
③ 景军：《神堂记忆：一个中国乡村的历史、权力与道德》，吴飞译，福建教育出版社，2013年，第181页。
④ 同上书，第181页。

点是与过去相关联。"①霍布斯鲍姆在后面又进一步解释道:"因为一切被发明的传统都尽可能地运用历史来作为行动的合法性和团体一致的黏合剂。"②因此,无论是历史学家还是人类学家,在研究传统的发明时都要探究人类与过去的关系。我们再以景军的《神堂记忆》为例。20世纪90年代初,大川村恢复祭孔典礼时,一方面已经没有人了解完整的传统仪式,另一方面,庙管们在制订仪式时也不得不考虑现实和政治的因素,因此最终的典礼是一项传统的发明。

> 他们(庙管们)从族谱记载、口述传统和目击叙述中选择了有关过去的重要片断,开会拟定如何操作仪式的规定,重构庙宇的历史,完成资金积累,为庙宇及其相关活动选择专门名称。这就很像排练的一个过程,在集体商议、一致利益以及制度责任的框架中重新组织个人的历史回忆,最终形成集体记忆。③

可见,庙管们通过创造传统以建立合法性,但这一过程并不是"一个随意的或武断的过程",因为"被创造的传统必须适应于各种社会考虑或习俗"。④

美国人类学家罗纳托·罗萨尔多(Renato Rosaldo)的《伊隆戈人的猎头:一项社会与历史的研究(1883—1974)》(*Ilongot Headhunting*, *1883-1974*, 1980)为我们提供了一个很好的历史制作的范例。

罗萨尔多在《伊隆戈人的猎头》一书中"通过对仇杀的探究,对个人史的收集,以及对地方史的回溯",考察了1883年至1974年间菲律宾吕宋岛伊隆戈人的历史,主题包括仇杀、结盟、猎头的政治、婚姻的政治以及历史视野中的仇杀等。第一部分通过"对仇杀的探究"展现了伊隆戈人的历史观念。对伊隆戈人而言,"过去作为一种社会力量,影响着当下的生活",因此对仇杀往事的历史叙述展现了伊隆戈人独特的建构历史的方式。

第二部分通过"对个人史的收集"展现了"人们行为中的社会结构"。当时的人类学家不仅关注社会结构,还关注结构和事件之间的关系,因此在民族志写作中就需要处理"受事件侵袭的结构和被偶然性中断的文化一致性"。⑤ 罗

---

① 埃里克·霍布斯鲍姆、特伦斯·兰格:《传统的发明》,顾杭、庞冠群译,译林出版社,2004年,第4页。
② 同上书,第15页。
③ 景军:《神堂记忆》,第75页。
④ 同上书,第75—76页。
⑤ Clifford, J., "Review: Ilongot Headhunting 1883-1974 by Renato Rosaldo", *American Anthropologist*, New Series, Vol.84, No.3, Sep., 1982, p.697.

萨尔多认为民族志写作中应展现结构与事件之间的互动,因为"社会的运行靠的不是简单的结构原则,而是人们面对不同事件时做出的随机应变的反应"。① 因而,今天民族志的任务就是"要一改过去民族志对社会结构的单一视角,展现出个人史、整体史,以及历史发展过程中不断变动的社会结构之间的互动"。② 在伊隆戈的例子里,伊隆戈人不仅受到社会结构和文化规则的影响,还要受到动荡时局(如日本人的入侵、殖民政策、移民的涌入以及新部落传教团的传教等)的影响。面对这些影响,伊隆戈人"用自己的文化结构理解、融入这些局势的动荡",因此,"伊隆戈社会并不是按直线发展,而是沿着时歇时续、随之改变方向的不规则运动"。③

第三部分通过"对地方史的回溯",在历史视野中考察伊隆戈人的"伯坦"(bērtan,族群)和仇杀。伯坦并不是固定的,它会随着时间和历史发展而改变,而这又会影响到伯坦的认同和伯坦间的仇杀。罗萨尔多反对共时性的视角,主张在历史视野中考察文化模式。

正如罗萨尔多自己所言,书名中的"社会与历史"指的就是"固定社会结构与人类行为的互动"。将历史引入人类学,"不仅强调社会的本质,也关注人类对他们生生死死居于其中的世界,加以不断建设、利用甚至改造的方式"。④《伊隆戈人的猎头》向我们展现了"制作历时性的民族志或民族志史学的一种方式",并表明"历时性的或历史的视角是民族志一种有力的描述和分析路径"。⑤

在本章中,我通过介绍三本历史人类学的论文集来展现人类学家是如何制作历史的。这三本著作都出版于20世纪90年代,它们是《时间中的文化》(1990年)、《他者的历史》(1992年)以及《走进历史田野》(1992年)。

一、《时间中的文化》(1990年)

尽管马歇尔·萨林斯为历史人类学提供了一种崭新的模式,但学者们也注意到其模式中的缺陷。大贯惠美子(Emiko Ohnuki-Tierney)指出了萨林斯历史人类学中的"共时性陷阱",例如萨林斯将神话等同于历史以及用

---

① 罗纳托·罗萨尔多:《伊隆戈人的猎头》,第21页。
② 同上书,第103页。
③ 同上书,第126、265页。
④ 同上书,第23页。
⑤ Bacdayan, A. S., "Review: Ilongot Headhunting 1883-1974 by Renato Rosaldo", *The Journal of Asian Studies*, Vol.41, No.2, Feb., 1982, p.428.

"历史的隐喻"来共时化历史,从而否认了夏威夷人自身的历史。① 王爱和也注意到了萨林斯和布尔迪厄的实践方法的局限性:其一,"萨林斯和布尔迪厄著作中的'结构'仍被视为既定的,预先存在的;而创造内涵、建构系统的过程则被忽视";其二,"实践方法是一种以个人为中心的变化模式",因而有学者建议"对动态变化的社会分析应当关注中间层次,注意'关系'、'资源'、'表现'的维度"。②

为了弥补萨林斯理论中的缺陷,历史人类学从两个方面着手:其一,历史人类学关注"历史性"(historicity)问题。黄应贵认为,"历史性"概念与文化观念结合后成为"历史人类学探讨'文化界定历史'的主要架构",至此"历史人类学的主要研究课题与架构才真正确立"。③ 其二,历史人类学关注文化如何界定历史的问题,即"文化如何建构其历史意识与历史再现"的问题。④《时间中的文化》一书正是对这两个问题的反思。

《时间中的文化》(Culture Through Time)源于1986年1月13日至1月20日在摩洛哥的非斯城(Fez)召开的学术讨论会。会议的主题是"时间中的象征主义"(Symbolism Through Time),与会者包括詹姆斯·克利福德(James Clifford)、詹姆斯·费尔南德斯(James Fernandez)、克利福德·格尔兹、埃德蒙·利奇、大贯惠美子、谢里·奥特纳、詹姆斯·皮考克(James Peacock)、保罗·拉比诺(Paul Rabinow)、马歇尔·萨林斯等人类学家以及历史学家彼得·伯克。

大贯惠美子认为,人类学的历史化必须考虑三个方面:历史过程(historical processes)、历史性(historicity)和历史编纂(historiography)。⑤ 论文集中的文章也是按这个标准编排的。

(一) 历史过程

论文集的前四篇文章关注结构转型或历史过程。大贯惠美子认为,象

---

① Ohnuki-Tierney, E., "Structure, Event and Historical Metaphor: Rice and Identities in Japanese History", *The Journal of the Royal Anthropological Institute*, Vol.1, No.2, June., 1995, pp.227, 244.
② 王爱和:《中国古代宇宙观与政治文化》,金蕾、徐峰译,徐峰校,上海古籍出版社,2011年,第34—35页。
③ 黄应贵:《反景入深林——人类学的观照、理论与实践》,商务印书馆,2010年,第322—323页。
④ 同上书,第323页。
⑤ Ohnuki-Tierney, E., "Introduction: The Historicization of Anthropology", Ohnuki-Tierney, E., ed., *Culture Through Time: Anthropological Approaches*, Stanford University Press, 1990, p.23.

征、仪式等特定的文化活动是连接微观和宏观的窗口,"使得研究者进入特定文化和社会的本质"。① 前四篇文章的作者正是通过考察某个特定的文化活动(贸易、寺院的建立或"圈地""猴子"等象征隐喻)来展现结构的转型:马歇尔·萨林斯通过贸易来考察夏威夷的结构转型;谢里·奥特纳通过寺院的建立来考察尼泊尔的结构转型;詹姆斯·费尔南德斯通过"圈地"的隐喻来考察西班牙的结构转型;大贯惠美子通过"猴子"的隐喻来考察日本的结构转型。

马歇尔·萨林斯的论文通过关注于1810年至1830年这一夏威夷历史上"结构断裂的时刻"来说明结构转型问题。同时,萨林斯的研究强调"情势"(conjuncture)的概念,他将19世纪初的夏威夷置于国际贸易和西方资本主义发展的大背景下来考察,因此"情势结构"涉及夏威夷人、英国人、美国人、中国人以及西北太平洋的土著等。②

谢里·奥特纳在《夏尔巴宗教机构的建造》一文中用"文化图式"概念分析了尼泊尔夏尔巴佛教独身寺院的建造原因。1973年,奥特纳在其博士论文(1970年)的基础上提出了"关键剧本"(key scenarios)这一概念,后来她更倾向于使用"文化图式"(cultural schemas)。关键剧本是"预先组织的行动图式,在特定文化中标准社会相互作用的进行和完成的象征纲要";这个概念的要点是"每一文化不仅仅包含象征丛,甚至不仅仅包含关于宇宙的更大主题丛('意识形态'),而且包含建立文化典型的关系和情境的组织化图式"。③

奥特纳的文化图式(或关键剧本)概念受到维克多·特纳、克利福德·格尔兹和马歇尔·萨林斯等人的影响,但是这些人的文化图式概念具有决定论的色彩。奥特纳认为"文化图式以特定的实践为基础",类似于布尔迪厄的"惯习",奥特纳的文化图式概念具有如下特征:"文化图式表现了一种支配性的选择,借由文化故事(神话、传说、民间故事、历史等)中的表象,各种文化实践规范'冻结'为一个特定的叙述形式";"借由这些故事是关于英雄主义的这一事实,图式表现了对于与具有文化重要性行为的完成相关的实践的特定秩序的一种积极评价",图式构成了"一个人们在其中运作的象征生态";奥特纳的文化图式概念"赋予行动者更大的选择空间和能动性",

---

① Ohnuki-Tierney, W., "Introduction: The Historicization of Anthropology", *Culture Through Time*, 1990, p.9.
② Sahlins, M., "The Political Economy of Grandeur in Hawaii from 1810 to 1830", Ohnuki-Tierney, E., ed., *Culture Through Time*;关于萨林斯的讨论具体参见本书第三章。
③ Ortner, S., "Patterns of History: Cultural Schemas in the Foundings of Sherpa Religious Institutions", Ohnuki-Tierney, E., ed., *Culture Through Time*, p.60.

"行动者既操纵他们的文化同时也受到文化的束缚"。①

在《夏尔巴宗教机构的建造》一文中,奥特纳先简要分析了19世纪末和20世纪初夏尔巴寺院建造的政治经济背景,但她认为这些背景是不够的,因为缺少了"人的因素(在真实关系中真实的人的故事)和文化的因素(象征框架,借由这些象征框架人们理解和应对事件)"。②

其次,奥特纳分析了17世纪末和18世纪初最早的非独身寺院的建造故事,她从这些故事中发现了如下的基本结构(或图式):竞争—找到一个保护者—打败对手—失败者离开。③ 奥特纳认为这个文化图式存在于寺院建造故事和献祭仪式之中,夏尔巴人通过不断地讲述故事和进行仪式对文化图式进行再生产。④ 在这里,实践和文化图式的关系是辩证的,"文化图式形塑了实践,如同实践以图式为基础"。⑤ 奥特纳发现20世纪独身寺院的建造故事遵循了与非独身寺院建造故事相同的文化图式。

最后,奥特纳试图解释她的文化图式不是文化决定论的,并阐明行动者的能动性。奥特纳认为她的文化图式是一个连续体,它的两极分别是:外在位置和内在位置。在外在位置,"结构作为外在于行动者的'模型'或'象征资源'而存在,行动者在行动过程中从中获取资源";在内在位置,"行动者获取一种内在程序,这种程序依次产生行动者的行为,或至少是行为的界限";在中间位置时,"行动者在特定条件下能将一个图式内在化,并因此受其形式的限制,但在其它条件下则可能重建自身与图式之间的距离"。⑥

因此,"文化图式成为个人能动性的载体"。⑦ 在外在位置时,行动者具有最大的能动性;而在内在位置时则具有最小的能动性。尽管夏尔巴独身寺院的建造故事遵循了之前非独身寺院建造故事的文化图式,但行动者所处的位置是不同的,有的处于外在位置(尽管行动者的行为外在于图式,与图式没有太大的关系,但是图式却形构了寺院建造故事,使之符合文化图式),有的处于内在位置(文化图式决定了行动者的行为,塑造了真实的事件),有的则处于中间位置(最初文化图式外在于行动者,对行动者而言仅仅

---

① Ortner, S., "Patterns of History", *Culture Through Time*, pp.61-63.
② Ibid., p.68.
③ 奥特纳对寺院建造故事的分析方式与列维-斯特劳斯分析神话的方式很相似,如列维-斯特劳斯对俄狄浦斯神话的分析。参见克洛德·莱维-斯特劳斯:《结构人类学》(第一卷),第228—236页。
④ Ortner, S., "Patterns of History", *Culture Through Time*, p.74.
⑤ Ibid., p.76.
⑥ Ibid., p.84.
⑦ Ibid., p.90.

是一个故事,而在某个点之后则成为行动的一部分)。可见,奥特纳(如同萨林斯)试图建立结构和行动者之间的辩证关系:文化图式构建了事件,但这只能通过行动者的行动实现。①

詹姆斯·费尔南德斯和大贯惠美子都关注于特定社会中某个占优势的隐喻,并将"这些隐喻的形式和意义的变迁与文化和社会中的宏观变迁相联系"。宏观变迁在费尔南德斯的文章中是指私有化(privatization),在大贯惠美子的文章中是指世俗化(secularization)。②

在《圈地:西班牙阿斯图里亚斯山村中的边界维持及其表象》一文中,费尔南德斯关注西班牙阿斯图里亚斯山村中的一些特定的象征形式(钥匙、门前空地、田地的门、田地标记和山口的公共放牧权),这些象征形式代表了自我和他者之间的标记;当西班牙逐渐私有化时,钥匙等代表自我边界的象征形式经历了转型。

费尔南德斯认为,象征通常是该地区自然可见的事物或事件,它们作为认同符号在地区生活中大量存在,并有助于边界维持。③ 费尔南德斯首先关注的是大屋及其钥匙。大屋(casona)过去是当地贵族的住宅,在19世纪末转入非贵族的富商手中,并由于继承问题不断分隔。在费尔南德斯看来,过去作为大家族圈地的大屋现在却成了衰败家族的圈地,房屋的象征意义改变了;同时拒绝交出钥匙也就是阻止外人了解家族的衰败和不和谐的事实。④

费尔南德斯接下来关注的几个象征都与圈地和私有化有关。门前空地(antoxanu)、田地的门(portietsa)和山口(los puetos)很长时间内一直是阿斯图里亚斯地区诉讼的焦点,这些诉讼象征了共同体的消失以及日益加剧的私有化进程。关于门前空地的诉讼表明了私人空间对公共空间的侵蚀;土地所有者将田地的门作为边界维持的工具,而不愿意将收割后的土地开放作为公共牧地;一个地区拒绝将山口开放给其它地区放牧,而公共放牧权一直是传统的权利。在费尔南德斯看来,这些象征的变化正表明了人与人的关系在长时段中的变迁。⑤

---

① Ortner, S., "Patterns of History", *Culture Through Time*, p.91.
② Ohnuki-Tierney, E., "Introduction: The Historicization of Anthropology", *Culture Through Time*, p.9.
③ Fernandez, J., "Enclosure: Boundary Maintenance and Its Representations over Time in Asturian Mountain Villages (Spain)", Ohnuki-Tierney, E., ed., *Culture Through Time*, pp.95-97.
④ Fernandez, J., "Enclosure", *Culture Through Time*, pp.107-108.
⑤ Ibid., p.125.

第四章 历史的制作

大贯惠美子在《日本文化中猴子作为自我》一文中关注猴子的隐喻，认为在日本文化中，猴子经历了从中介到替罪羊再到小丑的转变。首先，这一转变与自我概念的变化有关。在历史上，日本通过猴子思考自我以及自我与他者之间的关系。其次，这一转变与日本历史的转变有关。在古代（250年—1185年）和中世（1185年—1603年），猴子在日本文化中主要被作为神和人之间的中介；在中世向近代早期（1603年—1868年）过渡时，猴子作为替罪羊的角色日益重要；而到了当代，猴子更多地被作为小丑。

大贯惠美子在论文最后讨论了转型的问题。大贯惠美子认为变迁（change）有三种类型：再生产（reproduction）、任意变化（random change）和转型（transformation）。再生产"表示结构没有改变"；任意变化表明"基本的改变与之前的结构几乎没有联系"；转型表明"变迁遵循结构内在的逻辑"。[①] 正是在这个意义上，"猴子的意义和自反性结构的变迁表现了转型"：首先，将猴子作为中介的思想结构与将猴子作为替罪羊的思想结构不同，这样的转变意味着"基本的历史变迁"；其次，将猴子作为中介是将其视为神圣的形象，而替罪羊是世俗的形象，因而从中介向替罪羊转变"表现了世俗化的历史进程"；再次，猴子的意义的转变（从中介向替罪羊再向小丑的转变）表明了"向更大的自反性、更大的疏离性和更大的自我意识的变迁"。[②]

需要指出的是，在日本文化中不是只有猴子才是自我的隐喻，还有其他的事物，大贯惠美子在1995年的一篇文章中关注"米"。日本在与中国人以及后来的西方人的遭遇中改变了自我，米的象征意义也随之改变，"'日本米'绝不是一种静态的事物；它的物质性和意义是由历史行动者在实践中构建的，如同它所象征的自我经历了转型"。[③]

大贯惠美子认为转型是结构和历史进程间的辩证关系，并强调历史行动者的重要性。她认为："结构甚至从一开始就处于持续的运动中，行动者凭借有限权力的事件和实践有时表达了一种未充分发展的结构，有时则促进了结构中已经发生的改变；历史变迁被视为结构和事件互补力量的结果。"[④]

---

① Ohnuki-Tierney, E., "The Monkey as Self in Japanese Culture", Ohnuki-Tierney, E., ed., *Culture Through Time*, p.151.
② Ibid., pp.151-152.
③ Ohnuki-Tierney, E., "Structure, Event and Historical Metaphor", *Culture Through Time*, p.246；大贯惠美子：《作为自我的稻米：日本人穿越时间的身份认同》，石峰译，浙江大学出版社，2015年。
④ Ohnuki-Tierney, E., "Structure, Event and Historical Metaphor", *Culture Through Time*, p.227.

(二) 历史性

瓦莱里奥·瓦莱里（Valerio Valeri）以及唐·汉德尔曼（Don Handelman）和丽娅·珊迦-汉德尔曼（Lea Shamgar-Handelman）的论文主要关注"历史性"问题。瓦莱里的论文关注历史表现（表达过去和现在的模式）以及过去和现在之间的关系的问题。瓦莱里认为，历史表现有两种不同但相关的模式，即横组合关系（syntagmatic relations）和纵聚合关系（paradigmatic relations）。横组合关系表明事件在事件链中的位置，在这种关系中，过去和现在是一种换喻式的关系，历史表现为一种累积的进程；在纵聚合关系中，过去和现在是一种隐喻式的关系，两者由相互之间的相似性或差异性所决定。①

在夏威夷的例子中，世系的叙述史（narrative history of genealogies）体现了历史表现的纵聚合模式，而世系歌（genealogical chants）则体现了历史表现的横组合模式。前者"将王位继承描绘为一个复杂的社会过程"，表现了过去和现在之间的不连续性；后者"则将王位继承仅仅表现为长子继承规则的实例化，并在极少的例外情况中将头生儿描绘为男性"，表现了过去和现在之间的连续性。② 两者作为艺术作品，不仅仅具有审美作用，而且还具有魔法效力；两者是共存的，其目的都是为了王权的合法化。③

唐·汉德尔曼和丽娅·珊迦-汉德尔曼的论文通过分析以色列建国时选择七分枝圣烛台（menorah）为国徽的过程来说明犹太人的历史性。七分枝圣烛台是"视觉的表象以及历史性的图像化编码"。七分枝圣烛台是古代以色列的圣物，置于圣殿之中；提图斯拱门上的浮雕雕刻了在圣殿被罗马人焚毁后七分枝圣烛台被带往罗马的场景。因而，七分枝圣烛台的回归表现了空间（回到圣地）和时间（回到上帝的时间）上的回归，这与犹太人的救赎观念相吻合。因此，七分枝圣烛台作为象征，"综合了时间（最后的犹太国家）、地点（耶路撒冷）、犹太民族以及原初的和永恒的特征"。④

---

① Valeri, V., "Constitutive History: Genealogy and Narrative in the Legitimation of Hawaiian Kingship", Ohnuki-Tierney, E., ed., *Culture Through Time*, p.157; Ohnuki-Tierney, E., "Introduction: The Historicization of Anthropology", *Culture Through Time*, p.19.
② Valeri, V., "Constitutive History", *Culture Through Time*, pp.169, 174, 190.
③ Ibid., pp.174, 177.
④ Handelman, D. et al., "Shaping Time: The Choice of the National Emblem", Ohnuki-Tierney, E., ed., *Culture Through Time*, p.216; Ohnuki-Tierney, E., "Introduction: The Historicization of Anthropology", *Culture Through Time*, pp.19-20.

第四章 历史的制作

大贯惠美子认为,这两篇文章表明:历史性不是静态的,它包含历史行动者的积极行动,这些历史行动者"使用、选择和制造自己对历史的理解,并对历史性的集体观念产生影响"。大贯惠美子进一步指出,夏威夷和犹太的概念和经验为历史性提供了如下的见解:(1)历史性倾向于高度选择性;(2)一个特定民族的历史性包含历史的多重表象;(3)在历史性中,过去和现在通过隐喻和换喻关系互相依赖和互相规定;(4)过去(或历史)的结构化时常为构建历史者的意图和动机所减缓。①

(三) 历史编纂

历史编纂的认识论问题其实是历史性问题的延伸,即关注研究者本身的历史性问题。大贯惠美子指出:

> 研究者本身文化的历史性在历史表现中也起到重要作用。首先,非本土的学者会将其自身文化和其专业文化的历史性(历史编纂)强加于他们所研究的对象。……第二,人类学家和历史学家最近认识到表现的问题,这涉及研究对象和学者之间的权力不平等。……第三,学者和历史文本间关系的性质涉及许多认识论问题。②

埃德蒙·利奇的文章关注雅利安人入侵的问题。利奇认为印度历史上的雅利安人入侵并不存在,但关键问题是为什么学者们仍坚持这个观点,这就涉及历史编纂的问题。首先,利奇认为大多数学者对于神话和历史之间的关系持有一种根深蒂固的观念,即"大多数宗教神话和世俗传说都包含了被歪曲的历史的成分",因此历史学家"将考古学提供的证据与宗教文本中的证据结合起来以拼凑史前文化背景的画面"。③ 同时,这些学者将古代文献(如《黎俱吠陀》)所使用的语言等同于当时日常使用的口头语,语言学家正是在这个基础上来构建整个印欧语系的谱系的。

其次,这还涉及学术惰性。语言学家假定,"一种特定的语言是在一个特定的地点和特定的时间中使用的,而无须关注那儿之前的情况",因而"最简单的方法就是想象在真实生活中出现了军事征服,并消灭了之前

---

① Ohnuki-Tierney, E., "Introduction: The Historicization of Anthropology", *Culture Through Time*, p.20.
② Ibid., p.21.
③ Leach, E., "Aryan Invasions over Four Millennnia", Ohnuki-Tierney, E., ed., *Culture Through Time*, p.230.

存在的人口"。①

再次,这还与殖民主义有关。英国在印度的殖民精英认为自己将"纯洁的"文明带到了印度,就如同公元前两千年白皮肤的、操着原始印欧语的雅利安人征服了黑皮肤的、操着非印欧语的达萨人。②

埃德蒙·利奇的文章表明,研究者本身的文化会影响到其研究。与之相关的另一个历史编纂问题是,人类学家在田野和民族志写作中的角色,这通常涉及伽达默尔的观点,詹姆斯·皮考克的论文探讨了这个问题。皮考克比较了他在印度尼西亚的三次田野经历:20 世纪 60 年代初调查一种工人阶级的戏剧(ludruk);1970 年调查穆斯林中产阶级的原教旨主义运动(Muhammadijah);1979 年调查的上层阶级的冥思俱乐部(Sumarah)。这三个运动(象征形式)首先与印尼社会的三个阶层有关(工人阶级、中产阶级、上层阶级);其次,与印尼当代历史的三个阶段有关(苏加诺时期大众文化的构建、苏哈托时期中产阶级的复兴、上层阶级追求内在状态的平衡);再次,与皮考克个人的经历有关(作为研究生、作为讲师、作为教授和系主任)。③

伽达默尔的诠释学必然涉及历史,因为文本和解释者都存在于历史之中。解释者的"前把握"(foremeaning)会影响到解释过程;前把握不仅是个人的,同时也是文化的。因此,在解释过程中,"当下的境况会影响一个文本的理解,但文本的理解也会影响到当下的境况。解释改变了解释者。解释本身是历史的一部分,并影响历史。"④因此,在伽达默尔那儿,解释过程是文本和解释者视界的融合(fusion of horizons)。皮考克在论文中反对伽达默尔的这一观点,他认为解释是由解释者控制的(如作者为什么选择这三个象征形式作为田野调查的对象,为什么这三个象征形式以这样的顺序呈现),而解释者的视界与文本的视界是相分离的。⑤

二、《他者的历史》(1992 年)

《他者的历史》是一本会议论文集。1990 年,欧洲社会人类学家协会

---

① Leach, E., "Aryan Invasions over Four Millennnia", Ohnuki-Tierney, E., ed., *Culture Through Time*, p.242.
② Ibid., p.243.
③ Peacock, J., "Forms and Meaning in Recent Indonesian History: Some Reflections in Light of H.-G. Gadamer's Philosophy of History", Ohnuki-Tierney, E., ed., *Culture Through Time*.
④ Peacock, J., "Forms and Meaning in Recent Indonesian History", *Culture Through Time*, p.258.
⑤ Ibid., p.266.

(European Association of Social Anthropologists，EASA)第一次会议在科英布拉(Coimbra)召开，会议的一项议题是"历史制作"(the making of history)。丹麦人类学家克斯汀·海斯翠普(Kirsten Hastrup)是这样谈论选择议题时的想法的：

> 我们是想在多年致力于使这门学科"历史化"并获致明显成功之后，清楚描绘出"历史学"在社会人类学中的地位。对于历史学与日俱增的了解，使人类学家对社会的时间和变迁投以较大的关注，这也意味着社会人类学对不同社会以不同的模式制作和思考历史一事，有越来越高的敏感度。①

《他者的历史》一书主要是"关于历史本质的反思"，包括"由他者历史的观点来质疑我们自己的历史概念"。② 西方学者过去总是习惯于将欧洲社会("热"社会)与传统社会("冷"社会)相对，认为前者所代表的那种发展的、进步的历史观是人类唯一的历史观念，而其他的传统社会都是"没有历史的"，只有当这些传统社会接触到欧洲文化之后才开始拥有历史。这是"西方特有的历史意识"，即"一种假设社会变迁是相似的、持续的和直线性的意识方式"。③ 当这种观念破灭后，西方学者逐渐意识到每个社会都有其不同于欧洲社会的历史和历史观。人类学家安·克努森(Anne Knudsen)在《二元历史：一个地中海问题》一文中对这个问题有着深入的讨论。她在文中指出：

> "历史"可以意指不同的事物。它可以用来指一个社会在书写或讲述过去时的自我再现，也可以代表明确而具体的社会情况、行动和发展。有关过去的不同故事，可以被视为是产生这些故事的社会的不同模式。④

这事实上构成了两种不同的历史："一是作为(自我)再现之类别的历史，二是如同它一向被认为的，作为某种社会具体表征的历史，这类社会

---

① 克斯汀·海斯翠普：《导论》，克斯汀·海斯翠普编：《他者的历史——社会人类学与历史制作》，贾士蘅译，中国人民大学出版社，2010年，第1页。
② 同上书，第1页。
③ 克斯汀·海斯翠普：《导论》，克斯汀·海斯翠普编：《他者的历史》，第2页。
④ 安·克努森：《二元历史：一个地中海问题》，克斯汀·海斯翠普编：《他者的历史》，第92页。

相信它们是随时间推移的,是不断发展和扩张的,是'成熟的'和'有生命力的'。"①这种区分是建构在现代性观念的基础上的,即稳定的、无变化的、无时间性的传统社会和历史变迁的现代社会。然而,随着现代性观念被质疑,一些学者开始意识到:在与欧洲文化接触之前,传统社会"很可能和当代的欧洲社会一样'生产历史'"。②这就使学者们重新思考历史变迁问题:

> 在这个情况下,人类学式的"社会"观念,也就是把快速改变、缓慢改变和不改变的社会都涵括到一个总类别之下的观念,似乎提供了一个有用的分析架构。于是,历史人类学提出了一个新的问题,亦即历史变迁究竟是如何发生的。③

在文章中,克努森以18世纪科西嘉为例来说明如下问题:"这些社会依然是'传统的',因为它们似乎有相对稳定的平等社会价值观;但是它们也生产'历史',因为它们创造了社会阶级制度、进行军事扩张、膨胀其权力结构,甚至完成了某种程度的技术和经济革新。因而,不仅使它们各自都需要解释,需要在理论上加以探究;它们的合并更为历史人类学带来特殊的挑战。这种明显的矛盾,可以被放置在特定地区的特定时期加以详细研究。"④克努森在文章最后总结道:

> 西地中海地区的历史一而再、再而三地说明,上述情况是可能的,而传统社会也可因此转化为一个不断扩张的、中央集权的和具有历史未来的国家。这些传统社会与其所生产的历史变形之间的近亲关系,当然无法解释为什么这类事件会在特定的时间和地点发生。但是认识到这样的近亲关系,我们便可知道这个地区所表现出来的结构稳定,实际上是一种稳定的不稳定,而且它可以用它特有的形式进行改变,于是结构稳定这个问题便可迎刃而解。由这点看来,甚至我们自己的历史也可能不是如现代主义所想象的,是一条单向的道路。⑤

---

① 安·克努森:《二元历史》,克斯汀·海斯翠普编:《他者的历史》,第92—93页。
② 同上书,第94页。
③ 同上书,第96页。
④ 同上书,第97页。
⑤ 同上书,第109页。

第四章 历史的制作

正是由于意识到每个社会都有其历史和自己的历史观,人类学家开始关注不同社会"本身制作历史的模式以及其本身思考历史的方式"。① 英国人类学家约翰·戴维斯(John Davis)在《历史与欧洲以外的民族》一文中指出,如果想要将历史融入对社会活动的分析与解释中,就必须"关注人们建构过去的方式",但是不同的人对于过去有着不同的思考方式。人们对于过去的思考有四种不同的类型:自传、先例、神话和历史,历史只是其中一种方式;而且对欧洲人而言,历史(线性的、有情节的)通常是"在欧洲这个情景脉络中所产生出来的那种对于过去的看法,大致是由一组欧洲式的概念和想法所主宰"。②

克斯汀·海斯翠普在《乌有时代与冰岛的两部历史(1400—1800)》一文中就为我们提供了一个很好的"历史制作"的例子。海斯翠普认为,历史的制作"有一部分取决于当地对历史的思考方式",显然"各社会可以有不同的时间记录方式,而各社会也可以用不同的方式建构其历史"。③ 冰岛人有着不同于欧洲人的"时间因果律"的建构历史方式。冰岛人对过去的思考来自两种不同的经验:"一个是亲身经验到的历史,是式微的和退化的;另一个是想象的乌有时代,意味着永恒和古老。"④ 由于乌有时代的幻相有着强大的社会影响力,它构成了人们思考历史的方式,而"这种特殊的历史思考方式影响了历史的实际走向"。⑤ 同时,历史制作与历史记忆有关,海斯翠普写道:"在历史的再现中,历史密度是用来衡量某个事件是否值得记忆的判准;事件要为人们所记得并成为'历史'的一部分,就必须在文化上被体验为重要的。"⑥

类似的例子还有美国人类学家麦可·赫兹飞(Michael Herzfeld)的《了解政治事件的意义——欧洲民族国家中的分支和政治》一文。赫兹飞在文中有一段话很好地说明了"思考历史的方式"和"历史制作"的问题:"这样的习惯允许人们用过去的特殊解读来为目前的行动辩护;这样的习惯也承认某种故事情节,只要所有的行动者在结构上都同意的话,尽管他们对这个故事的特定事件有非常不一样的认知。人们借由将自己和'自称是他们自己人的人'同化到这个情节中专属于'我的那个主题'而

---
① 克斯汀·海斯翠普:《导论》,克斯汀·海斯翠普编:《他者的历史》,第 9 页。
② 约翰·戴维斯:《历史与欧洲以外的民族》,克斯汀·海斯翠普编:《他者的历史》,第 17 页。
③ 克斯汀·海斯翠普:《乌有时代与冰岛的两部历史(1400—1800)》,克斯汀·海斯翠普编:《他者的历史》,第 114—115 页。
④ 同上书,第 127 页。
⑤ 同上书,第 129 页。
⑥ 同上书,第 129 页。

'制作历史'。①

三、《走进历史田野》(1992年)

《走进历史田野》是1989年4月在加拿大塞尼加学院(Seneca College)召开的学术研讨会的论文集。与会的学者主要是研究爱尔兰民族志的人类学家,他们"感到非研究过去不可,也就是'写历史'(doing history)"。② 当功能主义和结构主义在人类学研究中逐渐式微后,这些人类学家认为"必须同时探讨社会、文化和经济因素,并与更广大的世界脉络相联系";更重要的是,他们认为"如果要了解现代的结构和文化差异,就必须审查过去"。③

但是,这些人类学家很快发现他们是在用与历史学家不同的方式"写历史"。西佛曼(Marilyn Silverman)和格里福(P. H. Gulliver)举了他们在爱尔兰基尔肯尼郡(Kilkenny)汤玛斯镇(Thomastown)做研究的例子。当他们将当地的文献档案和口述故事与爱尔兰历史上的重大事件相对照后,他们惊讶地发现"似乎汤玛斯镇不是只发生过很少的事情,就是'从来没有发生过事情'"。更令他们惊讶的是,历史学家对此完全不感到困扰。历史学家认为"所谓爱尔兰历史,是地方性和区域性事件的混合物,合起来创造一个民族主义(以及日后修正主义)意识形态所主张的统一而连贯的整体",因此一个特定的地方或区域很可能"从来没有经验过日后成为所谓爱尔兰历史一部分的任何事件"。因而对历史学家而言,"虽然汤玛斯镇不载于史书,但它当然置身在历史之中并且有一个'过去'"。④ 当西佛曼和格里福最终决定为汤玛斯镇写一部当地历史时,他们加入了当地人的经验(如阶级类别),这使得他们撰写的历史与历史学家撰写的历史是不同的:

在撰写《在诺尔河流域》(*In the Valley of the Nore: A Social History of Thomastown 1840-1983*)时,我们将这些类别和当地实际人、事以及国家历史编年联系在一起。其结果是,有史以来第一次,汤

---

① 麦可·赫兹飞:《了解政治事件的意义——欧洲民族国家中的分支与政治》,克斯汀·海斯翠普编:《他者的历史》,第87页。
② 玛丽莲·西佛曼、P. H. 格里福:《历史人类学和民族志的传统》,玛丽莲·西佛曼、P. H. 格里福编:《走进历史田野》,第11页。
③ 同上书,第12页。
④ 同上书,第14—15页。

第四章 历史的制作

玛斯镇的历史按照它或许偏狭但可能是实际经验到的方式写了出来：在经济战争中，子女没有鞋子穿是劳工和小农的经验；在第一次世界大战中担任英国军职，则只是工人阶级和乡绅的经验；第二次世界大战以后人人都想向外移民，不过劳工往往移民英国，而农夫和小店主因为有足够的资金，乃移民到北美。

在做这些年表、人与事、人和阶级的各种联系时，我们从头建构了一种新而不同的方式，来审视汤玛斯镇的过去。我们撰写历史，同时创造历史。[1]

《走进历史田野》包括三个部分：导论、"从爱尔兰民族志中解读过去"（第二部分）和"解读人类学、社会史和历史人类学的过去"（第三部分）。[2] 其中，第二部分由六篇关于爱尔兰的历史人类学实证研究组成。这六篇文章都是个案研究，但都涉及小地点和大问题以及局内和局外的问题。前者（小地点和大问题）将在第五章中论述，这里要说一下局内和局外的问题，这体现在唐纳·柏德维尔-斐桑（Donna Birdwell-Pheasant）的文章中。唐纳·柏德维尔-斐桑的文章主要研究爱尔兰的主干家庭，她建立了一个主干家庭的模型，包括五个变项：单一继承、儿子继承、继承人婚姻、三代同堂、兄弟姊妹离乡。当柏德维尔-斐桑放弃刚性模式转而使用柔性模式时，她"对于爱尔兰农村历史的看法有了改变"。柏德维尔-斐桑写道："重要的是扬弃功能学派的模型，转而视爱尔兰的历史为一种力量——透过它对真实人群的生活所产生的影响，塑造出社会过程。构成主干家庭的五个变项都因历史的事件和环境而受到不同的影响。"[3]柏德维尔-斐桑对20世纪早期爱尔兰的主干家庭得出了如下的结论：

> 首先，农场必须完整传下去的要求，并非根植在爱尔兰的文化之中，而是起源于历史上领主的管理策略、立法的决定和经济上的急切需要。
>
> 其次，农场应该传给一个儿子、无论如何应该让土地继续冠上父祖

---

[1] 玛丽莲·西佛曼、P. H. 格里福：《历史人类学和民族志的传统》，玛丽莲·西佛曼、P. H. 格里福编：《走进历史田野》，第19页；西佛曼和格里福对汤玛斯镇详细的历史人类学研究参见 Gulliver, P. H. et al., *Merchants and Shopkeepers: A Historical Anthropology of An Irish Market Town, 1200-1991*, University of Toronto Press, 1995.

[2] 第三部分的内容将在本书第七章中讨论。

[3] 唐纳·柏德维尔-斐桑：《二十世纪早期的爱尔兰主干家庭——克瑞郡的一个个案研究》，玛丽莲·西佛曼、P. H. 格里福编：《走进历史田野》，第257—258页。

之名的父系观念,在这项研究中并不显著。

第三,继承农场的儿子必须结婚的规定,其重要性也可以有变化。

第四,三代同堂的情形相当频繁地出现在我们所研究的农村地区所有农业阶级之中,不过还是最有能力如此做的——也就是最富裕的农民——最普遍。

最后,要求无继承权的兄弟姊妹"必须离家远行",并不是具有历史深度的文化规范。①

在这里就涉及两个问题。第一个问题,为何主干家庭的刚性模式"在文献中如此根深柢固,而又往往与爱尔兰农民阶级画上等号"?柏德维尔-斐桑给出了如下的解释:"刚性主干模型满足我们在人类学某个发展阶段的需要;在这个阶段,功能学派的分析与'民族志式的现在'是一种基本标准";同时,对于变迁的了解则可以"突破扩散、单线式演化,乃至涵化、现代化与发展这类素朴概念的束缚",可以使我们"更有效的面对历史、过程及特定民族志个案的复杂性"。②

第二个问题,即局内和局外的问题。如西佛曼和格里福所指出的,柏德维尔-斐桑的研究提醒人类学家,在研究过去的时候注意两个关键性的差异:"(局外人的)模型与(局内人的)规范之间的差异以及局内人的(理想)规范与局内人的(真实)行为之间的差异"。③柏德维尔-斐桑最后这样写道:

主干家庭既不是演化的一个阶段,也不是核心家庭标准的偏差。相反的,它是一个因应情势的模式,不论在什么时候或在什么地方,只要经济和人口情势恰当,而文化的环境也适合,它便会出现。在主干家庭出现地区所观察到的可变性,和这样的情势有关联性,对此进行分析也会获益不少。如果我们不把主干家庭制的各种构成要点当成是同时发生,而当它们是个别、但可能有潜在关联性的现象,那么这样的分析和比较便会得到最大的效用。④

---

① 唐纳·柏德维尔-斐桑:《二十世纪早期的爱尔兰主干家庭》,玛丽莲·西佛曼、P. H. 格里福编:《走进历史田野》,第258—259页。
② 同上书,第260—261页。
③ 玛丽莲·西佛曼、P. H. 格里福:《历史人类学和民族志的传统》,玛丽莲·西佛曼、P. H. 格里福编:《走进历史田野》,第56页。
④ 唐纳·柏德维尔-斐桑:《二十世纪早期的爱尔兰主干家庭》,玛丽莲·西佛曼、P. H. 格里福编:《走进历史田野》,第261页。

第四章 历史的制作

通过上述三本出版于20世纪90年代的论文集,我们可以看到人类学不仅制作历史(人类学的历史化),同时也反思制作历史的方式。西佛曼和格里福在《走进历史田野》一书的导论中对人类学家制作历史做了如下的总结:

> 我们视历史人类学一方面是对过去的策略,一方面也是扩大我们人类学工作方法的机会——藉由因解读过去所引起新问题的刺激,藉由给这项工作带来不同的人类学了解(的)那些人的构想,以及那些较我们更早进入这个领域的其他学科学者的鼓励。学术研讨会上唯一的历史地理学家史迈斯,带着一个富同情心的局外人的乐观说:"人类学家不应该惦记着做历史工作。他们正在解读过去,而这才是重要的。他们应该做人类学的工作。"我们同意这个说法。因为我们也视人类学为一项"累积性的事业,一如它是一种集体的探索"。①

---

① 玛丽莲·西佛曼、P. H. 格里福:《历史人类学和民族志的传统》,玛丽莲·西佛曼、P. H. 格里福编:《走进历史田野》,第69页。

第五章 微观与宏观

意大利微观史学家卡洛·金斯伯格在1981年的一篇文章中指出,人类学在两个方面影响了历史学:(1)研究的领域。历史学家在人类学的影响下试图"用不同的方式来看待旧的主题(如政治权力)和旧的证据(如审判记录)",因此"传统上被视为无意义的、不相关的或至多是不重要的奇闻异事的行为和信仰(如魔法和迷信)被作为有意义的人类经验加以分析"。(2)微观的视角。研究领域的变化在历史研究中形成了一种新的呈现证据的方式,而这在很大程度上也受到了人类学中个案研究的影响。①

卡洛·金斯伯格本人的史学研究正是人类学这种影响的最好体现,他将微观史学运用于意大利近代早期异端和巫术的研究中:《奶酪与蛆虫》(*The Cheese and the Worms*,1976)描绘了16世纪意大利北部的一位异端磨坊主梅诺乔(Menocchio);《夜间的战斗》(*The Night Battles*,1966)则展现了16、17世纪意大利北部弗留利(Friuli)地区的"本南丹蒂"(*Benandanti*)信仰。金斯伯格认为,历史学和人类学的交流有助于两个学科的发展。金斯伯格在文章最后也提到,虽然微观史学由于受到人类学个案研究的影响会产生碎片化的问题,但他认为"这是为了制作更为有力的分析工具而必须付出的代价"。②

但这真的是"必须付出的代价"吗?在这一章中,我分别从人类学和历史学两个方面考察历史人类学如何将微观和宏观结合起来,以克服碎片化的问题。

一、地方史和全球视野

个案研究是人类学(尤其是民族志)的一个主要特点,如人类学家玛丽莲·西佛曼和菲利普·格里福所言:

---

① Ginzburg, C., "[The Possibilities of the Past]: A Comment", *Journal of Interdisciplinary History*, Vol.12, No.2, Autumn, 1981, p.277.
② Ibid., p.278.

第五章　微观与宏观

人类学家独特的(也似乎有点神经质的)选择比较小规模地点,理由之一可以简明的总结为"脉络化"(contexturalization)和"全面性"(comprehensiveness)。这有三个关键方面。首先,对小范围密集的集中注意力,可以对所要分析的现象有深刻的了解,而这也是研究真正的目的。这让学者在探讨社会政治模式、经济情况和文化信仰间的相依性时,可以将"真实的人们"也包括进去。……其次,集中注意力于一个特定地点,只要按照适当的过程、网络或限制,人类学家可以由这一特定地点向外扩展到一个更广大的地区。……第三,人类学对于小地点的使用,可以用来提供对现象的解释。①

对于小地点的关注也成为针对微观视角的一个主要的批评,认为个案研究不具代表性。格里福在一篇研究爱尔兰东南部的汤玛斯镇的商店主和农民的文章中也承认,他所研究的汤玛斯镇并不是"所有小市镇的典型",在汤玛斯镇所做的个案研究的结论也无法应用到整个区域,"更别提应用到整个爱尔兰"。尽管如此,格里福同时认为个案研究(尤其是当个案研究得到与某些一般性结论相反的结果时)可以以某种方式对这些一般性结论进行修正。②

事实上,在当代的人类学研究中,"小地点"通常是和"大问题"联结在一起的,如西佛曼和格里福所指出的:"'小地点'形成了得以考察社会学和文化'大'问题的脉络。因为,这样的大问题或所谓的大变化——如资本主义的兴起,现代世界体系的成立,以及土地贵族的式微——也会在地方有所体现,也会有从微观角度才可以看见的有意和无意的后果。此外,围绕全球的社会空间网络,最终还是汇集于地方。"③

人类学对宏观视角的关注正是与历史人类学(人类学的历史化)的兴起紧密相关的。人类学家谢里·奥特纳认为,人类学的历时性分析包括两个方面,其中一个方面是实践理论,"强调微观发展过程:交易、项目、职业、发育周期等等";另一个方面则是对宏观过程或宏观历史的分析,它包括两个趋势:历史民族志(历史化的民族志)和政治经济学(涉及政治经济问题的

---

① 玛丽莲·西佛曼、P. H. 格里福:《历史人类学和民族志的传统》,西佛曼、格里福编:《走进历史田野》,第 33—34 页。
② P. H. 格里福:《基尔肯尼郡南部的商店主和农民——1840—1981》,玛丽莲·西佛曼、P. H.格里福编:《走进历史田野》,第 229—230 页。
③ 玛丽莲·西佛曼、P. H. 格里福:《历史人类学和民族志的传统》,玛丽莲·西佛曼、P. H. 格里福编:《走进历史田野》,第 34—35 页。

民族志)。① 历史民族志"关注于历史中特定社会的内部发展动力学"。② 美国人类学家罗纳托·罗萨尔多的《伊隆戈人的猎头》为我们提供了一个很好的历史民族志的范例。③

政治经济学是经济学中的一个旧名称,用以称呼"与历史学、政治学和国家理论不可分割的经济研究"。④ 之后,当社会科学(经济学、政治学、社会学和人类学)从政治经济学脱离出来后背弃了政治经济学,转而集中研究个人间的互动(初级群体及次级群体、市场和治理过程中的个人互动),因而"他们也远离了对严肃问题的关怀即生产、阶级和权力的实质"。⑤ 因此,为了克服这一缺陷,政治经济学派"试图通过将人类学家通常所研究的小规模社会的变迁与外在于这些社会的大规模的历史发展(尤其是殖民主义和资本主义扩张)联系起来的方式来理解这种(小规模社会的)变迁"。⑥

政治经济学派受马克思主义、弗兰克的"低度发展理论"以及沃勒斯坦的"世界体系理论"的影响,将注意力转移到"大规模的区域政治—经济体系",同时他们"试图将这种关注与在特定社区或微观地区的传统田野工作结合起来,但他们的研究通常体现为探讨资本主义对这些社区渗透所产生的影响"。⑦ 因此,政治经济学派坚持,"任何一个历史或民族志研究计划,只有把自己放在较大的世界政治经济历史框架中,才能获得自身的意义",因而他们"努力在微观过程的描写中,注意较大世界历史潮流和趋势的图景"。⑧ 英国人类学家保罗·威利斯(Paul Willis)的《学做工》(Learning to Labour,1977)就是一个很好的例子。威利斯研究的是英国工人阶级子弟的反学校文化,书的第一部分是民族志,即关于汉默镇的个案研究;第二部分的分析则将民族志放在一个更大的政治经济框架下进一步分析:

> 我认为,正是那些孩子自己的文化,最为有效地让部分工人阶级子

---

① Ortner, S., "Theory in Anthropology since the Sixties", *Comparative Studies in Society and History*, Vol.26, No.1, Jan., 1984, pp.158-159.
② Ibid., pp.158-159.
③ 对《伊隆戈人的猎头》的讨论参见第四章。
④ 乔治·马尔库斯、米开尔·费彻尔:《作为文化批评的人类学:一个人文学科的实验时代》,王铭铭、蓝达居译,生活·读书·新知三联书店,1998年,第116页。
⑤ 埃里克·沃尔夫:《欧洲与没有历史的人民》,赵丙祥、刘传珠、杨玉静译,上海人民出版社,2006年,第28页。
⑥ Ortner, S., "Theory in Anthropology since the Sixties", *Comparative Studies in Society and History*, Vol.26, No.1, Jan., 1984, p.158.
⑦ Ibid., p.141;埃里克·沃尔夫:《欧洲与没有历史的人民》,第30—32页。
⑧ 乔治·马尔库斯、米开尔·费彻尔:《作为文化批评的人类学》,第118—119页。

弟准备好以体力劳动的方式出卖劳动力,因此,在某种意义上,我们可以说西方资本主义社会的底层角色中存在一种自我诅咒。然而,矛盾的是,他们是以真正的学习、肯定、占有和反抗形式体验这种诅咒的。在本书的第二部分,我进一步分析了第一部分的民族志,指出这些主观感受和文化过程是有客观基础的,他们其实已部分洞察了真正决定工人阶级生存状态的先决条件,这些认识显然要比那些由学校和各种政府机构所提供的官方版本要高明。只有在这种真实反映他们境遇的文化表达基础上,工人阶级子弟才走上了自我诅咒的道路。悲剧和矛盾在于,这些"洞察"往往在不经意间被一系列复杂过程限制、扭曲、拦阻,这些过程范围广泛:从普遍的意识形态和学校与指导机构的意识形态,到工人阶级文化中的男性家长统治和性别歧视的普遍影响。①

在这里,我们可以看到两个互动的过程:一方面,只有将民族志放在大的框架下,才能真正理解民族志的内容;另一方面,只有通过民族志,才能真正理解宏观过程对社会行动者的影响。

政治经济学派还注意到文化和权力之间的关系,正如马尔库斯和费彻尔所言:"区域性分析因而应该不仅涉及到有关何地发生何事方面的地理经济'勘测',也应该涉及到关系到权力联系的结合方式以及意识形态、世界观、道德代码的对立冲突、被区域性限定的知识和权力状况。"②这种对权力的关注可以为我们提供一个中程的概念,以整合地方的语境和更大范围的语境。因此,很多人类学家将研究的主题放在地方史与全球史的交汇点上。这种政治经济学或世界体系的研究路径反对传统人类学将地方作为分析单位,否认地方是一个自治的、自我组织的实体,而是关注于支配和从属、地方和全球体系。③

人类学家和历史学家威廉·罗斯贝里(William Roseberry)对政治经济学派做了如下的总结:

  尽管大多数这类研究将主题置于世界经济的形成和资本主义的发

---

① 保罗·威利斯:《学做工:工人阶级子弟为何继承父业》,秘舒、凌旻华译,译林出版社,2013年,第4页。
② 乔治·马尔库斯、米开尔·费彻尔:《作为文化批评的人类学》,第135页。
③ Biersack, A., "Introduction: History and Theory in Anthropology", Biersack, A., ed., *Clio in Oceania: Toward a Historical Anthropology*, Smithsonian Institution Press, 1991, p.11.

展中,但它们并没有简单地宣称存在一个更大范围的世界,也没有过度关注生产模式。每一个研究都将它所研究的社会和文化现象置于与生存和形塑、限制行动的权力结构相联系的环境的调查中。作为一个群体,它们证明在人类学政治经济学中研究的范围、活力和承诺,同时它们给那些过快和过于热切宣称它死亡的人以有效的回应。更重要的是,它们表明人类学家可以创造性地处理由于将人类学研究对象置于地方史和全球史的交汇中而产生的理论和方法的张力。在此过程中,它们挑战了那些讨论文化、历史和实践而忽略了阶级、资本主义和权力的人。①

政治经济学是历史和人类学的交汇,因为它们强调历史在人类学研究中的重要性,关注"历史",或者说关注过程和变迁。埃里克·沃尔夫和西敏司是政治经济学的代表,他们通过全球视野来理解地方史,他们的历史方法可以被概括为两个方面:(1)将地方社区视为社会、政治、经济和文化过程的产物,并在全球视野中理解这些过程;(2)在地方互动和关系的交叉以及国家和帝国形成的大过程中理解人类学研究对象的形成。②

埃里克·沃尔夫在《欧洲与没有历史的人民》(*Europe and the People Without History*, 1983)中,"希望能够勾勒出商业发展和资本主义的一般过程,同时也关注这些过程对民族史学家和人类学研究的小群体究竟产生了怎样的影响"。③ 沃尔夫认为,他所进行的是"一种新的、历史取向的政治经济学"。④ 他在书的最后总结了自己的观点:"我们不能再将社会看作孤立的、自足的系统。我们也不能再将文化想像成一体化的整体,在这个整体中,每个部分都要为维持一个有机的、自主的和永久的总体作出贡献。只有实践和观念的文化丛,一定的人类行动者在一定的环境中……在行动过程中,这些文化丛永远都处在不断的组合、解体和重组之中,在不同的声音中传达着群体和阶级的不同道路。"⑤因此,沃尔夫的目的是要考察那些"没有历史的人民"的殖民遭遇。

但是,沃尔夫的结论与他的初衷是相悖的:他让我们将"没有历史的人民"视作历史主体,然而他实际向我们显示的,却是他们是"如何被强行纳入

---

① Roseberry, W., "Political Economy", *Annual Review of Anthropology*, Vol.17, 1988, p.179.
② Ibid., p.163.
③ 埃里克·沃尔夫:《欧洲与没有历史的人民》,第32页。
④ 同上书,第1页。
⑤ 同上书,第457页。

更大体系之中遭受冲击并变成其代理人的"。① 马歇尔·萨林斯在《资本主义的宇宙观》(1988年)一文中对此进行了批评,他试图将这种单向的关系扩展为一种双向的关系,即不仅要描述资本主义体系对土著的影响,还要描绘土著本身对外来影响的反应。萨林斯写道:

> 问题在于,如何才能避免像通常那样将跨文化遭遇化约为一种物理学,或是化约为一种目的论。我是指那种将全球经济简单机械地视为一种物质力量的一般看法,同时又把地方历史采用宿命论方式描述为命中注定的文化渐蚀编年史。千真万确,在库克船长发现桑威奇群岛一个世纪以后,美国制造商们就已经攫取了那块土地,并把夏威夷人变成了农村无产阶级。但不正确的则是说,夏威夷人的历史进程自从1778年以来就一直受这种结果的控制,或说其历史进程只不过是资产阶级关系取代了波利尼西亚关系。恰恰相反,群岛实际上目睹到一个显著的本土发展阶段,统治头人们正是将西方商品运用于他们自己的主导方案——也就是说,运用于他们自己传统上就拥有的"神性"观念。如果说,从那以后夏威夷人很快便屈服于帝国主义的压力,那只不过是因为,波利尼西亚人为神性而展开的彼此竞争具有极大的容纳力,而外国商业恰好借此扩大了其影响力。这在世界现代史上是屡见不鲜的:资本主义力量凭借其他形式和结局得以实现,凭借与本土欧洲商品拜物教大相径庭的奇异的文化逻辑而实现。因之,世界体系不是一种摇摆于经济"冲击"与文化"反应"之间的比例关系的物理学。全球性物质力量的特定后果依赖于它们在各种地方性文化图式中进行调适的不同方式。②

在这篇文章中,萨林斯关注于太平洋群岛及其邻近的亚洲和美洲大陆人民在18世纪中叶到19世纪中叶这一阶段"如何以互惠方式形塑了资本主义的'冲击',从而也形塑了世界历史的进程"。③ 在文章中,萨林斯详细描绘了三个案例,其中中国人对西方货物不感兴趣,而桑威奇群岛的夏威夷人和英属哥伦比亚的夸库特人则对西方货物表现出浓厚的兴趣,并将西方物

---

① 马歇尔·萨林斯:《资本主义的宇宙观——"世界体系"中的泛太平洋地区》,马歇尔·萨林斯:《历史之岛》,蓝达居等译,张宏明校,上海人民出版社,2003年,第362页;埃里克·沃尔夫:《欧洲与没有历史的人民》,第32页。
② 马歇尔·萨林斯:《资本主义的宇宙观》,马歇尔·萨林斯:《历史之岛》,第363—364页。
③ 同上书,第365页。

品"整合成了本土权力"。①

西敏司的《甜与权力》(Sweetness and Power, 1985)则通过蔗糖的历史向我们描绘了资本主义体系对各个地区（无论是宗主国还是殖民地）的影响。西敏司在书中描绘了蔗糖的地位在近代西方的变化历程，即其如何"从1650年的稀有品、1750年的奢侈品，转变为1850年的生活必需品"。② 但这本书并非仅仅是关于糖的历史，而是关于资本主义的历史，因为"蔗糖无论就其生产还是消费而言，都处在资本主义的意图的交汇点上"。③ 例如，近代英格兰的普通百姓不得不把茶和糖这两种"从地球上遥远的两端进口的"物品作为日常饮食，这"向我们展示了已经在大范围地使用雇佣劳动力的英国经济，也在于它向我们暴露出在殖民地与宗主国城市之间，由资本所打造的密切关系"。④ 西敏司进一步解释道："欧洲18世纪和19世纪间在饮食和消费模式上的复杂变化并非是随意或偶然的，而是同一动因的直接结果，这一动因创造了一种世界经济，塑造了宗主国中心城市与其殖民地、卫星国之间的不对称关系，同时在技术和人力两个方面塑造了现代资本主义的庞大生产机制和分配机制。"⑤因此，蔗糖的历史展现了新的资本主义生产体系的出现，也展现了宗主国与殖民地之间的权力关系。正如西敏司在最后所总结的："英国的工人第一次喝下一杯带甜味的热茶，这是一个重要的历史事件，因为它预示着整个社会的转型，预示着经济和社会基础的重塑。"⑥

但是，沃尔夫和西敏司的研究远离了美国文化人类学的解释传统，忽略了"文化"，他们"将文化降级为一个附属的结构，把文化人类学者本身当成唯心论加以抛弃"。⑦ 美国人类学家迈克·陶西格（Michael Taussig）的《南美洲的魔鬼与商品拜物教》(The Devil and Commodity Fetishism in South America, 1980)就试图跨越"人类学研究中解释传统和政治经济学传统之间的鸿沟"。⑧这本书描述了哥伦比亚和玻利维亚农民成为无产阶级（种植工人和矿工）并被整合进货币经济时的反应。陶西格的切入点是这些无产

---

① 马歇尔·萨林斯：《资本主义的宇宙观》，马歇尔·萨林斯：《历史之岛》，第365页。
② 西敏司：《甜与权力——糖在近代历史上的地位》，王超、朱健刚译，商务印书馆，2010年，第148页。
③ 同上书，第192页。
④ 同上书，第120页。
⑤ 同上书，第158页。
⑥ 同上书，第210页。
⑦ 乔治·马尔库斯、米开尔·费彻尔：《作为文化批评的人类学》，第123页。
⑧ 同上书，第127页。

阶级民间信仰中的"魔鬼","魔鬼"是"这些农民成为无产阶级时所体验到的异化的一个很好的象征",而陶西格的任务就是要解释这一体验,说明魔鬼的形象和资本主义发展之间的关系,即这些信仰(魔鬼)如何成为表达对新的生产模式的抵抗的途径。①

二、从微观史到全球微观史

人类学中的个案研究在历史学领域的体现即是微观史学。② 如果认为微观史家只关注于局部的、微小的个案研究,那就错了。意大利历史学家吉多·鲁格埃罗(Guido Ruggiero)就反对"微观史学通常是对一个档案案例的解读"的观点,指出"大多数微观史学都是在大量档案研究基础上的集中探讨"。③ 微观史家试图通过个案研究展现大的历史背景,因此微观史学研究那些被传统研究方法所忽略的人群,并且要"在绝大部分的生活所发生于其中的那些小圈子的层次上阐明历史的因果关系"。④

针对个案研究的意义问题,卡洛·金斯伯格用埃德尔多·格伦迪(Edoardo Grendi)的"正常的例外"(normal exception)作为解释。"正常的例外"有两个含义:独特的文献和真正例外的文献。对于第一点,金斯伯格认为,尽管微观史家研究的只是独特的文献,但是近代早期绝大多数审判都"针对极为普通、通常不重要的罪行",因此特定类型的违法行为是正常的。而且,这些违法者往往是他们所处的社会环境的绝佳代表。对于第二点,金斯伯格认为,如果资料没有提及或歪曲了底层的社会现实,一份真正例外的文献(在统计意义上而言)"可以比一千份典型的文献更具启示性"。⑤

金斯伯格认为,微观史学一方面能够重建真实的生活,另一方面展现了能反映这种真实生活的无形结构;金斯伯格将微观史学和普遍意

---

① Taussig, M., *The Devil and Commodity Fetishism in South America*, The University of North Carolina Press, 1980, p.xv.
② 对于微观史学的具体讨论参见本书第七章。
③ 吉多·鲁格埃罗:《离奇之死——前现代医学中的病痛、症状与日常世界》,王笛主编:《时间·空间·书写》,浙江人民出版社,2006年,第144页,注释8。
④ 伊格尔斯:《二十世纪的历史学——从科学的客观性到后现代的挑战》,何兆武译,辽宁教育出版社,2003年,第125—126页。
⑤ Ginzburg, C. et al., "The Name and the Game: Unequal Exchange and the Historiographic Marketplace", Muir, E. et al., eds., *Microhistory and the Lost People of Europe*, The Johns Hopkins University, 1991, pp.7-8.

义上的历史（history in general）定义为"关于真实生活的科学"（science of real life）。① 在金斯伯格自己的微观研究中,我们至少可以发现三个宏观的旨趣。

第一,《奶酪与蛆虫》中的梅诺乔尽管只是一个不重要且不具代表性的普通人（"一个来自模糊世界偶然被我们发现的碎片"）,但"仍可以作为一个缩影从中发现在某个特定历史时期里整个一个社会阶层的特征"。②

第二,口头文化和书写文化以及精英文化和大众文化之间的关系。梅诺乔这个人本身就处于口头文化和书写文化以及精英文化和大众文化之间的交叉点上,他根植于大众文化之中,同时又受到精英文化的影响。③ 在关于"本南丹蒂"的研究中,金斯伯格试图表明近代早期精英文化和大众文化之间的张力：民间信仰在官方的影响下被重新界定,并纳入精英文化（恶魔崇拜）,而逐渐丧失了最初农业崇拜的因素。金斯伯格在文献中发现了"存在于法官审讯中的潜在印象和被告人真实证词之间的鸿沟",因此他试图向我们展现"后来蜕变、又被智识阶层计划的叠加给抹杀的真正民众阶层的信仰",并试图说明"一种像本南丹蒂迷信那样带有如此明显的民间特质的信仰是如何在调查官的压力下蜕变,以传统巫术的特殊相貌而告终"。因此,金斯伯格的旨趣不仅仅是探讨近代早期弗留利地区的巫术问题,而是"复原这一时期农民的心理状况"。④

第三,从宏观的视角讨论巫术信仰的形成。在《夜间的战斗》中,金斯伯格在微观研究的基础上,试图将"本南丹蒂"信仰放在更大的范围内加以考察,试图展现巫魔会与农业崇拜和亡灵游行之间的关系。金斯伯格在1989年出版的《出神》（Ecstasy⑤）一书中运用形态学方法,通过比较和分析欧亚大陆上与巫魔会相似的诸多仪式和观念,从两个方面深入探讨了巫魔会观念形成的问题：（1）巫魔会观念是亡灵游行（processions of the dead）和丰产战斗（battles for fertility）这两个主题的融合,两者都存在"萨

---

① Ginzburg, C. et al., "The Name and the Game", *Microhistory and the Lost People of Europe*, p.8.
② Ginzburg, C., *The Cheese and the Worms: The Cosmos of a Sixteenth-Century Miller*, The Johns Hopkins University, 1980, pp.xx, xxvi.
③ Ibid., pp.xxii-xxiii.
④ 卡洛·金斯伯格：《夜间的战斗》,朱歌姝译,上海人民出版社,2005年,意大利文版序言第3页。
⑤ Ecstasy 一词根据不同语境可以翻译为"出神""入迷""狂喜"等,汉语中没有一个单独的词可以涵盖所有的含义;在金斯伯格的著作中,该词主要指灵魂离开身体,因此在这里姑且译为"出神"。

满式的出神"(shamanistic ecstasy),正是基于这一共同的因素,两者在"本南丹蒂"信仰中得以融合。① (2)巫魔会观念是精英文化(宗教裁判官和世俗法官观念中的"由一个宗派或敌对的社会所密谋的一个阴谋的主题")和大众文化("根植于民间文化中的诸如魔法飞行和动物变形等萨满的因素")的结合,两者在中世纪晚期的阿尔卑斯山地区得到了融合,而且由于裁判官的介入而得以广泛地传播。② 在这里,金斯伯格建立了一种结合结构主义和传播论的形态学,他称之为"支序分类学"(cladistics)。支序分类学是借自生物学的一个概念,它指生物不是在进化尺度上依据形态上的相似性来进行分类,而是依据共源性来建立演化树的分支顺序。支序分类学运用在文化现象上则指"来自不同社会的各种现象间的共源性,在经过结构分析的识别后,必须再受历史学家的评价,以便辨识出那些真正的联系"。③

微观史学根据其研究的侧重可分为文化微观史(cultural microhistory)和社会微观史(social microhistory)两类。文化微观史以金斯伯格为代表,他通过对审判记录的研究,揭示精英和大众文化的相互关系。④ 到了20世纪80年代,出现了社会微观史,它试图展现"边缘人群的行为如何被用来说明权威的本质"。⑤ 意大利历史学家乔万尼·列维(Giovanni Levi)是社会微观史的代表,他在《继承权力》(*Inheriting Power*,1985)一书中通过描述一位嵌入在社会结构中的普通乡村牧师乔凡·巴蒂斯塔·奇萨(Giovan Battista Chiesa),向我们揭示了"乡村中权力关系的模式",而这其中的决定性因素是"对难以捉摸的象征性的财富(即权力和威望)的保持和接受";同时,列维"根据教区文件、土地税测定数据和其他行政机构文献的集成来重建被奇萨施以魔法的人们的生活和他们的社会背景"。⑥ 从列维的著作中,我们可以看到社会微观史的两个特点:(1)关注于权力关系,这种研究旨趣无疑也受到人类学的影响。20世纪八九十年代,这种对权力的关注为政治经济学派提供了一个中程的概念,以整合地方的语境和更大范围的语境。(2)关注

---

① Ginzburg, C., *Ecstasies: Deciphering the Witches' Sabbath*, The University of Chicago Press, 1991, pp.13-14.
② Ibid., p.300.
③ Ibid., p.22.
④ Muir, E., "Introduction: Observing Trifles", Muir, E. et al., eds., *Microhistory and the Lost People of Europe*, The Johns Hopkins University, 1991, p.x.
⑤ Ibid., p.xv.
⑥ 伊格尔斯:《二十世纪的历史学》,第128—129页;Levi, G., *Inheriting Power: The Story of an Exorcist*, Cochrane, L. G., trans., The University of Chicago Press, 1988, pp.xiii-xviii.

于更大的社会文化背景。列维认为,奇萨的故事可以"重建乡村的社会和文化环境"。① 2012年,列维在《三十年后反思微观史》一文中指出,"微观史并不排斥宏观叙事,对小范围事件或人物的历史的关注也并不意味着放弃对一般真理的探寻","微观史并非是通过观察一般的社会背景来抽象出历史事实,而是尝试通过对个案的细致研究,设立一系列基础性的问题,这些问题能使我们在重塑历史的过程中部分性地保留包含全部真相的重要细节片段"。②

同时,近十年来,人类学关于地方史和全球视野的路径也影响到了历史学研究,出现了全球视野下的地方史书写或全球微观史(global microhistory),娜塔莉·戴维斯(Natalie Zemon Davis)的《骗子游历记》(*Trickster Travels*, 2006)和琳达·科利(Linda Colley)的《伊丽莎白·马什的考验》(*The Ordeal of Elizabeth Marsh*, 2007)以及欧阳泰(Tonio Andrade)的《一个中国农民、两个非洲男孩和一个将军》(*A Chinese Farmer, Two African Boys, and a Warlord*, 2011)和约翰—保罗·贾布里勒(John-Paul A. Ghobrial)的《巴比伦的埃利亚斯的秘密生活和全球微观史的应用》(*The Secret Life of Elias of Babylon and the Uses of Global Microhistory*, 2014)都是这方面的代表。无论是在戴维斯和科利的著作还是在欧阳泰和贾布里勒的论文中,我们都可以发现全球微观史的一些共同特点,"聚焦于某个在文化间游走的人,并通过其经历探寻跨文化联系和全球转型"。③

(1)全球微观史的主题都是考察普通的个人在不同文化间的经历。《骗子游历记》的主人公是北非穆斯林阿尔-哈桑·阿尔-瓦桑(al-Hassan al-Wazzan),他在1518年被海盗俘获并被献给教皇,他皈依了基督教,并在罗马生活了九年,期间用拉丁文发表了有关非洲的著作。④《伊丽莎白·马什的考验》则描写了一位18世纪英国女性非凡而流离的生活,其足迹遍布四大洲。⑤ 贾布里勒论文的主人公是一位中东的基督徒埃利亚斯,1668年他

---

① Levi, G., *Inheriting Power: The Story of an Exorcist*, p.xvi.
② 乔瓦尼·莱维:《三十年后反思微观史》,《史学理论研究》2013年第4期,第106—107页。
③ Andrade, T., "A Chinese Farmer, Two African Boys, and a Warlord: Toward a Global Microhistory", *Journal of World History*, Vol.21, No.4, 2010, p.574.
④ Davis, N. Z., *Trickster Travels: A Sixteenth-Century Muslim Between Worlds*, Faber and Faber Limited, 2008.
⑤ Colley, L., *The Ordeal of Elizabeth Marsh: A Woman in World History*, Anchor Books, 2007.

离开巴格达来到欧洲和美洲游历。① 这一主题其实在美国历史学家史景迁（Jonathan Spence）的《胡若望的疑问》（*The Question of Hu*，1989）一书中就可以看到影子，书中描述了一位18世纪初的普通中国天主教徒胡若望在法国的经历。② 欧阳泰论文中的主人公则是17世纪台湾一个普通的农民赛义德（Sait），尽管他并没有像胡若望那样离开中国，但是他的故事背景却处于中国和荷兰两种不同文化的交错之中。③

（2）全球视野下的地方故事。全球微观史不是仅仅将视野集中在所描述的个体的经历上，而是要将他们的经历放在全球视野下进行考察。欧阳泰笔下所描述的尽管只是一个普通中国农民，但是他的故事让我们一窥"另一个战争和全球化的世界"。④ 同样的，其他全球微观史的论文和著作也是如此。贾布里勒认为，埃利亚斯的故事能与全球史的研究产生共鸣，尤其是近代早期世界联系的研究。⑤ 戴维斯在《骗子游历记》一书的导言中如此概括她的写作目的：

> 我试图将阿尔-哈桑·阿尔-瓦桑尽可能完全地置于16世纪的北非社会中，那里有柏柏尔人、安达卢西亚人、阿拉伯人、犹太人和黑人，以及正不断侵蚀他们边界的欧洲人；试图阐明他对于外交、学术、宗教、文学和性的看法，他带着这些看法来到了意大利；试图展现他对于欧洲基督教社会的反应——他所了解的、感兴趣的和感到困扰的、他所做的、他是如何改变的，尤其是他在那里是如何写作的。我描绘的是这样一个人：他具有双重视野、经受着两个文化世界、时常想象有两类读者、使用取自阿拉伯和伊斯兰的技巧并用自己的方式揉入欧洲的因素。⑥

娜塔莉·戴维斯在2010年的一次讲演中以14世纪末15世纪初的两位人物，伊本·卡尔敦（Ibn Khaldun）和克里斯汀·德·皮桑（Christine de Pizan）为例来说明全球视野下的地方史书写，她说道："聚焦同一时代却生

---

① Ghobrial, J.-P. A., "The Secret Life of Elias of Babylon and the Uses of Global Microhistory", *Past and Present*, No.222, Feb., 2014.
② 史景迁：《胡若望的疑问》，陈信宏译，广西师范大学出版社，2014年。
③ Andrade, T., "A Chinese Farmer, Two African Boys, and a Warlord", *Journal of World History*, Vol.21, No.4, 2010.
④ Ibid., p.590.
⑤ Ghobrial, J.-P. A., "The Secret Life of Elias of Babylon and the Uses of Global Microhistory", *Past and Present*, No.222, Feb., 2014, pp.56-57.
⑥ Davis, N. Z., *Trickster Travels*, pp.12-13.

活在地中海两岸的两个革新人物,我试图扩展历史学家通常在其中反思知识生产和传播的地理和文化架构;我努力既不偏向欧洲基督教的背景也不偏向北非穆斯林的背景,并且把女性的经验作为另一种选择加以呈现,而不视其为落后于男性的存在。"①戴维斯目前正在进行的写作也是关于宏观视野下的文化交错的。②

同样,科利通过伊丽莎白·马什的传记讲述了"三个相互联系的故事":马什的故事、与她家庭相关的故事以及全球的故事。在全球的故事中,伊丽莎白·马什生活的是"世界历史中一个独特的且尤为暴力的时期",在这一时期中"大洲和大洋间的联系通过多重的方式被扩大和改变了",全球视野下的这些变化"不断形塑和改变了马什个人的生活进程"。因此,科利这本书的目标是"描绘一个人一生中的世界和世界中的一个人的一生",同时科利"将重塑和重估传记作为一种加深我们对全球之过去的理解"。③

可见,全球微观史提供了一个将微观视角和宏观视角相结合的极好的例子,如有学者所评论的:"微观层面的分析能够使人更好地理解共时性的历史进程,比如全球化进程中的网络的功能、跨文化联系互动,以及更为广泛的——历史人物在全球进程中所发挥的作用。"④

全球微观史与20世纪80年代的两个人类学研究趋势有着相似之处:(1)政治经济学派。如前所论,政治经济学派将民族志的研究放在宏观的历史视野中,而且政治经济学派和全球微观史一样都关注于全球时代的他者或异文化遭遇。(2)物的人类学研究(anthropology of things)。物的人类学研究和微观史一样都使用传记的方法,它将物视为与人一样具有社会生命,因而致力于描述物在不同社会文化语境中的生命历程。⑤ 西敏司的《甜与权力》可视作政治经济学派和物的人类学这两种人类学研究趋势的交叉。

德国历史学家汉斯·梅迪克在2016年的一篇文章中对全球微观史的前景做了展望:

---

① Davis, N. Z., "Decentering History: Local Stories and Cultural Crossings in a Global World", *History and Theory*, Vol.50, No.2, May, 2011, p.197.
② 周兵:《全球视野下的文化史书写——解读娜塔莉·泽蒙·戴维斯的"去中心的历史"》,《历史教学问题》2013年第2期,第41页。
③ Colley, L., *The Ordeal of Elizabeth Marsh*, p.xix.
④ 布莱斯·科萨特:《"全球背景下的人生故事":以传记方法书写全球史》,刘新成主编:《全球史评论》(第七辑),中国社会科学出版社,2014年,第237页。
⑤ Appadurai, A., *The Social Life of Things: Commodities in Cultural Perspective*, Cambridge University Press, 1986.

全球微观史学家……应当关注"(各种)空间之间",关注在历史的转变与变化中各种空间内与空间之间发生了什么。因此,我们应该不要过多关注各个权力中心或整体位置,而是更应当如娜塔莉·泽蒙·戴维斯教授建议的那样,从去中心的跨文化视角研究边缘和"间隙空间"。边界和跨越边界,贸易与通信根源,知识转移、翻译和交流,都在这其中发生;还有移动空间,如船舶、通信和贸易网络;最后但并非最不重要的是通过人和他们的社会世界在生活过程中形成的各种真实或想象的空间。在此背景下,研究人、团体、机构和产品的"多元文化、社会或经济的联系",还有对范畴和概念在世界上的多种联系、传播及翻译的研究,看起来就很重要,在这个世界变得全球化之前,它们就已经参与了全球化的诸多过程。①

人类学家萧凤霞在2009年的《反思历史人类学》一文中对历史人类学进行了多重的反思,其中要求人类学超越地方性(locality),关注跨地方性(translocality),并在亚洲的相互联系中思考地方性。② 由于地方性是田野工作的基础,因此人类学家无须为地方性的合法性辩护,全球性和相互联系(connectedness)只是给人类学家提供了一种研究的视角。与人类学的情况不同,微观史学自出现以来就一直受到质疑,而微观史家也需要不断为微观视角的合法性辩护。全球史兴起后,历史学家们试图调和宏观视角和微观视角之间的矛盾。历史学家乔·古尔迪(Jo Guldi)和大卫·阿米蒂奇(David Armitage)在《历史学宣言》(*The History Manifesto*,2014)一书中宣称,"短期"(short term)的观念已经对现代生活和人文学科产生了严重的威胁。因此,古尔迪和阿米蒂奇要求历史学家回归传统的长时段研究并关注大图景,但这是一种新的长时段研究,一种通过结合大过程和小事件以及宏观视角和微观视角来关注大图景的长时段研究。③ 卡洛·金斯伯格所说的代价也许并不是必须付出的,全球微观史正是一种结合微观视角和宏观视角以及克服微观史学碎片化问题的可行途径。

---

① 汉斯·梅迪克:《转向全球? 微观史的扩展》,董欣洁译,《史学理论研究》2017年第2期,第139页。
② 萧凤霞:《反思历史人类学》,《历史人类学学刊》第七卷第二期,2009年10月。
③ Guldi, J. et al., *The History Manifesto*, Cambridge University Press, 2014, pp.13, 117-118.

下篇
实践篇

第六章 社会人类学与历史人类学

英国社会人类学家爱德华·埃文思-普里查德早在1950年的一次讲演中就提出了历史学与人类学的结合。① 英国的一些历史学家正是受到埃文思-普里查德的影响,意识到历史学和人类学结合的可能性和巨大前景,转而在研究中引入社会人类学的方法,开始了历史人类学的研究。例如,艾伦·麦克法兰(Alan Macfarlane)在《拉尔夫·乔塞林的家庭生活》(*The Family Life of Ralph Josselin*,1970)一书中,根据艾塞克斯郡厄尔斯科恩(Earls Colne)的教区牧师拉尔夫·乔塞林的日记从四个方面还原了他的生活:(1) 政治、宗教和经济的世界;(2) 生活周期(出生、童年、青春期、婚姻和死亡);(3) 社会的世界(家庭、亲属和邻居);(4) 精神世界。② 我们可以发现《拉尔夫·乔塞林的家庭生活》与法国历史学家埃马纽埃尔·勒华拉杜里1975年出版的《蒙塔尤》之间的相似性。两者使用的都是文献资料(日记和宗教法庭的记录),并通过这些资料还原了当时的日常生活以及精神世界。又如,历史学家彼得·布朗(Peter Brown)的研究就受到玛丽·道格拉斯和维克多·特纳等英国人类学家理论的影响。布朗在《身体与社会》(*The Body and Society*,1988)一书中"运用英国社会人类学传统的洞见来解释'神圣'(holy)在古代晚期社会是如何运作的"。③

社会人类学与历史学的结合最主要的成就是在西方巫术史领域。人类学至少在两个方面影响了巫术史的研究。一方面,人类学拓展了历史学研究的视野,将魔法和巫术④纳入历史学研究的对象。历史学家鲍勃·斯克里布纳(Bob Scribner)指出,历史学家通过运用人类学方法试图"理解更早社

---

① Evans-Pritchard, E. E., "Social Anthropology", *Man*, Vol. 50, Sep., 1950.
② Macfarlane, A., *The Family Life of Ralph Josselin, A Seventeent-Century Clergyman: An Essay in Historical Anthropology*, Cambridge University Press, 1970.
③ Brown, P., *A Life of Learning: Charles Homer Haskins Lecture for 2003*, American Council of Learned Societies, 2003.
④ 一般而言,魔法(magic)是一个大的范畴,其中包括巫术(witchcraft)。

会的心态世界和思维模式,确认认知结构和假设,并将诸如巫术信仰、魔法、宗教行为、社会关系和政治行动等现象置于其中"。① 历史学家娜塔莉·泽蒙·戴维斯认为,很多历史学的研究受到了人类学的影响,如宗教史研究、交换的机制、社会性别体系等,其中最先得益于人类学的是被历史学家视为非理性和迷信的巫术。戴维斯认为在引入了人类学方法后,"可以将巫术迫害视为中央权力与地方民众以及村民之间的一系列政治的、社会的、心理的和性别的斗争。同时也可以鉴别包括医学和仪式在内的许多行为,而这些行为通常被社区标定为邪术。"②

另一方面,人类学为巫术史研究提供了一种研究方法。英国人类学家杰弗里·帕林德(Geoffrey Parrinder)于1963年出版的《巫术:欧洲和非洲》(*Witchcraft: European and African*)一书,可以说是较早使用人类学方法研究欧洲近代早期巫术的著作。帕林德对欧洲巫术进行了很好的概述,并对巫术迫害发生的社会背景进行了分析,甚至提到了近代早期欧洲的性别对抗。作为一名人类学家,帕林德对欧洲和非洲进行了比较,这为人类学在巫术史中的应用开了先河。

在巫术史的历史人类学研究中,最主要的代表是英国历史学家基思·托马斯(Keith Thomas)和英国历史学家、人类学家艾伦·麦克法兰。基思·托马斯的巫术史研究受到了埃文思-普里查德的影响。在一个政治史占历史学研究主流,几乎没有任何历史学家认真对待人类学的时期,基思·托马斯意识到历史学和人类学结合的可能性和巨大前景。托马斯敏锐地察觉到,他对于16、17世纪英格兰社会的研究,与人类学家对土著社会的研究之间有着相似之处,他认为:

> 在世界上的其他地方,对于日常生活的专注是完全正常的,而且甚至处于核心地方,而不是偶然为之或位于边缘。这个发现正好出现在这么一个时候,我在那时意识到自己对人类经验的所有方面(而不是单纯的政治层面)都想弄个明白。我觉得在这里头指引着我的假设是,我们一开始时就应该认为我们对于过去的人们一无所知,不要仅仅因为在我们看起来他们是自然的、人道的和正常的,就将其实是我们自己的

---

① Scribner, B., "Historical Anthropology of Early Modern Europe", Hsia, R. P.-C. et al., eds., *Problems in the Historical Anthropology of Early Modern Europe*, Harrassowitz, 1997, p.14.
② Davis, N. Z., "The Possibilities of the Past", *Journal of Interdisciplinary History*, Vol.12, No.2, Autumn, 1981, p.270.

情感、信仰或反应加之于他们身上。①

1963年,基思·托马斯发表了《历史学与人类学》一文。托马斯在文中指出,人类学对历史学的影响主要体现在两个方面:首先,人类学能够提供历史研究新的方法;其次,人类学有助于拓展历史研究的主题,例如英格兰家庭史、儿童教育史、个人关系史,以及社会对出生、青春期、死亡、病痛、自杀、酗酒和精神疾病等态度的研究。② 托马斯注意到了人类学研究对欧洲史研究的影响,尤其是中世纪和近代早期史的研究,因为"土著社会的村庄与18世纪欧洲村庄之间的相似特征"。③

基思·托马斯在其巫术史研究中采用的方法是将英国的社会人类学引入巫术史研究中。基思·托马斯在《历史学和人类学》一文中就注意到人类学关于巫术的研究成果有助于英国的巫术史研究。托马斯受到英国人类学家埃文思-普里查德对阿赞德人巫术研究的影响,他指出巫术是一种社会黏合剂:"如果我们认为我们的邻居可能使用魔法对我们产生身体伤害,那我们很可能尽量不去冒犯他们。"此外,他认为"巫术指控通常是针对那些被认为具有反社会特征的人,因此巫术信仰成为对不受欢迎行为的惩罚,有助于维持现有的价值体系"。根据这种对巫术指控的功能主义解释,托马斯进而认为,16、17世纪在英格兰大多数被指控犯有巫术罪的人"由于他们的孤立、贫穷或丑陋,而体现了有害于其所在社区的价值"。④ 1970年,在《社会人类学对英格兰巫术史研究的适用》一文中,基思·托马斯根据人类学对巫术的研究,分析了近代早期英格兰巫术信仰和巫术指控的一些基本特征。⑤ 文中关于英格兰巫术的观点后来构成了1971年出版的《宗教与魔法的衰落》一书中"巫术"部分的主体。

《宗教与魔法的衰落》(*Religion and the Decline of Magic*, 1971)一书研究了16、17世纪英格兰的宗教与大众信仰。托马斯在书中大量使用了出版的和未出版的记录,也参考了大量人类学关于非西方、前工业社会的魔法

---

① 玛丽亚·露西娅·帕拉蕾丝-伯克编:《新史学:自白与对话》,彭刚译,北京大学出版社,2006年,第105页。
② Thomas, K., "History and Anthropology", *Past and Present*, No. 24, Apr., 1963, pp.12-17.
③ Ibid., p.10.
④ Ibid., pp.8-9.
⑤ Thomas, K., "The Relevance of Social Anthropology to the Historical Study of English Witchcraft", Douglas, M., ed., *Witchcraft Confessions & Accusations*, Tavistock Publications, 1970, p.47.

和巫术研究的著作。他概述了近代早期英格兰的社会及其问题，认识到16、17世纪的英格兰与今天的前工业社会有着很多相似之处。为了解释并应对生活中的威胁和不幸，普通民众诉诸两种方法：宗教和大众信仰。由于宗教并不能完全涵盖生活的各个方面，这为各种大众信仰提供了生存的空间，这些大众信仰包括占星术、预言、巫术、幽灵和妖仙等。当时很多知识阶层由于受到新柏拉图主义的影响也接受这些信仰体系，而对于普通民众来说，这些乡村术士的技术更多的是来自中世纪。

基思·托马斯分析了宗教和大众信仰之间的复杂关系，发现近代早期英格兰的大众信仰产生于当时的宗教观念，两者有着密切的联系，它们为人们在遭受灾祸时提供了缓解的途径。中世纪时，大众生活在一个相对比较危险的环境中，面临食物短缺、疾病、瘟疫，以及其它不可预计的灾害。托马斯认为，"中世纪教会是一个巨大的魔法力的宝库，能够被用于各种世俗的目的。事实上很难想象有它所不能满足的人类热望。"①因此，中世纪的宗教为大众提供了一系列应付各种灾害的方法，它"提供了一个根本性的防护手段，以对付魔鬼的破坏和巫术的恶行"②。例如，中世纪时的圣徒"能够预言未来，控制天气，提供免于火灾和洪水的保护，魔法般地搬运沉重的物体，以及为病人缓解痛苦"。③ 这些与魔法有着类似的功能，旨在帮助人们解决日常的问题，告诉他们如何避免不幸，以及如何解释这些不幸。

宗教改革后，新教试图消除宗教中的魔法因素，否认教会作为上帝恩典施与者的角色。新教认为所有的事件（无论好的还是坏的，甚至是那些不可知的）都是上帝的旨意。如温彻斯特主教库珀（Bishop Cooper）所说的："无论不幸或灾祸何时降临，这绝非自负的世人所认为的那样是偶然的或是自然的过程，而是上帝的旨意。"④但是新教关于神恩的教义并不能完全减轻大众日常生活的压力。例如，新教反对天主教带有魔法性质的被魔仪式的合法性，他们认为对付着魔的正确方式是"被动地忍受"，"对于上帝的坚定信仰是抵御魔鬼进攻人类灵魂的绝对有效的防护方法"。托马斯认为，正是由于新教不能提供类似天主教的有效防护方法，因此导致了最后的解决办法，

---

① Thomas, K., *Religion and the Decline of Magic*, Penguin Books, 1971, p.51.
② 基思·托马斯：《巫术的兴衰》，芮传明译，上海人民出版社，1992年，第353页。《巫术的兴衰》是《宗教与魔法的衰落》的中文节译本，其中删除了宗教部分。本书的引文（除了宗教部分）均引自中文版。中文版中将 magic 和 witchcraft 分别译为"巫术"和"妖术"，本文则根据学术界一般的区分，译为"魔法"和"巫术"，并因此在引用中做了修正，特此说明。
③ Thomas, K., *Religion and the Decline of Magic*, p.28.
④ Ibid., p.91.

即处死女巫。①

《宗教与魔法的衰落》一书中最重要的部分是关于近代早期英格兰巫术的研究的。基思·托马斯认为他的研究任务是"必须从心理学角度来解释巫术控告戏剧的参与者的动机,从社会学角度来分析使这种控告产生的环境,以及从知识角度来解释使这类控告显得颇有道理的概念"。② 托马斯认为,近代早期英格兰特殊的社会和经济变革引起了社会紧张局势。在伊丽莎白一世的济贫法颁布后,对待扶贫救济的官僚主义化使每个个人丧失了对宽厚应有的责任。尤其在从乡村社会向城市社会过渡的时期,这引起社会紧张局势,并以巫术诉讼的形式表现出来。村民拒绝向贫穷的邻人(大多数的贫穷是由人口增长的压力造成的)施舍,逃避传统的互助义务,这使得邻里友谊和个人主义之间发生了根本性的冲突,它"所产生的紧张状态成了最可能导致巫术告发的原因"。控告还能缓解良心的责备,受害者的内疚感就足以激起一场指控了,一旦有什么灾祸发生,他的第一个反应就是自问有否做过应该遭罚的事。③ 这样就建立起了一种"拒绝—内疚"的机制,英国历史学家罗宾·布里吉斯(Robin Briggs)对这一机制做了如下的概述:

> 拒绝给予帮助是一种暗含的攻击举动,它将某人自己的需求放在了首位,而且让拒绝别人者感到内疚;然后这种攻击就被投映到那些被认为在遭到拒绝后变得愤怒和怨恨的人身上。这样表现出的效果就是,受害者本身的愤怒和进行攻击的欲望会让他们不可忍受,同时这种心理投射表现为一种不自觉的防御机制。如果后来继发了不幸之事,那么怀疑自然就会落到那些被认为怀恨在心的人头上,这种本能的怀疑被更强烈地感受到,既是因为这种不满通常会被认为是正当的,也是因为这种指向巫师的感觉对于原告来说是内在的。④

在《宗教与魔法的衰落》出版的前一年,艾伦·麦克法兰出版了《都铎和斯图亚特时期英格兰的巫术》(*Witchcraft in Tudor and Stuart England*,

---

① 基思·托马斯:《巫术的兴衰》,第 356—359 页。
② 同上书,第 327 页。
③ 同上书,第 428—431 页;Thomas, K., "The Relevance of Social Anthropology to the Historical Study of English Witchcraft", *Witchcraft Confessions & Accusations*, pp.62-64; Macfarlane, A., *Witchcraft in Tudor and Stuart England: A Regional and Comparative Study*, Routledge, 1999, pp.196-197.
④ 罗宾·布里吉斯:《与巫为邻——欧洲巫术的社会和文化语境》,雷鹏、高永宏译,北京大学出版社,2005 年,第 146 页。

1970)。书中分析了 1560 年—1680 年之间英格兰埃塞克斯郡的巫术诉讼情况。麦克法兰主要使用了法庭的审判记录,并以此分析了当地巫术诉讼的社会背景,包括:巫术诉讼和经济问题;巫术诉讼中被告的性格、性别、年龄和婚姻状况;巫术诉讼中被告的亲属和邻里关系;巫术诉讼与疾病;巫术诉讼与宗教等。在书中的最后部分,麦克法兰采用了帕林德的方法,利用人类学对非洲和美洲巫术的研究成果,对欧洲近代早期的巫术进行比较研究。① 艾伦·麦克法兰是基思·托马斯的学生,尽管《都铎和斯图亚特时期英格兰的巫术》比《宗教与魔法的衰落》早一年出版,但麦克法兰在书中的观点受到了基思·托马斯的影响。基思·托马斯和艾伦·麦克法兰所提出的关于英格兰近代早期巫术指控的解释模式在学术界一般被称为"托马斯—麦克法兰模式"。

基思·托马斯和艾伦·麦克法兰的观点带有英国社会人类学的功能主义色彩,认为巫术控告可以在某种程度上允许共同体的成员发泄不满和敌对的情绪,缓解社会的紧张关系,并维护社会价值。因此,巫术指控不会发生于关系密切的人之间,也不会发生于完全陌生的人之间,因此巫术指控和亲疏关系之间的关系呈曲线形变化。在英格兰地区,邻居之间的紧张关系更容易导致巫术指控的发生,相互之间的争吵、借贷,甚至过分殷勤的行为都容易引发日后的指控;而亲戚关系(包括姻亲关系)在巫术指控中不具有显著的影响。②

心理学家托马斯·舍尼曼(Thomas J. Schoeneman)建立了一个模型来解释 16、17 世纪欧洲的猎巫。这个模型包括四个过程:(1)文化解体(Cultural disorganization),(2)再定位和恶魔崇拜的发展(Reorientation and the development of a demonology),(3)猎巫(Witch finding),(4)衰落(Decline)。其中,文化解体包括:生态变迁(例如气候的变化),自然灾难(例如瘟疫、饥荒、灾难性的暴风雨、洪水和地震),战争,以及由经济、政治和思想原因引起的各种内部冲突。12 至 18 世纪西欧正处于一个文化解体的阶段,在这个过程中,逐步发展出了恶魔崇拜理论,通过 16、17 世纪的猎巫来缓解解体过程中的压力。猎巫作为缓解压力的方法有其优点:(1)在一个充满了不确定和恐惧的时代,猎巫是一种可见的、具体的行动;(2)它使人们相信一切灾害的发生都不是因为个人,而是因为其他人的阴谋;(3)它通过一种直接参与的方法来疏解人们普遍的敌意、愤怒,甚至是罪恶感;

---

① Macfarlane, A., *Witchcraft in Tudor and Stuart England*.
② Ibid., pp.168-176.

(4)猎巫是一种可以让人摆脱令人不适的、不能维系的关系,而不会产生罪恶感的方式。但是猎巫是一种否定性的方式,它不能提供最终的缓解,而只能增加紧张和文化解体。① 托马斯—麦克法兰模式符合舍尼曼所认为的"猎巫是一种可以让人摆脱令人不适的、不能维系的关系,而不会产生罪恶感的方式"。这种解释部分适用于英格兰的情况,因为巫术指控频繁地出现在英格兰的农业发达地区,且英格兰的指控几乎不包括恶魔行径。

基思·托马斯坚信,"有详细文献资料的巫术案例中的绝大部分都落入这样一个简单的模式"。② 但是托马斯本人也认识到由于原因"只能从那些拥有充分详细的口供书和小册子记录的案子中去寻找",而"大部分诉状中所留下的证据太少",因此这一理论并不能"适用于该时期中发生的任何巫术指控",在统计意义上并不具有代表性。③ 而且,我们还必须注意到并不是所有的案子都被提交到法庭,有一些案子"仍然成为乡村中酒后饭余的谈资"。④

《宗教与魔法的衰落》出版后获得了很大的赞誉,被认为"开启了历史研究的新领域",托马斯将魔法和巫术作为社会学的问题进行研究,因此这本书是社会史的研究,而非传统的思想史研究,而后者是威廉·爱德华·莱基(William Edward Hartpole Lecky)和亨利·查尔斯·利(Henry Charles Lea)的研究路径。⑤ 唐·汉德尔曼(Don Handelman)评论道:"托马斯对丰富资料的熟练使用,对证据的仔细整理,以及他的功能主义对于交织于宗教和魔法信仰体系之间的相互依赖和张力的敏锐,这些使得他的著作在一定程度上成为那些对于人类学家有着重要意义的社会史著作中的里程碑。"⑥

基思·托马斯的《宗教与魔法的衰落》对意大利(卡洛·金斯伯格为意大利文版写了序言)和匈牙利的巫术研究很有影响。⑦ 但是,《宗教与魔法的衰落》在法国和德国没有引起足够的重视,那儿的历史学家更关注恶魔崇拜

---

① Schoeneman, T. J., "The Witch Hunt as a Culture Change Phenomenon", *Ethos*, Vol.3, No.4, Winter, 1975, pp.529-554.
② 基思·托马斯:《巫术的兴衰》,第 426 页。
③ 同上书,第 425、442 页。
④ 同上书,第 304 页。
⑤ Monter, E. W., "Review: Religion and the Decline of Magic by Keith Thomas", *The Journal of Modern History*, Vol.44, No.2, Jun., 1972, p.263.
⑥ Handelman, D., "Review: Religion and the Decline of Magic by Keith Thomas", *American Anthropologist*, New Series, Vol.75, No.4, Aug., 1973, p.1028.
⑦ Barry, J., "Introduction: Keith Thomas and the Problem of Witchcraft", Barry, J. et al., eds., *Witchcraft in Early Modern Europe: Studies in Culture and Belief*, Cambridge University Press, 1996, p.18.

的形成和巫术观念的历史,它是如何反映在当时知识阶层的著作中的,以及它与当时的司法和文化实践的关系。① 托马斯并不认为英格兰的巫术是大众的恶业恐惧和知识阶层的恶魔崇拜的融合,他认为在英格兰占主导地位的仍然是对恶业的恐惧,而非欧洲大陆的恶魔崇拜的观念。而罗宾·布里吉斯和沃尔夫冈·贝林格(Wolfgang Behringer)则敏锐地指出,托马斯关于恶业恐惧的观念和托马斯—麦克法兰模式能够广泛地应用于欧洲大陆的事实,可以解释大规模的猎巫。同时,对于波罗的海地区和东欧地区巫术的研究也表明,在那儿引发猎巫的仍是恶业观念。② 基思·托马斯研究巫术史的路径也影响到了美国的历史学家。保罗·博耶(Paul Boyer)和斯蒂芬·尼森鲍姆(Stephen Nissenbaum)在《着魔的萨勒姆》(Salem Possessed, 1974)一书中,利用人类学尤其是英国功能主义学派的理论来研究 1692 年美国萨勒姆巫术案。博耶和尼森鲍姆通过分析不同团体中的亲属网络和婚姻纽带,来展现这些纽带是如何联系或区分参与者的。③

基思·托马斯的《宗教与魔法的衰落》出版后,学术界对巫术史的研究有了很大的发展。1991 年,学界举办了一个学术会议,纪念《宗教与魔法的衰落》问世二十周年,1996 年出版了论文集,这些论文以托马斯的著作为研究起点,反映了二十五年来(主要是英语世界)的研究发展状况。④ 面对这些建议和批评,托马斯认为:

> 尽管我必须坦白地说,整体而论,我不认为后来对该课题的研究在多大程度上是验证了或者驳倒了我。但是,有一点倒是真的,那就是《宗教与魔法的衰落》是那个时代的产物。它反映了当时人们所能接受的应时的假设,而这些假设已经有了变化。我可以说,如果完全重来,我不会以同样的方式来写这本书。⑤

对于《宗教与魔法的衰落》有着诸多的讨论,这里我主要关注于托马斯在其中所使用的人类学方法和由此得出的功能主义结论。

---

① Barry, J., "Introduction: Keith Thomas and the Problem of Witchcraft", *Witchcraft in Early Modern Europe*, p.17.
② Ibid., pp.18-19.
③ Boyer P. et al., *Salem Possessed: The Social Origins of Witchcraft*, Harvard University Press, 1974.
④ Barry, J. et al., eds., *Witchcraft in Early Modern Europe*.
⑤ 玛丽亚·露西娅·帕拉蕾丝-伯克编:《新史学:自白与对话》,第 116 页。

（一）人类学方法

基思·托马斯认为研究大众信仰有三种方法：功利主义的、功能的和象征的，他将功能的方法描述为"将重要性放在该信仰有益于社会的结果上，而不管其内在的优点"。① 根据功能主义的方法，大众信仰为生活中无法解释的事情提供了一种有意义的解释。托马斯认为，大众信仰只有放在焦虑、不幸和内疚之间的紧密关系的语境中才能得以解释，而魔法的衰落也正是由于个人经验和价值之间的这种联系的断裂。② 最后，托马斯提到了"象征的"方法，例如"为了理解为什么盐被撒落是不吉利的，就必须首先知道盐对于当时的人们来说象征着什么"；他也提到了列维-斯特劳斯所倡导的结构人类学的方法，即必须将大众信仰作为一个广泛体系或者文化分类的语言体系的一部分来分析，例如"只有将'盐'的概念置于这一体系中才能发现撒落盐的意义"。③ 但是，托马斯认为这种方法是有局限性的，"应用于文化上统一的原始民族时是成功的，但是在处理如16、17世纪的英国这样错综复杂的社会时，是否能取得进展则令人怀疑"。④

在这三种方法中，基思·托马斯主要是运用社会人类学的功能主义（尤其是埃文思-普里查德对阿赞德地区巫术的经典著作）来分析英格兰近代早期的大众信仰，这是基思·托马斯历史人类学研究的特色，同时这也成了他遭到质疑的一个主要方面。⑤ 托马斯认为，魔法的存在是因为"人类的热望和他控制环境的有限性之间的技术差距"，16、17世纪英格兰的魔法都是非常实际的：

> 如果当时的医生更便宜或更成功，人们不可能去找魔咒师。如果警力能够追踪被窃的财产，人们不会求助于术士。如果教会能够满足所有实际的需求，将不会有巫师。⑥

---

① 基思·托马斯：《巫术的兴衰》，第509页。
② Barry, J., "Introduction: Keith Thomas and the Problem of Witchcraft", *Witchcraft in Early Modern Europe*, p.4.
③ 基思·托马斯：《巫术的兴衰》，第510页。
④ 同上书，第511页。
⑤ 基思·托马斯自己也承认，他写作《宗教与魔法的衰落》时主要受到的是英国社会人类学的功能主义的影响；尽管当时列维-斯特劳斯的结构主义已经出现，但托马斯并没有受此影响，他后来坦承这是"缺陷"。（玛丽亚·露西娅·帕拉蕾丝-伯克编：《新史学：自白与对话》，第107页）
⑥ Thomas, K., "An Anthropology of Religion and Magic, II", *Journal of Interdisciplinary History*, Vol.6, No.1, Summer, 1975, p.101.

而魔法信仰的作用是用来"说明日常生活中本来无法解释的不幸……如果没有更为明显的解释,那么一切都可以归咎于某个恶毒邻居的影响。"①事实上,托马斯并没有意识到,其实魔法并不是为了解释不幸,而是为了解释不幸发生的偶然性。因此,技术的缺失并不足以说明魔法的兴盛。

布莱恩·哥本哈维(Brian P. Copenhaver)认为托马斯著作的最大的缺陷是过度依赖功能主义的解释,这一方面是由于他深受埃文思-普里查德的影响,另一方面是由于他对思想史研究方法的不信任。人类学家由于缺乏土著部落的历史资料,因此强调功能主义的解释;而对于托马斯来说,他有着大量的历史资料,而他也确实在书中大量使用了这些资料,因此他完全可以尝试其它的解释,例如内容分析(content analysis)的研究方法。②乔纳森·巴里(Jonathan Barry)也指出,在《宗教与魔法的衰落》出版时,英国人类学已经将注意力从与非洲的比较转移到欧洲内部的比较,例如卡洛·金斯伯格重建了巫术的欧亚萨满教根源。③

在托马斯之后,历史人类学本身也有了很大的发展。新一代的人类学从社会学转向语言学和哲学,关注"语言和象征决定人类理解和行为的方式",他们的目标是"重建人类将概念秩序强加在外部世界的各种方式"。④希尔德雷德·格尔兹(Hildred Geertz)认为,在概念化被研究者的经验的方式和概念化学者研究这些被研究者的经验的方式之间存在着很大的不同。因此,"魔法"仅仅是一个标签,当人们使用魔法时并不会"考虑无效的技术,或仅仅是平息焦虑的安慰剂",而其他人则将魔法界定为"不敬的、异端的、恶魔的或欺骗性的"。因此,一种特殊的观念或态度是否被近代早期英格兰人定义为魔法,主要取决于"由谁界定",而标签的说服力主要取决于"隐藏其后的权威的力量"。⑤格尔兹反对使用"魔法"和"宗教"这样的术语,因为"今天的科学家和神学家都是否定地和轻蔑地使用'魔法'这个术语的",将魔法实践贬斥为"非理性或毫无用处的";托马

---

① 基思·托马斯:《巫术的兴衰》,第 404—405 页。
② Copenhaver, B. P., "Review: Religion and the Decline of Magic by Keith Thomas", *Church History*, Vol.41, No.3, Sep., 1972, p.423.
③ Barry, J., "Introduction: Keith Thomas and the Problem of Witchcraft", *Witchcraft in Early Modern Europe*, p.7.
④ Thomas, K., "An Anthropology of Religion and Magic, II", *Journal of Interdisciplinary History*, Vol.6, No.1, Summer, 1975, p.92.
⑤ Geertz, H., "An Anthropology of Religion and Magic, I", *Journal of Interdisciplinary History*, Vol.6, No.1, Summer, 1975, pp.73-75.

斯沦为了语言的受害人,因为语言"反映了我们社会官方的偏见"。①事实上,托马斯也意识到了"巫术"有时是宗教派别斗争中的标签,托马斯在《社会人类学对英格兰巫术的历史研究的适用》中,将巫术定义为"使用(或假定使用)一些超自然方式有害于他人,这些方式通常被社会大众所谴责",之后他又补充道:"一位新教徒成功祈求上帝摧毁英国教会的天主教敌人,在他的同道看来并不是巫术;而一位天主教徒做同样的事,可能会被新教徒视为巫术。"②但是遗憾的是,托马斯并没有深入研究标签背后的语境。

托马斯认为格尔兹的批评适合于跨文化研究,而他自己写作的是英国史,使用的是与近代早期人们相同的语言。对于"魔法"和"宗教"这两个概念,他引用埃文思-普里查德的话反驳道:"术语仅仅是标签,它有助于我们将同类的事实从不同或部分不同的事实中区分出来。如果标签没有帮助,我们可以丢弃它们。没有这些标签,事实并不会不同。"③可见,托马斯仍抱着功能主义的信条,对新的人类学发展没有足够的重视。爱德华·汤普森也认为,托马斯对文学理论(文本分析)不够重视。④

当然,必须指出的是,托马斯的著作是20世纪六七十年代历史人类学的产物,受到那个时代人类学的影响,因此我们不能以此苛求他,必须承认《宗教与魔法的衰落》无论在巫术史还是历史人类学领域都是伟大的经典之作。

(二) 托马斯—麦克法兰模式

尽管托马斯在书中列举了大量的例子,但是由于缺乏对具体案例的分析,这成了他这本书的一个主要缺点。⑤这也导致了很多学者对托马斯—麦克法兰模式的普遍性的质疑。托马斯—麦克法兰模式并不能解释英格兰所

---

① Geertz, H., "An Anthropology of Religion and Magic, I", *Journal of Interdisciplinary History*, Vol.6, No.1, Summer, 1975; Thomas, K., "An Anthropology of Religion and Magic, II", *Journal of Interdisciplinary History*, Vol.6, No.1, Summer, 1975, p.91.
② Thomas, K., "The Relevance of Social Anthropology to the Historical Study of English Witchcraft", *Witchcraft Confessions & Accusations*, p.68.
③ Thomas, K., "An Anthropology of Religion and Magic, II", *Journal of Interdisciplinary History*, Vol.6, No.1, Summer, 1975, pp.96-97; Evans-Pritchard, E. E., *Witchcraft, Oracles and Magic among the Azande*, Oxford University Press, 1937, p.11.
④ Thompson, E. P., "Anthropology and the Discipline of Historical Context", *Midland History*, Vol.1, No.3, 1971, pp.49-51.
⑤ Barry, J., "Introduction: Keith Thomas and the Problem of Witchcraft", *Witchcraft in Early Modern Europe*, p.10.

有的问题;当应用于欧洲大陆和苏格兰的情况时,更是捉襟见肘。①

埃里克·米德尔福特(Erik Midelfort)认为托马斯的论点"低估了一个可能性,即很多英格兰村民很可能已经转向了黑魔法,因此指控可能不仅仅是由于内疚和憎恶的主观情绪。可以确定,一些人的确试图施行有害的魔法来反对他们的邻居。并不是所有的审判都是因为对施舍的拒绝。"②

有一些学者认为近代早期乡村存在着更大范围的社会紧张,而非简单的对邻居请求帮助的拒绝。③ 例如,安娜贝尔·格雷戈里(Annabel Gregory)对英格兰南部拉伊(Rye,位于苏塞克斯郡)的一例巫术审判的研究表明,托马斯—麦克法兰模式并不适用于当地的情况,主导这项巫术诉讼的主要是政治派系斗争。④ 很多学者认为,托马斯将注意力放在了乡村之间和个人之间(控告者/被控告者)的关系上,而忽略了社会普遍的关系,尤其是派系间的斗争。这形成了托马斯与历史学家克里斯蒂纳·拉娜(Christina Larnar)之间的区别,后者强调巫术是16、17世纪意识形态斗争和知识阶层关注的产物,统治者在受到威胁时将自己界定为神圣的,而将对手斥责为邪恶的。而在一些个案的研究中,一些学者甚至认为有时是政治上或经济上的成功,而非贫穷,引发了他人对其的指控。例如罗滕堡(Rothenburg)的女巫阿波罗尼亚·格雷特(Appolonia Glaitter)相对富有,而起诉她的科兰克(Klenckhs)家的经济条件则相对比较差,他们将阿波罗尼亚经济上的成功归因于巫术,而且在这个案例中阿波罗尼亚是个乐于助人的人。⑤当然,不可否认的是,大多数受指控的人是穷人。托马斯和麦克法兰可能是最早注意到猎巫中阶级因素的学者,但是在托马斯那儿控告者和被告并不是富人或中产者和穷人,而是较穷者和极穷者。⑥

另有学者提出,理解欧洲巫术信仰和猎巫的历史的一个重要的维度是建立公共和私人领域之间的界线,而这有赖于教会和国家在分裂的社会中

---

① 参见克里斯蒂纳·拉娜:《巫术与宗教》,刘靖华、周晓慧译,今日中国出版社,1992年,第60页;Levack, B. P., "The Great Scottish Witch Hunt of 1661-1662", *The Journal of British Studies*, Vol.20, No.1, Autumn, 1980, p.102.
② Midelfort, H. C. E., "Review: Religion and the Decline of Magic by Keith Thomas", *Journal of the American Academy of Religion*, Vol.41, No.3, Sep., 1973, p.434.
③ Rowland, A., "Witchcraft and Old Women in Early Modern Germany", *Past and Present*, No.173, 2001, pp.70-71.
④ Gregory, A., "Witchcraft, Politics and Good Neighbourhood in Early Seventeenth-Century Rye", *Past and Present*, No.133, Nov., 1991, pp.31-66.
⑤ Rowland, A., "Witchcraft and Old Women in Early Modern Germany", *Past and Present*, No.173, 2001, pp.73-77.
⑥ 基思·托马斯:《巫术的兴衰》,第438页。

加强思想和道德统一中不断变化的位置。托马斯着重于巫术指控的个人方面,而忽略了对公共领域方面的研究,例如巫术与社会性别之间的关系。①

马里恩·吉普森(Marion Gibson)将英格兰的巫术小册子区分为两种类型:法律文本和叙述小册子。前者完全使用司法资料,根据司法语境写作,人物包括审问的法官、回答问题的女巫和记录的书记员;后者基本上是根据第三者的叙述,它由小册子的作者创作,报道法庭上的事件,为读者讲述故事。1590年之前,几乎所有的关于女巫故事的小册子都展示了女巫为所遭受到的伤害和侮辱进行报复以及巫术指控者对帮助的拒绝。这符合托马斯—麦克法兰的模式。而在1590年之后的大部分小册子中,巫术受害者被塑造成完全无辜的,他们否认曾经激怒女巫,这与托马斯—麦克法兰模式相矛盾。② 显然,我们在巫术小册子中读到的是一个创作的故事,而非对"真实事件"的记录。而1590年之前的小册子所反映的托马斯—麦克法兰模式,也仅仅是一种叙述原型,使得指控者在法庭只要引用这类原型就能保证判决的结果。

尽管对基思·托马斯在巫术研究中所使用的人类学方法和由此得出的功能主义结论有着诸多的讨论,但不可否认的是,托马斯利用历史人类学的方式分析了大量的历史资料,这在当时仍然是开创性的工作。托马斯的著作至今仍然对学术界有着巨大的影响,仍是巫术史研究的里程碑,正如基思·托马斯的导师克里斯托弗·希尔(Christopher Hill)所评价的:"也许这是过去一代中所发表的使我们了解英国文化史——实际上也是简单的英国历史——的最重要作品。"③

---

① Barry, J., "Introduction: Keith Thomas and the Problem of Witchcraft", *Witchcraft in Early Modern Europe: Studies in Culture and Belief*, pp.35-41.
② Gibson, M., "Understanding Witchcraft? Accusers' Stories in Print in Early Modern England", Clark, S., ed., *Languages of Witchcraft: Narrative, Ideology and Meaning in Early Modern Culture*, St. Martin's Press, 2001, pp.43-44, 47-48, 51.
③ 基思·托马斯:《巫术的兴衰》,译者序第1页。

第七章　社会史与历史人类学

历史学家彼得·伯克曾在《近代早期意大利的历史人类学》一书中指出了历史人类学区别于传统的社会史的五个特点：

（1）社会史在定量证据的基础上试图描绘普遍的趋势；而历史人类学依赖质性的证据，关注特定的案例。

（2）社会史描绘大众的生活；而历史人类学通常是微观的，聚焦于小的团体。

（3）社会史提供趋势的因果解释，而当时的人是无法意识到这些趋势，也无法理解这些因果解释的；而历史人类学运用格尔兹的"深描"，依据特定社会自身的准则和范畴来解释社会中的相互关系。

（4）区别于传统的文化史和社会史，历史人类学关注于日常生活中的象征。

（5）社会史直接或间接地受到卡尔·马克思和马克斯·韦伯的影响，而历史人类学的理论来源于涂尔干（通过范热内普关于过渡仪式以及马塞尔·莫斯关于礼物交换的研究产生影响）、格尔兹、维克多·特纳以及皮埃尔·布尔迪厄等。①

但是，彼得·伯克同时也指出，不应夸大这些不同："研究过去的定量和质性、微观和宏观的方法是（或至少应该是）相互补充的，而非相互矛盾的，因为案例研究需要显示大的趋势是如何影响个人生活的，而统计分析必须表明讨论的案例确实是典型的。"②

赵世瑜教授指出，历史人类学与作为方法论的社会史本质上是没有

---

① Burke，P.，*The Historical Anthropology of Early Modern Italy*，Cambridge University Press，1987，pp.3-4.
② Ibid.，p.4.

区别的。① 可见,作为历史学的社会史研究也受到了人类学的影响。汉斯·梅迪克指出:

> 文化和文化表达从其自身的解释角度而言,不能简单地理解为一个规范(norms)、象征(symbols)和价值(values)的系统……相反,从社会和文化人类学的角度而言,它们必须被视为经验、社会关系及其转化的主动表达和构建。我将文化规范和表达方式视为历史动力。它们呈现在历史事件中形成的期待、行动方式及其结果,这如同在阶级、权威和经济关系的社会领域中的结构。②

在这里,我主要讨论两位历史学家(埃里克·霍布斯鲍姆和爱德华·汤普森)、两个受到人类学影响的社会史研究领域(家庭史研究、日常生活史)、一个研究视角(微观史)以及一本著作(里斯·艾萨克的《弗吉尼亚的变迁》),并在最后对历史社会学和历史人类学做一个简单的比较。

一、埃里克·霍布斯鲍姆

埃里克·霍布斯鲍姆很早就关注着英国社会人类学对历史学的影响,他在1978年的一篇文章中如此评述:

> 在英国,社会人类学是社会科学中至关重要的学科,至少是唯一一门能让一些历史学家(包括我自己)抱有持续的兴趣并不断从中获益的学科。不仅仅是埃文思-普里查德,而且是所有这类学者,马克斯·格拉克曼和他的团队,所有的社会人类学家,他们在某种意义上指导或激励我们,尽管我认为很少有历史学家全盘接受社会人类学家的模式。的确,我们经常批评他们缺乏历史发展的视角。然而,一个社会及其相互作用(包括精神的相互作用)是一个有着巨大启发性

---

① 赵世瑜:《小历史与大历史——区域社会史的理念、方法与实践》,生活·读书·新知三联书店,2006年,第369页。
② Medick, H., "'Missionaries in the Row Boat?' Ethnological Ways of Knowing as a Challenge to Social History", *Comparative Studies in Society and History*, Vol.29, No.1, Jan., 1987, pp.88-89.

的概念。①

早在 1956 年,霍布斯鲍姆受英国人类学家马克斯·格拉克曼的邀请在曼彻斯特大学做了三次讲座,参与讨论的有历史学家、人类学家、经济学家和政治学家,讲座的内容后来以《原始叛乱者》(Primitive Rebels)为名于 1959 年出版。②《原始叛乱者》的主题是"社会骚乱的'原始的'或'古老的'形式:罗宾汉类型的匪徒、乡村的秘密会社、各种千禧年类型的农民革命运动、前工业时期城市'暴徒'及其骚乱、工人宗教派别以及仪式在早期工人和革命组织中的运用";研究的时间和空间范围是"法国大革命后的西欧和南欧(尤其是意大利)"。③ 霍布斯鲍姆认为他在书中研究的社会运动既不属于古代中世纪的类型(诸如奴隶叛乱、农民起义、异端等),也不属于现代的类型(18 世纪后期之后西欧的工人和社会主义运动等),因为尽管这些社会运动出现在 19、20 世纪,但它们仍是"原始的""前政治的","它们代表了革命组织的一种早期的、不完善的形式",它们无法适应现代资本主义经济,通常也很难转化为现代社会运动。④

霍布斯鲍姆曾表示,他对匪徒的研究受到了社会人类学的影响。他认为,这类研究需要三个步骤:确定"病征";构建一个模型;找出是否有独立的证据证实这些推测。霍布斯鲍姆认为其中最难的是第一个步骤:

> 因为它依赖于历史学家的先有知识(prior knowledge),关于社会的理论,有时是他的预感、直觉或自省,并且通常他自己并不清楚是如何做出这些最初选择的。至少我并不清楚,尽管我竭力想弄明白我所做的。例如,人们依据什么挑选诸多不同的社会现象,并将它们归入"原始叛乱"这一类别——你可能称之为前政治的政治:匪徒、城市骚乱、某些秘密会社、某些千禧年或其它派别等?我最初的确不知道。为什么我在众多其他我可能会注意到的事情中(其中一些我显然没有注意到)注意到农民运动中服饰的意义,服饰作为阶级斗争的一个象征,

---

① Hobsbawm, E., "British History and the Annales: A Note", On History, Abacus, 1998, p.243.
② Hobsbawm, E., Primitive Rebels: Studies in Archaic Forms of Social Movement in the 19th and 20th Centuries, Manchester University Press, 1971, p.v.
③ Ibid., p.1.
④ Ibid., pp.1-2, 5-9, 173.

如同戴不同帽子的西西里岛人之间的敌意,或者如玻利维亚农民起义中攻占城市的印第安人强迫城市居民脱掉长裤换上农民的(即印第安的)装束？服饰作为叛乱自身的象征,当1830年的农业工人穿着节日服装向乡绅行进时,这显示他们并不是处于与劳动等同的普通的压迫状态,而是处于与节日和游戏等同的自由状态？我不知道,这种无知是危险的,因为它可能使我不自觉地将我当代的假设引入模型中,或者是忽略某些重要的东西。①

霍布斯鲍姆在最后一章"社会运动的仪式"中认为,这些社会运动中存在着大量的仪式,这些仪式包括：入会仪式、定期集会的仪式、操作性的仪式(秘密的识别符号,如握手、口令、符号、暗号)以及象征。② 霍布斯鲍姆认为这些仪式的存在同时也说明这些社会运动是"原始的",它们在1789年至1848年大量出现,但随着这些社会运动转化为无产阶级革命与现代工人和社会主义运动,仪式便消失了。③ 霍布斯鲍姆这种对仪式的关注显然是受到了社会人类学的影响。

1970年,埃里克·霍布斯鲍姆在《从社会史到社会的历史》一文中,探讨了战后社会史的写作。英国过去的社会史主要研究社会运动、各种人类活动(礼仪、习俗、日常生活)和经济史。④ 而之后社会史转变为社会历史的写作,这在很大程度上是受到社会科学的影响。霍布斯鲍姆认为,"社会史自1950年后受到其它社会科学的专业结构、它们的方法和技术以及它们的问题的塑造和激励",同时来自不同学科的学者在研究社会历史问题时进行合作,例如,对千禧年现象的研究就集中了来自人类学、社会学、政治学、历史学、文学和宗教学的学者。⑤ 霍布斯鲍姆认为,社会学和人类学"提供我们特定的视野、由可以不同方式变换和组合的元素组成的可能结构的模式","也能提供我们有用的隐喻、概念或术语,或者为我们整理材料提供有用的帮助"。⑥ 当然,霍布斯鲍姆也注意到社会学和人类学在历史学应用中的问题,它们排斥历史,即社会的变迁,例如结构—功能主义尽管是有用的模型,它说明诸社会的共同点,但历史学关注它们的不同。⑦ 霍布斯鲍姆

---

① Hobsbawm, E., "On History from Below", *On History*, pp.282-283.
② Hobsbawm, E., *Primitive Rebels*, pp.151-152.
③ Ibid., pp.162, 172-173.
④ Hobsbawm, E., "From Social History to the History of Society", *On History*, pp.94-95.
⑤ Ibid., pp.100-101.
⑥ Ibid., p.103.
⑦ Ibid., pp.103-104.

将 20 世纪 50 年代之后社会史关注的主题概括如下：

(1) 人口统计学和亲属关系
(2) 城市研究
(3) 阶级和社会群体
(4) 人类学意义上的"心态史"、集体意识的历史或"文化史"
(5) 社会的转变（例如现代化或工业化）
(6) 社会运动和社会抗议现象①

其中第四类的社会史显然受到人类学的影响，霍布斯鲍姆将法国历史学家乔治·勒费弗尔（Georges Lefebvre）的《大恐慌》（*Grande Peur*）、爱德华·汤普森关于前工业时期英格兰"道德经济"的概念和他自己对于匪徒的研究归于这一类。②

二、爱德华·汤普森

1976 年，爱德华·汤普森（E. P. Thompson）在印度的一场讲演中表达了他对历史学与人类学的看法。汤普森认为，对历史学家而言，人类学的影响"不在于模型建构，而是在于寻找新的问题，用新的方式看待老的问题，强调规范（或价值体系）和仪式，关注骚乱形式的表达功能，以及权威、控制和霸权的象征表达"。③ 汤普森对人类学的关注，主要源于他将马克思主义史学从经济史转向了社会史。汤普森认为应摆脱经济基础与文化的上层建筑之间绝对的对立，他写道：

> 人类学家（包括马克思主义人类学家）坚持，在描述原始社会的经济时不考虑亲属体系（这些社会正是据此构成的）与亲属义务和互惠（这些为规范和需求所支持和加强）是不可能的。同样，在更为先进的社会中，同样的对立也是无效的。在不涉及权力和统治的关系、使用权或私有制的概念、生产方式的规范和需求的情况下，我们无法用"经济

---

① Hobsbawm, E., "From Social History to the History of Society", *On History*, p.110.
② Ibid., p.117.
③ Thompson, E. P., "History and Anthropology", *Making History: Writings on History and Culture*, The New Press, 1994, p.201.

的"术语描述封建的或资本主义的社会。①

汤普森对18世纪英国社会史的研究就深受社会人类学的影响,关注于仪式和节日(如买卖妻子、大声喧哗)等,这一倾向体现在了《共有的习惯》(Customs in Common)一书中。《共有的习惯》是1991年出版的论文集,其中的论文大多写于20世纪七八十年代。汤普森认为,在18和19世纪时"习惯"大致相当于"文化",而文化是"一种具有意义、态度和价值的体系,以及能把它们包含在其中的象征性的形式"。② 但是,汤普森认为文化不仅仅处于"意义、态度和价值"的静态的人类学观念之中,而且"处在一种特别的社会关系的均势中,一种剥削和抵制剥削的工作环境和被家长制和服从的礼仪所隐蔽的权力关系中"。③ 因此,汤普森与传统人类学家不同,他不将文化视为一种认知体系,而是"协商的过程",因此文化既是"接受的"也是"制造的";在辩证过程中,"文化形塑政治、社会和经济,而这些也形塑了文化","他们的历史是结构和人的能动性相互作用的结果"。④ 这种观点在《英国工人阶级的形成》(The Making of the English Working Class,1963)中得到了很好的体现,汤普森在开篇就指出:

> 这本书的书名长一点,但能够很好地表达本书的宗旨。我使用"形成"(making),因为这是一个在动态过程中进行的研究,其中既有主观的因素,又有客观的条件。工人阶级并不像太阳那样在预定的时间升起,它出现在它自身的形成中。⑤

尽管汤普森倡导历史学与人类学的结合,但是他认为在使用人类学方法时必须注意"历史语境",他反对不加考察地将"来自一种完全不同社会的文化的范畴"运用于历史学研究中。他在批评艾伦·麦克法兰的《拉尔夫·乔塞林的家庭生活》一书时指出:"麦克法兰的人类学训练使他提出很多有意思的问题,通常这些问题为历史学家所忽略;然而,这并不使他具有回答这些问题的能力,除非把这些问题放在历史证据的更为规范

---

① Thompson, E. P., "History and Anthropology", *Making History: Writings on History and Culture*, p.219.
② 爱德华·汤普森:《共有的习惯》,沈汉、王加丰译,上海人民出版社,2002年,第1—2、5页。
③ 同上书,第5—6页。
④ Rosaldo, R., "Celebrating Thompson's Heroes: Social Analysis in History and Anthropology", Kaye, H. J. et al., eds., *E. P. Thompson: Critical Perspectives*, Polity Press, 1990, p.108.
⑤ 爱德华·汤普森:《英国工人阶级的形成》,钱乘旦等译,译林出版社,2001年,前言第1页。

的检验中。"① 汤普森认为,这源于历史学和(社会)人类学的差异,"历史学是一门关于语境和过程的学科:每一个意义都是语境中的意义,当结构变迁时,旧的形式会表达新的功能或旧的功能会表现在新的形式中。"②

爱德华·汤普森的著作不仅影响了历史学家,也影响了人类学家,人类学家罗纳托·罗萨尔多就承认在写作《伊隆格戈人的猎头》时受到了汤普森的影响。③

三、家 庭 史

历史人类学对社会史产生影响的一个领域是家庭史的研究。由于资料的限制,家庭史的研究一直受到忽视。随着历史人类学的兴起,历史学家转而寻求社会人类学关于亲属研究的帮助,并出现了一批相关的研究成果。④ 西佛曼和格里福对此过程做了很好的描述:

> 在欧洲,历史学家和社会学家已经开始调查"过去"的家庭结构、户口组织和社会生活。拉斯来(Peter Laslett)早期的工作,将历史学家们引入亲属和家庭的领域——以往这通常是人类学家在研究当代社会时的专有领域。而这一侵犯,又导致人类学家将他们对亲属关系的专长带到"过去",学术讨论会则使人类学家和历史学家齐聚一堂,研究家户过程。当人类学家开始毫不隐讳地从社会历史和"人民历史"中找构想和刺激时,进一步的跨领域成果随之产生。⑤

---

① Thompson, E. P., "Anthropology and the Discipline of Historical Context", *Midland History*, Vol.1, No.3, 1971, p.43.
② Thompson, E. P., "History and Anthropology", *Making History: Writings on History and Culture*, p.211.
③ Rosaldo, R., "Celebrating Thompson's Heroes", *E. P. Thompson: Critical Perspectives*.
④ 例如 Herlihy, D., *Medieval Households*, Harvard University Press, 1985; Kent, F. W., *Household and Lineage in Renaissance Florence*, Princeton University Press, 1977; Klapisch-Zuber, C., *Women, Family and Ritual in Renaissance Italy*, University of Chicago Press, 1985; Plakans, A., *Kinship in the Past: An Anthropology of European Family Life 1500-1900*, Basil Blackwell, 1984; Sabean, D., *Property, Production and Family in Neckarhausen, 1700-1870*, Cambridge University Press, 1990; Segalen, M., *Historical Anthropology of the Family*, Cambridge University Press, 1986; Goody, J. et al., eds., *Family and Inheritance: Rural Society in Western Europe, 1200-1800*, Cambridge University Press, 1976; Goody, J., *The Development of the Family and Marriage in Europe*, Cambridge University Press, 1983.
⑤ 玛丽莲·西佛曼、P. H. 格里福:《历史人类学和民族志的传统》,玛丽莲·西佛曼、P. H. 格里福编:《走进历史田野》,第 24 页。

显然，人类学和历史学的结合为家庭史研究提供了一个很好的研究路径。马丁内·塞加朗（Martine Segalen）认为，人类学为家庭史研究提供了思考家庭的新知识体系和理论，如果说历史展现了家庭的历时性维度，那人类学则展现了家庭的共时性维度，即家庭在各种其他文化中的独特性。① 杰克·古迪（Jack Goody）认为历史学家对欧洲家庭史的研究都关注于西方家庭的现代性，因为西方家庭自 16 世纪以来有着明显的变化。古迪在《欧洲家庭和婚姻的发展》（*The Development of the Family and Marriage in Europe*）中采用了一个完全不同的研究视角，在时间维度上，他不像其他历史学家那样从现在回溯过去，而是探讨欧洲家庭是如何从过去发展而来的，这打破了传统和现代之间的二分法；在空间维度上，他将欧洲家庭与其他地区的家庭进行比较。古迪的这一研究视角显然得益于其人类学的研究。②

但是，学者们也意识到了两个学科的差异，例如人类学通过田野方法获得亲属结构的资料，研究家庭史的历史学家则只能通过历史记录进行研究，而"历史记录者是权威机构的工作人员，他们进行记录有着特殊的目的"。③ 尽管存在着一些问题和疑虑，但是历史学和人类学在家庭史领域的结合仍有可行性。安德雷斯·普拉坎斯（Andrejs Plakans）在《往昔的亲属关系》（*Kinship in the Past*）中通过分析家庭史研究的三个主要的资料来源——家系资料（genealogical）、居住资料（residential）和交互资料（interactional，指特殊社会活动的记录，如婚约、遗嘱或审判记录等）——说明历史文献与人类学家通过田野方法获得的资料有着相似性，同时无论是历史学家还是人类学家的任务都是利用这些零星的资料进行重构的，尽管这并不是一件容易的工作。④

四、日常生活史

在德国，20 世纪六七十年代就有学者谈论历史人类学，但是"他们的建议几乎未被理解，而且最初也很少得到共鸣"。历史人类学真正的建立要到

---

① Segalen, M., *Historical Anthropology of the Family*, Whitehouse, J. C. et al., trans., Cambridge University Press, 1986, p.6.
② Goody, J., *The Development of the Family and Marriage in Europe*, Cambridge University Press, 1983.
③ Plakans, A., *Kinship in the Past: An Anthropology of European Family Life 1500-1900*, Basil Blackwell, 1984, pp.248-252.
④ Ibid., pp.253-262.

20世纪90年代,以《历史人类学》杂志的创刊为标志,"这本杂志把从事日常生活史研究,从事包括文化史在内的社会史研究以及从事历史文化研究的各方代表人物聚在一起"。①

德国的日常生活史(Alltagsgeschichte)兴起于20世纪70年代,是反对史学的社会科学倾向的结果。② 日常生活史的目标是"通过调查日常工作、居家和游戏的物质环境,以及通过进入工作场所、家庭和家户、街坊、学校中的大众经验的内在世界(简言之,所有这些背景通常被划归为文化领域),发展一种对于普通人生活的更为质性(qualitative)的理解"。③ 因此,日常生活史关注于"被贴标签为'日常的普通人'的那些人的行动和苦难",即:

> 详细描述居住和无家可归、穿着和赤裸、饮食习惯和饥饿、人的爱和恨,他们的争吵和合作、记忆、焦虑、对未来的希望。做日常生活史不能仅仅关注于教会和国家的统治者和伟人的行为和排场。日常历史分析的中心是那些在历史中大部分无名者的生活和生存。④

日常生活史受到20世纪60年代西德的新左派、布尔迪厄的"实践论"、爱德华·汤普森和其他英国马克思主义史学家以及英美社会文化人类学的影响。⑤ 其中人类学的影响主要体现在对边缘群体(他者)的关注和微观的视角。

五、微 观 史

微观史学的研究形成于20世纪70年代的意大利,以卡洛·金斯伯格和乔万尼·列维等人为代表,他们最早使用"微观史学"(microhistoria)一

---

① 雅各布·坦纳:《历史人类学导论》,白锡堃译,北京大学出版社,2008年,第6—8页。
② Eley, G., "Foreword", Lüdtke, A., ed., *The History of Everyday Life: Reconstructing Historical Experiences and Ways of Life*, Templer, W., trans., Princeton University Press, 1995, p.vii.
③ Ibid., p.viii.
④ Lüdtke, A., "Introduction: What is the History of Everyday Life and Who Are Its Practitioners?", *The History of Everyday Life*, pp.3-4.
⑤ Eley, G., "Foreword", *The History of Everyday Life*, p.viii; Eley, G., "Labor History, Social History, Alltagsgeschichte: Experience, Culture, and the Politics of the Everyday — A New Direction for German Social History?", *The Journal of Modern History*, Vol.61, No.2, Jun., 1989.

词,来界定这种"在本质上以缩小观察规模、进行微观分析和细致研究文献资料为基础"的研究方法。① 微观史学试图建立一种微观化的历史人类学研究,因此大量借鉴人类学尤其是克利福德·格尔兹的理论和研究。② 莫里奇奥·格里包迪(Maurizio Gribaudi)把微观史考察分为三种类型:第一种类型,是对一个地方在一段较长时间内发生的事件和变化进行细致入微的考察。第二种类型,是把研究工作的注意力放到通过对行动者、客体和符号的微观考察所发现的文化形式、图像和话语上面,试图首先揭示社会事实的文化意义,代表人物是卡洛·金斯伯格。第三种类型,则集中分析"日常生活政治"中的社会实践和策略,例如乔瓦尼·列维。③

这里我以意大利微观史学的代表人物卡洛·金斯伯格的《夜间的战斗》(*The Night Battles: Witchcraft and Agrarian Cults in the Sixteenth and Seventeenth Centuries*)为例。

微观史学至少在两个方面影响了巫术史的研究。一方面,微观史学重视对法庭记录的研究。早期的巫术史研究者依赖的材料通常是猎巫者的宣传册、猎巫手册以及神职人员反对巫术的布道辞等。这些材料往往充斥着谣言和传闻,作者通常通过夸大其词来使读者相信巫术是对这个世界最大的威胁。20世纪二三十年代,塞西尔·尤恩(C. L'Estrange Ewen)首先根据审判记录(起诉书、证词、口供等)进行巫术史研究。④ 法庭的审讯材料比起猎巫者的宣传册、猎巫手册等传统史料有着明显的优势,因为审讯材料更客观地记录了巫术审判的一些情况,例如审判的地点、受审者的情况、案件的大致情况、审讯记录、审判的裁决、没收财产的清单等。尽管尤恩收集了大量的材料,并对近代早期英格兰的巫术审判进行了宏观的概述,但他并没有对个案进行微观的研究。到了20世纪六七十年代,随着微观史学的兴起,巫术史研究出现了新的研究转向,研究者通过档案材料对近代早期的巫术进行微观的个案研究。

另一方面,微观史学借助了文化人类学的研究理论和方法,尤其是格尔兹的解释人类学及其"深描"的方法。微观史学的研究与人类学的田野调查有很大的相似性,微观史家"通过历史资料的重新挖掘和整理,运用大量细

---

① 周兵:《当代意大利微观史学派》,《学术研究》2005年第3期,第93页。
② Levi, G., "On Microhistory", Burke, P., ed, *New Perspectives on Historical Writing*, Polity Press, 2001, p.102.
③ 雅各布·坦纳:《历史人类学导论》,第90—91页。
④ Ewen C. L'E., *Witch Hunting and Witch Trials: The Indictments for Witchcraft from the Records of 1373 Assizes Held for the Home Circuit AD 1559-1736*, 1929; Ewen, C. L'E., *Witchcraft and Demonianism: A Concise Account Derived from Sworn Depositions and Confession Obtained in the Courts of England and Wales*, 1933.

节的描述、深入的分析重建一个微观的个人、家族或是社区"。① 这里我们需要注意的是,基思·托马斯所借用的是英国的社会人类学。这一差别也导致了两种不同的研究路径。基思·托马斯的著作中尽管也举了各种例子,但很少对这些例子进行深入的、个案的分析,而只是作为宏观分析的例证。

卡洛·金斯伯格将微观史学运用于意大利近代早期异端和巫术史的研究,他指出"历史学家试图用不同的方式来看待旧的主题(如政治权力)和旧的证据(如审判记录)",因此"传统上被视为无意义的、不相关的或至多是不重要的奇闻异事的行为和信仰(如魔法和迷信)被作为有意义的人类经验加以分析"。② 在《夜间的战斗》一书中,金斯伯格利用丰富的档案资料(主要是宗教法庭的审判记录)研究了近代早期意大利北部的巫术信仰。

《夜间的战斗》向我们展现了16、17世纪意大利北部弗留利(Friuli)地区存在的"本南丹蒂"(*Benandanti*,意为"漫游者")信仰。"本南丹蒂"是那些出生时仍保有胎膜的人,当地村民认为"本南丹蒂"具有超能力、能够联系冥界,并能够识别巫师。他们在四季大斋日的夜里,率领一群人打击巫师,如果获胜,今年的庄稼就会丰收,否则收成就差。他们在这天夜里骑着公猪、猫或别的动物去参加秘密集会。他们的灵魂隐形游走,躯壳留在床上。

最早的案例出现在1575年,两名本南丹蒂分别是奇维达尔城(Cividale)的保罗·加斯帕鲁托(Paolo Gasparutto)和巴蒂斯塔·莫杜克(Battista Moduco)。"本南丹蒂"信仰中的集会有点像巫魔会,但他们并不崇拜魔鬼,也不背弃基督教教义。教区总代理雅各布·马拉科(Jacopo Maracco)和调查官朱利奥·德阿西斯(Giulio d'Assisi)认为这只是个夸张的故事,除此之外别无其他,很快针对加斯帕鲁托的揭发所展开的审讯就停止了。在五年以后(1580年),审讯由另一名调查官蒙泰法尔科的费里切修士(Felice da Montefalco)主持,重新开庭。费里切修士根据自己的神学理念成功地把加斯帕鲁托的口供导入了他的思路:本南丹蒂和女巫的战斗正是巫魔会,而虚妄地宣称受到神灵保佑并在某个天使的引导下作战的本南丹蒂团也是凶暴的。③ 审讯结束后,两个本南丹蒂被释放了。宣判被搁置了一年多。1581年11月26日,调查官才传令莫杜克和加斯帕鲁托到奇维达尔的圣弗

---

① 周兵:《新文化史》,复旦大学出版社,2012年,第89页。
② Ginzburg, C., "[The Possibilities of the Past]: A Comment", *Journal of Interdisciplinary History*, Vol.12, No.2, Autumn, 1981, p.277.
③ 卡洛·金斯伯格:《夜间的战斗——16、17世纪的巫术和农业崇拜》,朱歌姝译,上海人民出版社,2005年,第19页。

朗西斯科教堂去接受公开判决。在审判中,两人供词中所包含的异端邪说被详细地列了出来。两人都被赦免了革除教籍这种惩处异端的相当严厉的惩罚,只分别被判了六个月监禁。另外,他们要在年中指定的日子里按照处罚诵读主祷文,递交悔过书,其中包括四旬斋,以便获得上帝对他们曾在这些日子里犯下罪行的谅解。不久,连这种处罚也被赦免了,条件是两个本南丹蒂必须在城里待满两周时间。就在同一天,判决宣布之后,他们"当着所有在场人的面"庄严发誓弃绝原先的谬见歧途。①

显然,本南丹蒂所描述的聚会与传统中穷凶极恶的巫魔会存在着明显的差异,"前者没有对魔鬼(实际上没有丝毫证据能证明其存在)效忠宣誓,没有发誓背弃对上帝的信仰,没有践踏十字架,也没有玷污圣礼,而这些都是后者的明确特征"。② 然而,经过半个世纪的发展,本南丹蒂的信仰却向已经存在的模式——巫魔会——靠拢。最终,1649年一个名叫米凯莱·佐佩(Michele Soppe)的"本南丹蒂"在供词中供述了"巫魔会"的情节。③ 正是在这个时候,意大利弗留利地区逐步将"本南丹蒂"融入典型的"恶魔崇拜"之中,而米凯莱·佐佩是第一个承认魔鬼契约、像巫师一样在巫魔会上敬拜魔鬼的"本南丹蒂";正是在这个案例中,"本南丹蒂"和巫师的界线消失了。对于宗教法庭而言,要么是"恶棍",要么是巫师,本南丹蒂必须在两者中选一;对于普通人而言,所有人都认为米凯莱·佐佩是一个巫师;最终佐佩自己也承认与魔鬼有过誓约,弃绝基督和基督教信仰,还杀死了三个孩子。④

《夜间的战斗》尽管是一本微观史著作,但金斯伯格试图通过微观个案研究,以展现整体和宏观场景。金斯伯格通过弗留利地区关于"本南丹蒂"的微观案例,至少展现了两个宏观的问题。第一,金斯伯格试图表明近代早期精英文化和大众文化之间的张力。民间信仰在官方的影响下被重新界定,并纳入精英文化(恶魔崇拜),而逐渐丧失了最初农业崇拜的因素。第二,金斯伯格将本南丹蒂信仰放在更大的范围内加以考察,他认为有关巫魔会的观念来自两个因素:精英文化(崇拜魔鬼的敌对派别)和大众文化(亡灵的游行),两者在中世纪晚期的阿尔卑斯山地区得到了融合,而且由于裁判官的介入而得以广泛传播。

---

① 卡洛·金斯伯格:《夜间的战斗》,第23—26页。
② 同上书,第7页。
③ 同上书,第194—195页。
④ 同上书,第164、193、207页。

六、《弗吉尼亚的变迁》

澳大利亚历史学家里斯·艾萨克(Rhys Isaac)的《弗吉尼亚的变迁》(*The Transformation of Virginia*, 1982)一书是运用人类学方法的社会史著作。艾萨克直陈该书有两个目的:"理解革命时期生活在切萨皮克湾(Chesapeake Bay)和蓝岭(Blue Ridge)之间独特文化地区的所有种族和宗教人群";"寻求理解过去人群的概念和方法并对人文社会科学做一点点贡献"。[①] 艾萨克所寻求的方法就是历史人类学的方法,他在该书的最后一章中专门谈论了方法的问题。

艾萨克认为,民族志(人类学的分支,旨在解释不同的诸文化)为社会史学者"重构过去人群的独特心态"提供了方法和概念,而这些方法和概念有助于"理解和解释陌生社会和意义体系"。[②] 尽管历史学家无法像人类学家那样对研究对象进行直接观察和询问,但有一种方法接近于人类学家的田野笔记,即记录过去人们行为的文献。艾萨克认为,"寻找出这些行为对参与者所包含和传达的意义是民族志历史学的核心"。[③] 艾萨克将"行为"(action)视为"陈述"(statement),他认为历史人类学的工作就是"收集这些行为—陈述,并着手解释他们","经过对语境、结构和意义的解释,我们可以在某种意义上重构参与者所经验的世界"。[④] 我们发现,艾萨克的"行为—陈述"与格尔兹"将行为视为文本"的观点很接近,而且两者都试图通过阅读和解释文本(或陈述)的方法来寻找行为的意义。

艾萨克的人类学方法还与戏剧艺术分析(dramaturgical analysis)相结合。艾萨克将社会生活视为"一组复杂的表演",其中布置、道具、服装、姿势和角色等都包含"共享的意义",这些"共享的意义"一方面限制了演员,另一方面也使得进行有效交流成为可能。[⑤] 通过结合人类学和艺术的方法,艾萨克"试图构建一种理解往昔'舞台'上的'演员'所经验的生活的民族志历史学,每个人通过表达'演剧'性质的独特概念的方式扮演自己的角色,并对其他角色做出反应"。因此,民族志历史学的目的在于"有效的表演",

---

[①] Isaac, R., *The Transformation of Virginia*, *1740-1790*, The University of North Carolina Press, 1982, p.7.
[②] Ibid., p.323.
[③] Ibid., p.324.
[④] Ibid., pp.324-325.
[⑤] Ibid., pp.5-6, 350-351.

其最终的研究成果是"对往昔演员的体验进行有说服力的重构"。①

艾萨克举了一个18世纪弗吉尼亚种植园主兰登·卡特（Landon Carter）的例子。艾萨克通过研究卡特日记中1766年春天的一些记录，试图从中分析18世纪弗吉尼亚种植园主与其奴隶以及奴隶之间的相互关系。艾萨克将这些日记的记录分成不同的场景，并通过仔细研究这些场景，运用人类学的方法分析日常生活的结构和相互关系、社会权力和权威，并辅之以剧场模式，分析社会权力和权威的交流。②

同时，艾萨克也注意到运用人类学方法的问题。由于历史学家不能像人类学家那样自己进行记录，他们只能依赖于已有的文献，因此历史学家必须注意两点：(1) 这些文献只能提供一些零碎的"场景"（scenario），因而展现的是生活的有限方面，而无法展现生活的全部情形；(2) 必须注意行为的语境，因为参与者都是在"独特的指涉框架内行动的"，他们通过"公共象征和共享意义发生联系并相互交流"。③

七、历史社会学和历史人类学

同人类学一样，社会学在最初发展的时候也是历史导向的，如孔德、斯宾塞、马克思、涂尔干和韦伯的著作。到了20世纪上半叶，社会学和历史学逐渐疏离，社会学家撒穆尔·克拉克（Samuel Clark）将原因归纳如下：

> 首先，社会学发展出经验方法，鼓励研究人员与其研究对象进行面对面的互动、走进他们中间、访问他们，以大多数历史研究做不到的方式直接和研究对象接触。第二，大多数社会学者所研究的社会似乎没有什么历史可言。社会学大致上成为一门美国的学问，而美国社会的历史很短，似乎也不重要。第三，社会学者心目中的领域和大多数历史学者最感兴趣的主题之间，差距极大。第四，许多社会学者设法使社会学切合社会问题和社会计划。第五，虽然有这一实用的倾向，许多社会学者则想使社会学成为一门科学。最后，结构功能学派的次序模型在

---

① Isaac, R., *The Transformation of Virginia, 1740-1790*, p.357.
② Ibid., pp.328-356.
③ Ibid., pp.326, 347.

第七章 社会史与历史人类学

理论上取得实质的支配地位；其重点在于解释社会结构的稳定和持续，而非解释变迁。①

到了20世纪六七十年代，社会学和历史学逐渐结合，克拉克提出了六个原因来解释这一过程：

首先，有的社会学者是因为想要研究社会变迁才为历史所吸引的。这种对历史重新发生的兴趣，是就整个社会学来说一个更大转型的一部份，这个转型反对结构功能主义，尤其是帕森斯著作中所表现的结构功能主义。

其次，对于某些学者所谓我们不应该顾虑到时间和地点的说法，许多社会学者已经明白加以拒斥。相反的，他们已接受了历史学者的假设，认为因果关系有某种时序。

第三，20世纪上半，社会史在历史学中得势，最具影响力的例子之一是法国的《年鉴》学派。

第四，1960年代马克思主义思想日渐受欢迎，促进了历史的研究。对于马克思主义来说，了解历史是非常重要的。

第五，社会学者被吸引去做历史研究工作，是因为它扩大了他们可以考察的事例数目和种类。

第六，许多社会学者研究历史，是因为他们想要知道他们生活其间的社会是如何形成的。②

人类学经历了与社会学类似的发展过程，20世纪六七十年代人类学和历史学逐渐相互吸引。人类学和社会学关注历史有着一些相同的原因，如想要了解所研究的社会是如何发生的；依靠历史增加其可以探究的事例的数目和种类；认识到社会变迁、时间和纪年的重要性。③ 然而，历史社会学和历史人类学也有显著的不同点，撒穆尔·克拉克对此做了详细的论述，我将之简要归纳如下表④：

---

① 撒穆尔·克拉克：《历史人类学、历史社会学与近代欧洲的形成》，玛丽莲·西佛曼、P.H.格里福编：《走进历史田野》，第363页。引用时做了删节。
② 同上书，第364—365、368页。
③ 同上书，第374页。
④ 同上书，第375—386页。这里的比较是相对而言的，只是表示历史社会学和历史人类学对某一方面相对更为重视。

表 1　历史社会学与历史人类学的不同

	历史社会学	历史人类学
关注领域	社会紊乱、社会运动和革命	
	国家部门和政治	
	菁英分子	平民
		工作、农业方法、人与环境的关系
		物质人工制品（尤其是工具）
		房屋的建筑学、生活和工作空间的布置、房屋和建筑物的空间分布
		日常生活
		个人及其经验
		群落集体的活动
		财产所有权、土地保有权
		文化、习俗、信仰、民风、象征主义、民间故事、仪式、礼节
	人口、生育、道德	爱、性关系、婚姻、家庭、亲属关系
	大转型、资本主义的兴起、现代化	比较荒僻的、较少受现代化影响的社会
使用方法	数量、比较方法	
	注重理论	
		注重原始档案、口述材料

有中国学者指出，历史人类学对中国史学家的意义体现在两个方面：一是"获取认识态度上的'疏离感'"；二是"透过区域的整体去理解其历史发展的脉络"。① 其中第二点尤为历史学家所关注，历史学家注意到人类学对社会史研究的影响。在这一章中，我通过两位历史学家、两个社会史研究领域、一个研究视角以及一本著作，主要讨论社会史与历史人类学之间的关系。历史学家尼克拉斯·罗杰斯（Nicholas Rogers）对社会史和人类学的关系做了如下总结：

---

① 黄国信、温春来、吴滔：《历史人类学与近代区域社会史研究》，《近代史研究》2006 年第 5 期，第 49 页。

第七章 社会史与历史人类学

过去三十年间,似乎社会史与人类学之间的兴趣在向一点集中。至少,社会史学者对于人类学的看法愈来愈着迷。诚然,历史与人类学的这种结合只是部分性和折衷性的,大致是起于想要了解过去的若干方面:这些方面前此位于政治史的范围以外或边缘。由于社会史学者所常用的资料零碎而难解(尤其是关于较低的群体、其习俗、信仰和礼仪),历史学者乃借助民族志学,以增加他们对于过去文化的了解、发现它们的"他者性"、和画出它们互相关连的轮廓。有的时候,历史学者抄袭某些人类学者所提出的相当机能整体论的、体化的文化概念。他们无疑对于人类学中炽热的理论辩论一无所知,只是由他们自己一行中的捐客处得到人类学的暗示。可是,在像爱德华·汤普森、娜塔莉·戴维斯、阿尔佛雷德·杨昂(Alfred Young)和里斯·艾萨克这样的历史学者手中,这种人类学的见解成为恩赐。[①]

[①] 尼克拉斯·罗杰斯:《社会史中的人类学转向》,玛丽莲·西佛曼、P. H. 格里福编:《走进历史田野》,第410页。引文中部分专业名词根据中国大陆地区的习惯进行了修改。

第八章　年鉴学派与历史人类学

　　第二次世界大战以后,法国年鉴学派在西方史学界占据主导地位。费尔南·布罗代尔(Fernand Braudel)的总体史强调长时段的结构在历史中的决定性作用,而忽视个人和事件。由于布罗代尔偏重长时段趋势,因此总体史注重分析而非叙述,注重环境而非个人,注重宏观结构而非微观研究。20世纪70年代以来,这种"没有人和事件的历史学"日益受到批评和质疑,1979年历史学家劳伦斯·斯通(Lawrence Stone)在《叙事史的复兴:对一种新的旧史学的反思》一文中宣告"叙事史的复兴",并认为这"标志了一个时代的终结:对昔日的变化作出一种有条理的科学解释的努力的终结"。[①]

　　年鉴学派第三代历史学家也跻身于这场史学转型之中。在1988年第2期《年鉴》杂志上发表了一篇题为《史学和社会科学:转折阶段?》的编辑部文章,肯定了社会科学正经历着"普遍危机",尽管这一危机已波及历史学,但不能说是年鉴学派发生了危机,只能说是一个"转折阶段"。[②] 可见,年鉴学派的转型并不是对过去的彻底否定,而是在传统的基础上建立"新史学"——历史人类学。

　　早在20世纪30年代,年鉴学派史学家就关注了人类学。马克·布洛赫(Marc Bloch)和吕西安·费弗尔(Lucien Febvre)的研究受到了人类学家对仪式和信仰体系研究的影响。费尔南·布罗代尔的长时段理论与列维-斯特劳斯的结构主义人类学有很大的相似性。历史学家尼克拉斯·罗杰斯(Nicholas Rogers)对年鉴学派的人类学倾向做了如下的概述:

　　　　因而年鉴学派以种种不同的方式,鼓励学者们开始讨论历史和人类学共有的主题。它尤其迫使历史学者去面对关于时间、地域和习惯的论题,去开拓关于过去更复杂的生态学和考古学,并且以新的感性去

[①] Stone, L., "The Revival of Narrative: Reflections on a New Old History", *Past & Present*, No.85, Nov., 1979, p.19.

[②] 转引自陈启能:《西方史学的发展趋势》,《历史研究》1993年第3期,第154页。

探究它的民族学。……事实上,当1970年代各门社会科学的团结被对于结构论的争议所破坏,而总体史(total history)的希望有些消退时,富有人类学色彩的历史在法国仍然受到欢迎。《年鉴：经济、社会与文明》由一开始便经常有人类学研究的书体。但是在1969与1976年间,这份学报上大约30%全部的论说文,都公开以人类学为取向,其中大半是专门讨论心理状态、民间传说、或食物和饮食习惯。1974年的特刊,专门讨论历史学和人类学,以传统社会中的互惠问题为其会合点。①

真正提出历史人类学的是年鉴学派第三代历史学家,他们在20世纪60年代末倡导与人类学紧密结合,雅克·勒高夫、埃马纽埃尔·勒华拉杜里(Emmanuel Le Roy Ladurie)都是这方面的代表人物。1975年,勒高夫将自己的研究方向从"中世纪西方历史与社会"转变为"中世纪世界的历史人类学"。②《年鉴》杂志的一些专刊证实了年鉴学派对历史人类学的兴趣,例如1974年第6期的《倡导一种历史人类学》(Pour Une Histoire Anthropologique)的前言写道："我们期待由它们(指历史学和人类学)概念领域的统一所产生的两者实际合作。即使历史学家和民族学家在他们的菜谱和餐桌礼仪方面仍有不同,但他们在同样的领域内追捕同样的猎物。"③年鉴学派的历史人类学主要体现在如下三个相互关联的方面：

(一) 研究方法的转变——人类学的方法

年鉴学派一直注重跨学科的研究,布罗代尔就重视历史学和社会科学的结合,其中主要是经济学、社会学和地理学等,这种取向和总体史的目标是相一致的。年鉴学派提倡总体史,历史学家不仅要研究政治军事史,还应该研究经济、思想、文化、宗教和人类生活等各个方面的内容。年鉴学派第一代史学家马克·布洛赫和吕西安·费弗尔都为历史人类学的发展做出过贡献。例如,布洛赫的《封建社会》不是将焦点聚在封建主义的政治、教会和司法体制方面,而是"从人类学切入封建主义,把它当做是一个各种人际关

---

① 尼克拉斯·罗杰斯：《社会史中的人类学转向》,玛丽莲·西佛曼、P. H. 格里福编：《走进历史田野》,第397页。引文中部分专业名词根据中国大陆地区的习惯进行了修改。
② 克里斯蒂昂·德拉克鲁瓦、弗朗索瓦·多斯和帕特里克·加西亚：《19—20世纪法国史学思潮》,顾杭、吕一民、高毅译,商务印书馆,2016年,第371页。
③ "Introduction", *Annales: Économies, Sociétés, Civilisations*, 29e année, N.6, 1974, p.1310.

系的复合体"。①

年鉴学派第二代史学家费尔南·布罗代尔在《15至18世纪的物质文明、经济和资本主义》的第一卷《日常生活的结构》中就关注前现代社会的日常生活,包括人口、食品、衣着、住房、交通、技术、货币、城市等。布罗代尔发现,旧制度下的人在观念方面"同我们当代人不相上下",他们的思想和爱好"同我们十分接近";可是一旦注意到"日常生活的各种细节",我们就会发现两者之间的"可怕的距离"。布罗代尔告诫我们:"必须完全抛开我们周围的现实,才能妥善从事这次回到几世纪前去的旅行,才能重新找到长期使世界在某种稳定状态的那些规则。"②在这里,布罗代尔的方法已经倾向于人类学的方法,不再将旧制度下的社会视为与当代社会同质的文化,而是将之视为一种与我们的社会不同的一种异文化。

年鉴学派第三代的史学家在20世纪60年代末倡导与人类学紧密结合,这主要有两个方面的背景。一方面,当时由于现代文化(如超级市场、麦当劳和可口可乐文化)的冲击,人们力图挽救"正在迅速毁灭的法国传统社会形态的记忆",因此当时的社会人类学家"不再向当代的异国社会发展,而是朝着我们自己社会的过去发展"。③ 另一方面,年鉴学派第三代史学家为了应对结构人类学的挑战,放弃了布罗代尔的宏大经济空间,转而关注"社会文化史",弗朗索瓦·多斯(François Dosse)指出"社会文化史只是披着人种学外衣的历史学",同时民族学(人种学)的研究方法"排除了突发事件,只留下常态事务和人类反复出现的日常行为"。④

年鉴学派第三代历史学家将目光转向人类学,这使得年鉴学派在研究方法上出现了重要的转变。正如雅克·勒高夫所指出的:"按早期年鉴学派的方式研究的经济、社会史在今天已不再是新史学的先锋领域了,而在《年鉴》杂志创办初期尚无足轻重的人类学都超越了经济学、社会学和地理学,成为新史学的优先的对话者。"⑤

同时,历史人类学的出现也导致了研究重点的转移,其结果是扩大了研

---

① 伊格尔斯:《二十世纪的历史学——从科学的客观性到后现代的挑战》,何兆武译,辽宁教育出版社,2003年,第63页。
② 费尔南·布罗代尔:《15至18世纪的物质文明、经济和资本主义》(第一卷),顾良、施康强译,生活·读书·新知三联书店,1992年,第25页。
③ 乔治·杜比:《法国历史研究的最新发展》,《史学理论研究》1994年第1期,第102页。
④ 弗朗索瓦·多斯:《碎片化的历史学——从〈年鉴〉到"新史学"》,马胜利译,北京大学出版社,2008年,第155页。
⑤ 雅克·勒高夫:《新史学》,勒高夫等主编:《新史学》,姚蒙译,上海译文出版社,1989年,第36页。

究主题的范围,使历史学家摆脱了传统政治史研究的桎梏。历史学家开始关心"最容易影响到家庭生活、物质生活条件以及基本信念这样一些制约人类的因素所发生的物质变化和心理变化"①。历史学家不仅关注人的日常生活,研究人的饮食起居、姿态服饰、风俗习惯、技艺和文化,同时还强调关注边缘性的、地方性的、弱势的群体的声音,即自下而上的历史(history from below)。这种强调关注普通人的、日常生活的历史观带有强烈的人类学的旨趣和研究方法,是历史人类学的主要特征。

(二) 研究问题的转变——心态史的研究

就广义的心态史而言,即注重人类心灵、思想与情感层面的研究取向,可以说它一直存在于西方的史学传统之中。伏尔泰的《路易十四时代》、雅各布·布克哈特(Jacob Burckhardt)的《意大利文艺复兴时期的文化》、约翰·赫伊津哈(Johan Huizinga)的《中世纪的衰落》以及诺贝尔·阿里亚斯(Norbert Elias)的《文明的进程》都算是心态史领域早期的杰出代表。

心态史学的传统也体现在年鉴学派第一代史学家身上,如吕西安·费弗尔的《16世纪的不信教问题:拉伯雷的宗教》(*The Problem of Unbelief in the Sixteenth Century: The Religion of Rabelais*)和马克·布洛赫的《国王的奇迹》(*The Royal Touch*)。克洛德·列维-斯特劳斯甚至看到了年鉴学派的心态史与结构主义人类学之间的关系,他提出"任何一部好的历史书都将受到人类学的渗透",并以吕西安·费弗尔的《16世纪的不信教问题》为例,指出该书"不断涉及到心理态度与逻辑结构;这些东西只能被间接地把握,因为它们总是回避说话人与写作人的意识。所有这些既与历史学有关,又与人类学有关,因为它们都超出了文献和报告人的陈述,而这些资料没有一样是在这个层次上讨论问题的,也不会谈得如此正确。"②但是,正如法国历史学家菲利普·阿里埃斯(Philippe Ariès)所指出的,在这一时期"心态这一领域还未与经济领域或社会经济领域很好地区分开来"。③ 到了第二代史学家布罗代尔那儿,心态史虽并未被完全忽视,但是"被降格至年鉴派事业的边缘"。④ 费弗尔的另一位弟子罗伯特·芒德鲁(Robert Mandrou)则

---

① 杰弗里·巴勒克拉夫:《当代史学主要趋势》,杨豫译,上海译文出版社,1987年,第85—87页。
② 克洛德·莱维-斯特劳斯:《结构人类学》(第一卷),谢维扬、俞宣孟译,上海译文出版社,1995年,第29页。
③ 菲利普·阿里埃斯:《心态史学》,勒高夫等主编:《新史学》,第173页。
④ 彼得·伯克:《法国史学革命:年鉴学派,1929—1989》,刘永华译,北京大学出版社,2006年,第62页。

继承了集体历史心理学的传统。芒德鲁认为,心态史是人对世界的各种看法的历史,包括心智的领域和情感的领域。① 同时,也有其他一些法国历史学家将注意力集中于心态史上,例如菲利普·阿里埃斯将研究兴趣转向特定文化看待和区分儿童、死亡等问题的方式。

到了年鉴学派第三代历史学家时,心态史成为一种研究风潮,它旨在"研究社会实践的非意识层面,以及某一时期或社会群体无意识的集体思想"。② 雅克·勒高夫、乔治·杜比和勒华拉杜里等年鉴学派第三代历史学家主张新的史学研究趋向,他们探索的是"在一个社会经济的语境中民众的态度"③,注重于"对态度、行为举止以及人们称之为'群体无意识'层次的研究"。④ 尽管这些历史学家研究的主题很多仍属于传统的人口史和经济史,如家庭、教育、性、死亡等,但他们是"以一种新的眼光、以一种不同于以前的标准来重新阅读"。⑤

年鉴学派所倡导的"心态史"与历史人类学有很大的关系。历史学家阿伦·古列维奇(Aaron Gurevich)认为,历史人类学的方法"强调历史进程中主观和心理的方面",而"心态史"正体现了历史人类学的这种旨趣。⑥ 英国学者辛西亚·海伊(Cynthia Hay)也注意到了历史人类学与心态史的关系,她认为人类学的史学是"从心态史发展的兴趣中引发出来的",并写道:

> "人类学转向"在某种程度上是一种辩证用语,指的是历史学家如何从传统上关注特定政治权力人物的思想和行动的政治史,转而关心那些不具赫赫事功之人的态度与信仰;亦即是"民众史"(history from below)的一种形式,且受到法国"心态史"的强烈影响。⑦

布洛赫和费弗尔关于"心态"(*mentalité*)的概念借鉴自法国人类学家吕西安·列维-布留尔(Lucien Lévy-Bruhl)。雅各布·坦纳(Jakob Tanner)对"心态"做了如下评述:

---

① 吕一民:《法国心态史学述评》,《史学理论研究》1992年第3期,第138页。
② 弗朗索瓦·多斯:《碎片化的历史学》,第158页。
③ 伊格尔斯:《二十世纪的历史学》,第69页。
④ 米歇尔·伏维尔:《历史学和长时段》,勒高夫等主编:《新史学》,第144页。
⑤ 菲利普·阿里埃斯:《心态史学》,勒高夫等主编:《新史学》,第188页。
⑥ Gurevich, A., *Historical Anthropology of the Middle Ages*, Polity Press, 1992, pp.3-4.
⑦ 辛西亚·海伊:《何谓历史社会学》,S. 肯德里克、P. 斯特劳、D. 麦克龙编:《解释过去,了解现在——历史社会学》,王辛慧等译,上海人民出版社,1999年,第36、38页。

心态这种构想便暗含着一种不连续的历时过程中的文化相对主义,从而表明人们有理由要求将历史分析加以严格的场合化。(跟一种文化人类学的视角一样,)心态这种构想是想防止人们过早地从自己的文化中得出关于外来文化的结论。这样就朝着历史人类学的方向,在一种史学的初步理论和一种人类学的初步理论之间形成了若干过渡桥梁。①

吕西安·费弗尔对时代错置的批判,正是跟这种心态构想联系在一起的。在《16 世纪的不信教问题》一书中,费弗尔并不是去确定拉伯雷具体的想法,而是认定在 16 世纪这一普遍信仰上帝的时代,拉伯雷不可能不信上帝。② 正如坦纳所总结的,"结构、心态、长时段和时代错置——年鉴派史学家们提出的这些概念和构想,显示出它们跟一种人类学传统拥有种种接触点,这种传统对文化差异感兴趣并且考察'民族'多样性"。③

(三) 研究视角的转变——微观史的视角

年鉴学派第三代历史学家放弃了布罗代尔式的宏观叙述,转向微观的研究,他们"不再把历史看做是吞没了许许多多个人的一个统一过程、一篇宏伟的叙述,而看做是有着许多个别中心的一股多面体的洪流"。④ 他们抛弃了宏观叙述,转而处理一些"真实的题材"。他们批评传统的社会科学研究路线,因为他们认为社会科学家"大规模进行概括就从根本上歪曲了真正的现实",而将这些概括"用于检验他们号称要加以解说的那种小规模的生活的具体现实时,却是无效的"。因此,微观史学要研究那些被传统研究方法所忽略的人群,并且要"在绝大部分的生活所发生于其中的那些小圈子的层次上阐明历史的因果关系"。⑤

乔治·杜比在《布汶的星期天》序言中的一段话很好地说明了人类学对年鉴学派历史写作的影响:

在大量阅读人类学家的著作之后,我调整了之前提出的问题,开始通过其他的角度来研究封建社会。首先,我尝试以人种学视角,分析 13 世纪初的军事行动:将布汶之战中的士兵视作异族部落,观察他们

---

① 雅各布·坦纳:《历史人类学导论》,白锡堃译,北京大学出版社,2008 年,第 55—56 页。
② 同上书,第 56 页。
③ 同上书,第 58 页。
④ 伊格尔斯:《二十世纪的历史学》,第 118 页。
⑤ 同上书,第 125—126 页。

的行为举止、呐喊、激情以及令其癫狂的幻觉中的种种独特之处。其次,将布汶之战放置在战争、休战、和平的大序列之下,这样不仅可以更加精准地界定所谓"政治"的范畴,还有助于更好地理解当时神圣与世俗是如何错综复杂地交织在一起。最后,我力图探清事件是如何建构和变形的。因为事件最终只存在于人们的话语之中,换言之,事件是由其传播者制造的。因此,我所撰写的是一段有关布汶的记忆的历史,一段它在带有目的性的记忆与遗忘的双重作用下变形的历史。①

在这一章中,我以年鉴学派第三代历史学家雅克·勒高夫和埃马纽埃尔·勒华拉杜里为例,介绍年鉴学派在历史人类学方面的理论、成就和贡献。

一、雅克·勒高夫

(一) 历史学与民族学

雅克·勒高夫关注人类学对历史学的影响,倡导历史人类学。1972年,勒高夫发表了《历史学家和普通人》(L'historien et L'homme Quotidien)一文,该文后来被收入《另一个中世纪》(Pour un autre Moyen Âge,1977)②中。在这篇文章中,勒高夫探讨了历史人类学的问题,即历史学和民族学的结合。法国学者习惯使用"民族学"一词,尽管勒高夫在《新史学》中认为"人类学正取代着民族学",但他仍经常使用"民族学"。③

勒高夫认为,历史学和民族学在很长的时间内是相互融合的,它们之间的分离是19世纪中叶以后的事情,这主要是受到进化论的影响。进化论导致"对发达社会的研究与对所谓原始社会的研究之间的分离",历史学不再包括"所有的社会",而是限定于那些"快速变化"的社会。现在两者在两个世纪的分离后又重新聚合在一起了。④

---

① 乔治·杜比:《布汶的星期天》,梁爽、田梦译,北京大学出版社,2017年,序第3页。
② 英文译本:Time, Work and Culture in the Middle Ages, Goldhammer, A., trans, The University of Chicago Press, 1980.
③ 雅克·勒高夫:《新史学》,雅克·勒高夫等编:《新史学》,第2页。
④ Le Goff, J., "The Historian and the Ordinary Man", Time, Work and Culture in the Middle Ages, pp.225-227. 这个观点和美国学者不谋而合,参见 Cohn, B. S., "Toward a Rapprochement", The Journal of Interdisciplinary History, Vol.12, No.2, Autumn, 1981, p.231.

勒高夫认为民族学在两个方面影响了历史学：① 民族学使得历史学摒弃事件史，转而关注由重复或预期事件（如宗教日历中的节日）或"与生物或家庭史相关的事件"（如出生、婚姻和死亡）构成的历史。② 民族学使得历史学家"区分历史中的不同时段，尤其关注长时段的领域"。①

从勒高夫的论述中我们可以看到，法国的历史人类学更多的是基于年鉴学派的传统，这体现在如下几个方面：

（1）对总体史的关注使得法国历史人类学的一个重要特征是对社会学的借鉴，尤其是关于社会结构和互动的社会理论，因此这些历史学家关注家庭和亲属结构、性别和年龄等范畴以及阶级和共同体等。②

（2）法国历史人类学的一个关注点是魔法因素（magical factors）和克里斯玛（charismas）。勒高夫将克里斯玛分为三类：王朝的克里斯玛、职业的克里斯玛和个人的克里斯玛。马克·布洛赫在《国王的奇迹》一书中所研究的即属于第一类，而勒高夫在《圣路易》一书中研究的法国国王路易九世属于从王朝克里斯玛转向个人克里斯玛的过渡人物。③

（3）由于对长时段的关注，这就自然而然地使法国的历史人类学导向了心态史的研究，因为心态是"历史发展中变化最少的"。④

（4）法国历史人类学关注普通人的日常生活。勒高夫认为日常生活包括技术、身体、居住、服饰和传统等方面。由于缺乏关于普通人日常生活的文献资料，因此历史学家需要借助诸如考古学、肖像学和口述史等方法。⑤ 对于日常生活的关注可以说是年鉴学派的历史人类学的一个主要特征，这一特征不仅来自民族学，而且也来自马克·布洛赫和费尔南·布罗代尔的年鉴学派传统。可见，勒高夫将历史人类学与年鉴学派的传统紧紧融合在了一起，这是法国历史人类学的一个显著特征。

（二）象征和仪式

勒高夫曾在一篇文章中通过对中世纪一份文献的分析研究了法国圣路易时期的加冕礼。由于受到阿诺尔德·范热内普等人类学家的影响，勒高夫认为加冕礼不仅是一种"就职典礼"，而且更应被视为一种"过渡仪式"，

---

① Le Goff, J., "The Historian and the Ordinary Man", *Time, Work and Culture in the Middle Ages*, pp.227-228.
② Ibid., pp.229-230.
③ Ibid., pp.231-232.
④ Ibid., p.229.
⑤ Ibid., pp.232-234.

"因为它暗示了地位和权力的变化(更准确地说是提升)"。① 勒高夫从两个角度分析加冕礼：① 将加冕礼视作过渡仪式，分析其中的各种因素，如参与的人员、时间、地点和过程；② 这些仪式体现了12世纪法国政治权力的运作，尤其是"国王和教会之间的平衡"。②

勒高夫在另一篇文章中探讨了封臣仪式中的象征因素。中世纪的封臣仪式一般分为三个阶段：效忠仪式(*homage*)、宣誓(*faith*)和授封仪式(*investiture of the fief*)。在这三个阶段中包含了诸多象征的因素，例如，在第一阶段中一般包括两个行为：言语的(封臣表明"愿意成为领主的人的意愿")和行动的("封臣将手置于领主的双手中")；第二阶段的宣誓中通常涉及圣经、圣物等；第三阶段通常是领主将象征物(如权杖、树枝或钥匙等)授予封臣。③ 在这篇文章中，勒高夫的历史人类学体现在两个方面：

(1) 用民族学的理论来解释仪式的象征意义。例如，用民族学理论解释"亲吻"在封臣仪式中的象征意义。④ 同时，勒高夫认为不能单独地看待封臣仪式中的各因素(仪式的各阶段和使用的各种象征物)，而是要"寻求它们在整个体系中的意义"。⑤ 因此，勒高夫希望对封臣仪式提出一个"更为全面的民族志解释"，包括"仪式的地点、出席的人员、仪式各方的位置以及对仪式的记忆"。⑥

(2) 比较研究，尤其是与民族学者的研究进行比较。勒高夫认为，封臣仪式尽管是独特的(original)，但没有起源(origin)，因为它借鉴了早期模式的元素，这些部分与其它时代、其它社会的制度相关，而正是由于存在着这些密切关系，比较研究才得以进行。⑦ 勒高夫主要举了三个例子。首先是明治维新前日本的封建制度。由于通常认为日本的封建制度与西欧的封建制度有很大的相似性，因此关于两者的比较已有很多著作，勒高夫并没有在此花费过多的笔墨。其次是中国周朝时的封建制度。勒高夫主要是比较了《礼记》中的一段记载，他认为对中国相关仪式的分析能够说明"地点—仪式

---

① Le Goff, J., "A Coronation Program for the Age of Saint Louis: The Ordo of 1250", Bak, J. M., ed., *Coronations: Medieval and Early Modern Monarchic Ritual*, The University of California Press, 1990, pp.47, 52.
② Ibid., pp.47-48, 55.
③ Le Goff, J., "The Symbolic Ritual of Vassalage", *Time, Work and Culture in the Middle Ages*, pp.239-248.
④ Ibid., p.252.
⑤ Ibid., p.272.
⑥ Ibid., pp.273-276.
⑦ Ibid., p.268.

各方的位置变化—动作、言辞和物品的互惠价值—旁观者的功能"。① 最后是非洲的例子。历史人类学一直受到非洲研究的影响,这得益于大量关于非洲的人类学研究著作。勒高夫对比较研究做了如下的总结:"尽管比较研究提供了有用的相似点,并提倡对一个社会创造其制度以及使其运作的象征程序的条件进行深入研究,但就我看来,比较研究的主要价值是强调西方中世纪封臣体系的新奇和独特性。"②西欧封建制度的这种独特性体现在"采邑的授予和个人承诺的结合",即采邑的授予是基于效忠和宣誓的,封臣仪式中的三个阶段是相互结合的整体;只有"忠诚的仆人和封臣",而不存在"忠诚的仆人或封臣"。③ 当然,勒高夫也提醒我们注意通过比较方法研究象征意义可能存在的问题:错误的连续性、错误的相似性和象征的多义性。④

(三) 时间和空间

时间和空间是勒高夫一个重要的研究维度,勒高夫认为,"为了我们能更好地理解体系的运作和功能,研究它的地理变量和时序发展是有益的"。⑤ 时空维度是勒高夫的历史人类学、心态史和想象史研究的一个交汇点,勒高夫这样概述中世纪时人们的时空观念:

> 在《西方中世纪文明》(*Civilisation de l'Occident médiéval*, 1964)一书中,我用连锁的但因果上不同的时空结构(即详述空间和时间事实的物质和心态实体)来描述中世纪的世界观。对中世纪时的人而言,空间由森林、田野、园地、庄园和城市构成——地理和想象的实体。在这些空间中,人们劳作和确立社会实践,这些空间也是强大的象征、恐惧和欲望的客体以及梦和传说的主体。中世纪同样也有各种时间:礼拜的时间、敲钟的时间、乡间劳作的时间、城市工作场所的时间、学年、宗教日历。每一时间都与各种形象和神话相联系。历史也有自身的时间尺度:地上之城的纪元(遵循代际);国王和主教的统绪;异教帝国和基督教君主的世系(有些是历史,有些是传说)。有时这些时序并不是连续的;存在着无法轻易克服的断裂和沉寂。机械钟表提供了

---

① Le Goff, J., "The Symbolic Ritual of Vassalage", *Time, Work and Culture in the Middle Ages*, p.279.
② Ibid., p.282.
③ Ibid., p.286.
④ Ibid., p.269.
⑤ Ibid., p.263.

一种相对易于度量时间的方式，显然很客观，但即使这也有利于想象，不可避免地与末世的时间、世界的终结、末日审判，甚至与时间自身的终结（永生）相混淆。①

勒高夫对于时间的研究最著名的是《中世纪的商人时间和教会时间》一文，他在文中指出，处于12至15世纪的西方人"拥有足够的文化和心态工具来思考职业问题及其社会、道德和宗教影响"。② 勒高夫试图分析，在12世纪西欧激烈的社会变迁中，"心态结构的震荡如何在思想的传统形式里造成裂痕，以及相连于新的经济和社会条件的精神需求，如何通过这些裂缝引起诸多的回响"。③ 其中，最主要的是时间观念的变化，基督教时间观的传统框架动摇了。中世纪早期的时间是神学时间，这种时间观是不具历史性的，而到了12世纪情况发生了变化，"文明史仅仅是一系列的转移"（例如文明从东方到西方，知识从雅典到罗马再到巴黎），这样时间观不仅具有了历史性，而且与空间观结合起来。④ 12世纪时间观的另一个变化是商人时间的出现及其与教会时间的冲突。中世纪的时间是教会的时间，"按宗教仪式而进行，由敲钟来宣布"，"由不准确且因季节而变化的日冕来测量，有时又靠粗制的滴漏来度量"。商人的活动在开始时也顺应这种教会的时间，但是随着商业的发展，商人需要对时间做更为精确的度量，教会的时间被"商人及工匠因世俗的需要而更准确度量的时钟时间"所取代。⑤ 商人对时间价值的发现伴随着他们对空间的探索，因为商人不仅利用时间赚钱（高利贷、囤积居奇），也利用空间赚钱（利用不同地区物品价格的差异）。中世纪时空观的变化也体现在文艺复兴的绘画技艺上。过去，空间布局是根据社会和宗教的等级来的，时间不同的场景被置于一个画面上；而现在，透视法"体现了一种空间的实践知识"，而画面体现的是时间的一个瞬间。⑥ 可见，在12世纪之后商人同时征服了时间和空间。

勒高夫对时间和空间研究的另一个例子是炼狱。炼狱是"一个空间和时间的实体"，它的诞生改变了中世纪的时间和空间观念，进而又对基督教

---

① Le Goff, J., *The Medieval Imagination*, Goldhammer, A., trans., The University of Chicago Press, 1985, p.13.
② Le Goff, J., "Merchant's Time and Church's Time in the Middle Ages", *Time, Work and Culture in the Middle Ages*, p.29.
③ Ibid., p.32.
④ Ibid., pp.30-34.
⑤ Ibid., p.36.
⑥ Ibid., pp.36-37.

神学理论产生影响。在空间方面,关于来世的两分结构(天堂和地狱)为三分结构(天堂、地狱和炼狱)所取代。在时间方面,教会将炼狱的时间确定为:"每一灵魂必须在炼狱中度过或长或短的时间,这取决于其所需赎之罪的程度以及生者通过代祷帮助死者的热情。如同尘世的生活,一个关于时间的两层结构得以确立。从社会角度而言,炼狱将一直持续到世界末日,但从个人角度而言,它从死亡持续到赎罪完成,如同尘世生活从出生持续到死亡。这个时间是可以度量、分割的,对每个人而言是不同的。"①这对中世纪的社会和文化产生了重要的影响,其中最重要的是对尘世兴趣的增长。13世纪时,由于异端的挑战和商人时间的出现,教会对世俗时间的控制力下降,但教会获得了对炼狱时间的控制(其中最重要的是控制了可缩短炼狱时间的宗教仪式),甚至是对炼狱的控制(炼狱中的灵魂处于上帝和教会的共同管辖下)。② 炼狱对共同体和个人也产生了影响,它强调了死时个人的责任和死后集体的责任。对共同体而言,共同体的代祷职责不仅是早期为死者祈祷职责的扩展,而且加强了共同体的集体记忆;对个人而言,他强调了个人的职责,每个人在炼狱时间的长短取决于"个人的优点和缺点、美德和恶性、悔罪和再犯、告解和疏忽"。③

在《圣路易》一书中,勒高夫用了一个章节专门探讨"空间和时间中的圣路易"。对于圣路易与空间,勒高夫写道:"让我们努力从交混在一起的物质现实、意识、经历和想象中分辨出一些东西;这些东西超越'旅途之人'的基督教概念,能让圣路易与空间发生关系,使他既作为个人也作为国王去思想和行动,这些东西包括他的住所、他的'土地'、国王领地、他的王国和他所属的整个世界,其中包括基督教世界和基督教以外的世界。"④至于圣路易时代,计时非常粗略,而且"时间呈现多种面貌,性质各不相同":

> 一种是日常的时间,也就是昼夜不规则地交替的时间,钟声按着规定的节奏敲响,直到午夜,试图把基督教秩序强加给人们;一种是周而复始的时间,历法规定了一年中应进行哪些礼拜活动,基督教徒们按照历法逐一纪念救世主的圣诞、复活、升天和圣灵降临,一直延续到等待降临节的到来;一种是人生中逐年直线前进的时间,这是以创世纪为开端的那条道路上一个短暂的段落,创世纪之后便是这种时间的第二个

---

① Le Goff, J., "The Time of Purgatory", *The Medieval Imagination*, p.70.
② Ibid., pp.75-76.
③ Ibid., pp.76-77.
④ 雅克·勒高夫:《圣路易》,许明龙译,商务印书馆,2002年,第527页。

开端,那就是耶稣的道成肉身,然后,无法逃避地来到末日,经过最后审判的严格筛选,离开人世,走向永恒的天堂或是永恒的地狱;一种是末世论的等待和惧怕、期望和惊骇的时间,这种时间对于一个国王尤为可怕,因为他不但自己应该无愧于神的保护,而且还要设法让他的大多数臣民处于拯救状态;在一个没有统一的时间和计时方法的社会和时代里,时间是多种多样的;还有一种自然时间,在乡村里随着季节变化的田间劳作,在城镇中是市政当局或是商人在上下班时敲响的钟;此外还有在美好的季节里出征和长年累月征战的十字军时间、国王进行司法审判的时间、向上帝祈祷和致意的时间、进餐、闲暇以及与家人和亲朋聊天的时间、消息报到国王面前所需的长短不一的时间。①

可见,时间和空间维度在勒高夫的中世纪史研究中具有相当大的重要性,时间和空间观念既左右了中世纪时人的心态,也体现了他们的想象(如对于东方的想象)。

二、埃马纽埃尔·勒华拉杜里

埃马纽埃尔·勒华拉杜里早期的研究比较接近其导师布罗代尔,关注"静止的历史"。他认为历史分为三个层次:首先(也是最重要的)是经济、人口事实,其次是社会结构,最后(也是最不重要的)是思想、宗教、文化和政治的发展。勒华拉杜里的博士论文正是遵循了这一研究思路,论文研究的是法国中世纪末期朗格多克地区农民的集体心态,不仅描绘了他们的物质生活状况,还分析了他们对生活和死亡的看法,以及他们在瘟疫面前的忧虑和恐惧。1966 年,这篇博士论文以《朗格多克的农民》(*La Paysans de Languedoc*)的书名出版。

1967 年,勒华拉杜里发表了关于气候史的研究著作《公元 1000 年以来的气候史》(*Histoire Du Climat Depuis L'an Mil*)。勒华拉杜里认为"气候使人能深入到生物学、生态学和人种学的现实中去",不仅历史上的饥荒与气候寒冷有着密切的关系,而且气候还造就了"乡村甚至城市的某种生活方式"。②

---

① 雅克·勒高夫:《圣路易》,第 571—572 页。
② 舍普:《非正规科学:从大众化知识到人种科学》,万俟、刘莉译,生活·读书·新知三联书店,2000 年,第 132—133 页。

20 世纪 70 年代之后,勒华拉杜里的历史研究发生了转变,转向了历史人类学。这里,我以《蒙塔尤》和《罗芒狂欢节》为例,讨论勒华拉杜里的历史人类学研究。

(一)《蒙塔尤》

勒华拉杜里于 1975 年出版的《蒙塔尤——1294—1324 年奥克西坦尼一个山村》(*Montaillou, Village Occitan de 1294 à 1324*)是历史人类学的典范。蒙塔尤是法国南部讲奥克语的一个牧民小山村。1317 年—1326 年任蒙塔尤所在的帕米埃教区主教的雅克·富尼埃(Jacques Fournier,1334 年当选为阿维尼翁的教皇,史称伯努瓦十二世)一直致力于肃清当地的异端分子。富瓦伯爵领地的南部从 13 世纪起就是阿尔比异端分子的活动领地,教会多次镇压了当地的异端活动。1295 年,教皇卜尼法斯八世建立了包括富瓦伯爵领地在内的帕米埃教区,旨在更有效地控制当地的异端活动。雅克·富尼埃任帕米埃主教时审讯的 114 名异端中有 25 名来自蒙塔尤,而这个村庄当时只有 250 名居民。富尼埃主教在审讯过程中,详细记录受审人的许多细节,包括他们及当地居民的日常生活、宗教信仰、道德行为、社会关系以及个人隐私等。

勒华拉杜里在梵蒂冈图书馆内查阅了这批 13 世纪地方宗教法庭的记录,并以历史人类学的方法再现了蒙塔尤这个村庄的普通居民在 1294 年—1324 年间的物质生活和精神世界,包括日常生活、社会关系、宗教信仰、习俗礼仪、性观念和性生活。我们可以从人类学、心态史以及微观史学三个方面具体探讨《蒙塔尤》中的历史人类学。

1.《蒙塔尤》与人类学

勒华拉杜里极力倡导历史人类学的方法,他在 1973 年法兰西学院的就职演讲中提到:"历史学家靠手中的检索卡片去阅览无数的档案和有关社会事实的原始资料,就像人类学家不厌其烦地对他所研究的那个社会中的成员提出问题并把一切都记录在笔记本中一样。"[①]

从《蒙塔尤》的结构中,我们就可以发现很强的人类学痕迹。勒华拉杜里曾在美国短期逗留过,在那儿他接触了研究村庄的人类学。《蒙塔尤》正是"依照人类学家常常撰写的社区研究的方式,将嫌疑人向审问人提供的信

[①] 伊曼纽埃尔·勒鲁瓦·拉迪里:《静止的历史》,伊曼纽埃尔·勒鲁瓦·拉迪里:《历史学家的思想和方法》,杨豫等译,上海人民出版社,2002 年,第 5 页。

息进行重新编排"。① 我们可以将《蒙塔尤》与中国社会学家杨懋春的文化人类学社区研究著作《一个中国村庄——山东台头》进行比较。杨懋春没有描述"社区日常生活中最重要的方面——经济、社会、政治、宗教、教育",而是"以初级群体中个体之间的相互关系为起点,然后扩展到次级群体中初级群体之间的相互关系,最后扩展到一个大地区中次级群体之间的相互关系"。在台头村,家庭是初级群体,村庄是次级群体,大地区是乡镇。根据这一研究路径,作者"首先描述自然环境、社会类型、社区中的人、人们的谋生手段以及生活水平,这样读者首先看到的是作为静态社区的村庄"。② 同样地,勒华拉杜里在《蒙塔尤》的第一部分中着力描写了村庄的生态,即"考察了村子、土地和社会的全貌"。在这里,勒华拉杜里继承了年鉴学派的传统,首先叙述蒙塔尤的自然环境、经济形态以及政治结构。

在描写了村庄的自然环境之后,两位作者都将目光聚焦于家庭。尽管13世纪末14世纪初的蒙塔尤和20世纪上半叶的台头是两个在时空上完全不同的村庄,但是它们的社会基础都是"家庭"。杨懋春指出,台头村社会生活的基础是"家庭中个体之间的相互关系",而与家庭生活相比,村庄生活的重要性要小得多。③ 勒华拉杜里也提到,在一般居民心目中,"'家'在情感、经济和门第方面是至关重要的",正是"家"的观念"把乡村的社会、家庭和文化生活统一起来"。④ 家庭的重要性也体现在了异端"在上阿列日和蒙塔尤形成和重建的过程中",异端传播是以家为单位的,"像跳蚤一样从一户蹦到另一户,从一家跳到另一家;异端学说扎下根后,信徒的家便成为它的基地"。⑤ 因此,家庭构成了宗教信仰的基本单位,一个农民提到"异端一旦传入一个家,它就会像麻风一样扎根四代之久,或者永远存在下去"。⑥ 同样,天主教的发展也依靠家庭。

我们可以看到,《蒙塔尤》(尤其是第一部分)和《一个中国村庄》在内容安排上是很相近的,而两者的差别仅仅是资料来源的不同。《一个中国村庄》是"从一个在此社区长大并经历了所描述的大部分社区生活的参与者的

---

① 彼得·伯克:《法国史学革命:年鉴学派,1929—1989》,刘永华译,北京大学出版社,2006年,第76页。
② 杨懋春:《一个中国村庄——山东台头》,张雄、沈炜译,江苏人民出版社,2001年,作者前言第7页。
③ 同上书,作者前言第8页。
④ 埃马纽埃尔·勒华拉杜里:《蒙塔尤——1294—1324年奥克西坦尼的一个山村》,许明龙、马胜利译,商务印书馆,1997年,第42—43页。
⑤ 同上书,第43—45页。
⑥ 同上书,第44页。

视角进行描述"①;而《蒙塔尤》的资料是宗教法庭的档案,勒华拉杜里通过这些历史文字资料,"深入观察了'我们失去的世界',以及在这个'旧日美好年代'中生活的庄稼汉们"。②

无论是杨懋春还是勒华拉杜里,他们在描写了初级群体(家庭)之后,都扩展到次级群体(村庄)中初级群体之间的相互关系,而这最典型的就体现在小集团的冲突之中。在蒙塔尤,存在着两个相互对立的集团,其中占主导地位的是克莱格的小集团及其同盟者,这个小集团势力很大,"几乎足以单独充当全村本地人社会的化身"③。克莱格小集团在蒙塔尤的霸权来源于卡尔卡松宗教裁判所的支持,但是随着帕米埃主教雅克·富尼埃的介入,克莱格家人"在当地组织的控制和保护体系开始出现裂缝"④。双方的焦点是关于什一税的征收问题:克莱格家族长期以来一直凭借着收税人的身份,减轻什一税对村民的冲击,但是富尼埃上任后就要求严格征收什一税。因此,富尼埃的行为在客观上就破坏了克莱格家族的权力。

蒙塔尤的另一个小集团是阿泽马小集团,相对于克莱格集团,他们的势力较小。这个小集团的成员受到富尼埃主教的支持,他们"成功地在村子里组成了一个朋友和同谋的网络,在一段时间里与克莱格小集团唱对台戏"。⑤ 两个集团为了巩固优势,采取了相同的策略,包括"交换小礼物、相互帮忙……乃至交换老婆"。⑥

可见,蒙塔尤的冲突牵涉四方的利益:克莱格小集团、阿泽马小集团,以及支持它们的卡尔卡松宗教裁判所和帕米埃主教。一方面,两个小集团有了教会势力的支持才能在村内占有优势地位;而另一方面,卡尔卡松宗教裁判所和帕米埃主教"通过夹在中间的小头头达到他们的目的"⑦。

在勒华拉杜里之前,已经有其他学者关注到了这份档案,勒华拉杜里的原创性在于他采用了人类学的方法,"他试图撰写人类学意义上的历史社区研究——不是某一特定村落的历史,而是借助居民自身的话,对这一村落进行描绘及对村落代表的大社会进行描绘"。⑧ 正是由于勒华拉杜里采用了人类学的方法,拓宽了研究的视角,使得他关注的并不是档案中传统史学的内

---

① 杨懋春:《一个中国村庄》,作者前言第8页。
② 埃马纽埃尔·勒华拉杜里:《蒙塔尤》,第1页。
③ 同上书,第410页。
④ 同上书,第414页。
⑤ 同上书,第418页。
⑥ 同上书,第418页。
⑦ 同上书,第421页。
⑧ 彼得·伯克:《法国史学革命》,第76页。

容,他将蒙塔尤的档案视为"有关村落、农民和民众的文化与社交的丰富资料",而这里的"文化"是指"人类学家所说的总体含义的文化"。①

2.《蒙塔尤》与心态史

勒华拉杜里早年追随布罗代尔的研究路径,将研究兴趣集中在人口史,但他很快就转向了心态史。如菲利普·阿里埃斯正确指出的,"心态史就由于历史人口学而获得了复兴",因为历史学家试图研究人口数字背后所体现的人们"对生命、年龄、疾病、死亡等现实的态度"。②勒华拉杜里在《朗格多克的农民》中,不仅描绘了他们的物质生活状况,还分析了他们对生活和死亡的看法,以及他们在瘟疫面前的忧虑和恐惧。如果说《朗格多克的农民》只是勒华拉杜里对心态史研究的初次尝试,那在《蒙塔尤》中勒华拉杜里则将心态史研究表现得淋漓尽致。

《蒙塔尤》的第一部分是关于蒙塔尤的生态(其基础是家庭),而第二部分就是关于蒙塔尤的心态。在这一部分中,作者"不再从住家和窝棚等领域做面上的考察",而是深入研究蒙塔尤的社会文化,"努力探讨一个充斥日常生活的颇有讲究的各种举止",并且研究当地人的爱情生活、性生活、夫妻生活、家庭生活和人口问题。③

勒华拉杜里首先研究了蒙塔尤人的举止、激情和爱情,然后研究了死亡、文化和小集团冲突,之后研究了时空观念和对自然的态度,最后则研究了蒙塔尤人的信仰。蒙塔尤人的信仰是受制于彼岸世界的,因而拯救灵魂是很多人最关心的事,正如萨巴泰的一位村民所说:"我对于上帝的全部了解,就是他是为了拯救我们才存在的。"④因此,人间的家和彼岸世界的天堂成了蒙塔尤社会的两极,但是对于大多数信奉异端的蒙塔尤人来说这两极是无法调和的,存在着明显的张力,"一个人不可能既要家又要拯救灵魂,两者只能舍一保一"。⑤

下面我以时间观念为例来展现勒华拉杜里的心态史研究。吕西安·费弗尔在《16世纪不信神的问题》一书中最先使用了"心态工具"(outillage mental)一词,这后来为年鉴学派第三代历史学家所继承。勒华拉杜里在《蒙塔尤》中也研究了"时间观念"这一心态工具。蒙塔尤人并不依靠教堂的

---

① 埃马纽埃尔·勒华拉杜里:《蒙塔尤》,第194页。
② 菲利普·阿里埃斯:《心态史学》,勒高夫等主编:《新史学》,第176页。
③ 埃马纽埃尔·勒华拉杜里:《蒙塔尤》,第194页。
④ 同上书,第641页。
⑤ 同上书,第642页。

钟声来准确区分时间,他们通常用与进餐有关的词语(如午饭、晚饭、点心、正餐等)来描述时间;表示白天的词语部分带有天主教色彩(如日课经第三时、午前祷告、晚祷等);而表示夜间时间的则几乎完全是世俗的词语,只能描述视觉、物候和听觉(如太阳落山以后、头一觉睡醒的时候、鸡叫三遍的时候等)。① 表示一年中的不同时期,蒙塔尤人会利用物候或农业活动,但主要是依据教会的活动,尤其是教会的纪念日,"在蒙塔尤和上阿列日地区,万圣节、圣诞节、狂欢节、封斋节、圣枝主日、复活节、圣灵降临节、耶稣升天节、圣母升天节、圣母诞生日、圣十字架瞻礼日等等,组成了一个完整的周期"。② 因此,在上阿列日地区,一年分为两个时期:第一个时期从圣诞节到圣灵降临节,第二个时期从圣灵降临节到万圣节。可见,蒙塔尤人的时间概念是模糊的,"人们的时间心态还停留在墨洛温王朝时代,与图尔的格里哥利或传说中的作家弗雷代盖尔所使用的记时方法十分相近"。③ 在这样的时间观念中,蒙塔尤是个没有历史的村庄,当地的居民"生活在既与过去割裂又与将来没有联系的一个'时间的孤岛'上",这个村子"走过了漫长的岁月,却没有历史,只有许许多多的故事,从建立村子直到当代的故事"。④

不仅年鉴学派的史学家关注时间观念,人类学同样也关注这个问题,例如,英国人类学家埃文思-普里查德在《努尔人》中就研究了非洲努尔人的时间观念。埃文思-普里查德将努尔人的时间概念分成两类:生态时间和结构时间。每天的计时钟表则是"牛钟表"(cattle clock),即"放牧任务的轮回次数","把牛从牛棚牵到畜栏、挤奶、把成年牛群赶往牧场、挤绵羊和山羊奶、赶着羊和小牛去牧场、清扫牛棚与畜栏、把羊群和小牛赶回家、成年牛群返回、挤夜奶、把牲畜关进牛棚"。可见,努尔人通常用这些活动与事件协调起来,而不是参照太阳运行的轨迹,因此人们会说"我将在挤奶的时候回来""当小牛回到家时我就出发"等。⑤ 生态时间的最大单位是年,而较长的时间段则是结构性的,因为它是"群体之间相互关系的反映",因此是"由结构关系所决定"的。⑥

尽管蒙塔尤的居民和努尔人生活在不同的时空之中,但我们可以发现他们在时间观念上的相似性,都是含糊的、不明确的,通常是由自然变化和

---

① 埃马纽埃尔·勒华拉杜里:《蒙塔尤》,第430页。
② 同上书,第433页。
③ 同上书,第436页。
④ 同上书,第441、643页。
⑤ 埃文思-普里查德:《努尔人——对尼罗河畔一个人群的生活方式和政治制度的描述》,褚建芳等译,华夏出版社,2002年,第121页。
⑥ 同上书,第121页。

农业活动来估算的。从这个例子中,我们也可以看出心态史与人类学的密切关系。虽然人类学家并没有使用心态一词,但是却与历史学家不谋而合,可见人类学对历史学的影响。

勒华拉杜里的《蒙塔尤》表明了年鉴学派从经济研究到心态研究的转向,这一过程被称为"从地窖到顶楼",伏维尔高度评价道:"今天他(勒华拉杜里)对蒙塔尤地区的研究已生动地表明他把握了整幢建筑:从地窖到顶楼,即从土地结构到乡村集体心态中最为复杂的种种形式。"①

3.《蒙塔尤》和微观史

勒华拉杜里在书中写道:"蒙塔尤是一滩臭气扑鼻的污水中的一滴水珠。借助日益增多的资料,对于历史来说,这滴水珠渐渐变成了一个小小的世界;在显微镜下,我们可以看到许多微生物在这滴水珠中游动。"②

尽管蒙塔尤只是一个地方性的案例,但是它在同时期的上阿列日地区具有普遍性。同时,蒙塔尤的微观研究有助于我们重新审视一些宏观的理论。勒华拉杜里在描述了蒙塔尤以及上阿列日地区的小集团冲突之后,对马克思主义的论断进行了重新的思考,他写道:

> 马克思主义的论断有时倒很适用于对我们的问题进行分析。在某些时候,因教会、宗教、什一税等等引发的问题,确实使掌握领主权力的人(领主贵族或代表他们利益的平民领地法官)与一部分被统治者产生对立。可是,在蒙塔尤,这种冲突却是通过村子里的帮派或小集团之间的争斗得到表现的,而这些帮派或小集团并非势均力敌,况且其成员数量多寡也经常发生变化。从另一方面来说,这种类型的冲突就其确是一类冲突而言,也并非自始至终一直存在。某些时候,领主法官及其同僚在什一税和宽容异端问题上一旦取得了有效的妥协,村里的大多数人就都团结在他们周围了。何况,这种斗争并不引发革命,这一点是无需赘言。与其说它们是根本利益的冲突,毋宁说是帮派性质的冲突。对于力图争得权力的那个小集团来说,他们的目的不是打碎另一个小集团牢牢掌握的领主、地方法官和本堂神甫的权力,而是把这些权力夺过来,据为己有。他们并不想改变世界。③

---

① 米歇尔·伏维尔:《历史学和长时段》,勒高夫等主编:《新史学》,第 136 页。
② 埃马纽埃尔·勒华拉杜里:《蒙塔尤》,第 428 页。
③ 同上书,第 426—427 页。

从这段论述中,我们就可以发现微观案例与宏观理论之间的差距。勒华拉杜里并不否认马克思主义论断在宏观分析中的有效性,但将它运用于微观研究时往往需要做重新的调整。在蒙塔尤,人们的不满主要是针对第一等级的教士而非第二等级的领主,他们反对教会的主要原因是繁重的什一税,正因如此,很多人才转向了异端信仰。

另一个例子是关于对儿童的情感的。勒华拉杜里根据档案资料,认为蒙塔尤的父母对自己的孩子具有很深的感情,在失去他们的孩子时会深感悲伤。这与菲利普·阿里埃斯的著名论断不符合,阿里埃斯认为对儿童的抚爱是现代或中世纪末的新发明。勒华拉杜里写道:"这一事实让我们谨慎地对待那些学者(无论他们多么杰出)的话。他们告诉我们说,对儿童的情感意识是从现代的精英社会中发现的。他们还说,在古老制度的年代,人民阶层中的农民,甚至市民对儿童都是麻木不仁的。"①

当然,蒙塔尤作为一个偏远的法国小村庄,是否能代表整个法国的情况,这需要更深入和广泛的研究,因此蒙塔尤的个案也不足以完全否定马克思和菲利普·阿里埃斯的论断。但是,通过这两个例子,我们可以看到,微观研究可以使我们得以重新检视一些普遍的理论和观点。即使微观研究不能说是宏观理论的替代物的话,至少也是很好的补充。

《蒙塔尤》不仅是一部研究法国南部地区史的著作,更重要的是它体现了勒华拉杜里在史学方法上的贡献。人类学方法和心态史研究是年鉴学派第三代历史学家的两个主要特征,勒华拉杜里在《蒙塔尤》中将这两个特征完美地结合起来。同时,《蒙塔尤》的微观研究也是对当时以卡洛·金斯伯格和乔万尼·列维为代表的意大利微观史学的呼应。

《蒙塔尤》出版后获得了极大的好评,查理·伍德(Charles T. Wood)评论道:"这是一部引人入胜的著作,阅读它所产生的情感,如同济慈第一次读到查普曼翻译的《荷马史诗》。虽然从学术上讲《蒙塔尤》是一部地区史,但它大大丰富了我们对中世纪生活的理解,远甚于马克·布洛赫的《封建社会》以来的任何书籍。"②当然,《蒙塔尤》问世后也招致了一些质疑和批评,这主要集中在如下两个方面:

主要的批评意见集中在勒华拉杜里对史料的使用上,他们指责勒华拉杜里在史料的使用上不够严谨。这又包含了两个方面。首先是"转译"的问题。

---

① 埃马纽埃尔·勒华拉杜里:《蒙塔尤》,第312页。
② Wood, C. T., "Review: Montaillou, Village Occitan de 1294 a 1324 by Emmanuel Le Roy Ladurie", *The American Historical Review*, Vol.81, No.5, Dec., 1976, p.1090.

村民在宗教裁判所说的是奥克语,而书记员记录时使用的则是拉丁语,因此勒华拉杜里没有考虑到"书记员误解或误译蒙塔尤人陈述的可能性"。① 还有学者在阅读了原始资料后指出了一些细节方面的不准确之处。②

对《蒙塔尤》的第二个批评与微观史学有关,涉及典型性问题。一方面,作为法国南部的一个小山村,蒙塔尤是否具有典型性,或者说在多大范围内具有典型性?正如彼得·伯克所说的:"问题在于,村落代表的大单位究竟是什么?它是哪个大洋之中的一滴水?它假设中的典型,是阿列日、法国南部、地中海世界还是中世纪?尽管作者显然有处理统计与样本的经验,但他并没有讨论这一关键的方法论问题。"③另一方面,书中很多的材料来自牧民皮埃尔·莫里的话,但问题是皮埃尔·莫里的言行是否能代表蒙塔尤。这个问题事实上也是人类学的一个基本问题,田野考察的人类学家通常会依赖一两位信息提供者,但问题是信息提供者在多大程度上能代表整个社区。④

可见,《蒙塔尤》存在着一些不足之处,而这些不足之处恰恰是历史学所借鉴的其他学科(如人类学)或方法(如微观史学)本身固有的问题。尽管如此,这并不能否定这些转型在历史学研究中的贡献。如前文所述,它有助于我们深入把握宏观的理论或基本的建构。有研究表明,在中世纪存在着三种社会经济组织体系,而蒙塔尤属于第三种体系的边缘。第三种体系在14世纪时处于衰落之中,因此有论者指出:"勒华拉杜里著作的价值在于,它提供了迄今为止对于这一曾经出现过而当时正处于衰落中的体系的社会生活的最为详细的描述。"⑤又如罗杰·马斯特斯(Roger D. Masters)对《蒙塔尤》做出了这样的评价:"这是一本非常重要的著作。吊诡的是,它对于我们准确理解西方的传统有价值,因为它聚焦于一个小村庄。尽管只集中于三十年(1294年—1324年),但这一研究从根本上改变了人们对整个

---

① Benson, E., "Review: Montaillou, Village Occitan de 1294 a 1324 by Emmanuel Le Roy Ladurie", *American Association of Teachers of French*, Vol.51, No.6, May, 1978, p.931.
② Herlihy, D., "Review: Montaillou, Cathars and Catholics in a French Village, 1294-1324 by Emmanuel Le Roy Ladurie", *Social History*, Vol.4, No.3, Oct., 1979, pp.517-520.
③ 彼得·伯克:《法国史学革命》,第77页。
④ Nelson, J. L., "Review: Montaillou, Cathars and Catholics in a French Village, 1294-1324 by Emmanuel Le Roy Ladurie", *The Economic History Review*, New Series, Vol.32, No.1, Feb., 1979, p.154.
⑤ Hechter, M., "Review: The Limits of Ethnographic History", *Contemporary Sociology*, Vol.9, No.1, Jan., 1980, p.45.

中世纪的看法。"①《蒙塔尤》的确是一本重要的著作。就我看来,它的重要性不仅在于改变了人们对整个中世纪的看法,更在于它标志了年鉴学派第三代历史学家在历史人类学领域的实践以及20世纪下半叶西方史学的转型。

(二)《罗芒狂欢节》

除了《蒙塔尤》之外,勒华拉杜里的历史人类学还体现在《罗芒狂欢节》一书中。我们可以发现,尽管勒华拉杜里20世纪70年代后有很大的转变,但是他的人类学取向和微观史方法与他之前的政治史研究是有连续性的,并不是完全断裂的。

勒华拉杜里在1979年出版的《罗芒狂欢节:从圣烛节到圣灰星期三1579—1580》(*Le Carnaval de Romans: De la Chandeleur au mercredi des Cendres 1579-1580*)一书中描述了1580年法国南部多菲内省罗芒城的异乎寻常的狂欢节,因为这一年的狂欢节最终"演变成了一场显贵对工匠的血腥伏击,工匠的首领们或是被杀,或是被投入牢狱"。② 勒华拉杜里在《罗芒狂欢节》中主要运用了安托万·盖兰(Antoine Guérin)和厄斯塔什·皮耶蒙(Eustache Piémond)的回忆录以及税册等其它材料,以屠杀事件为切入点,为我们展现了16世纪下半叶罗芒城的社会结构和税收抗争以及宗教战争背景下法国南部社会的政治、社会和宗教冲突。

尽管《罗芒狂欢节》很大程度上仍是一部传统的政治史著作,书中主要处理的是近代早期法国南部的社会反叛运动,但我们可以发现勒华拉杜里明显受到人类学的影响。在第一章"城乡概况"中,勒华拉杜里首先根据瘟疫死亡名册和直接税册扼要地概述了1579年—1580年间罗芒的人口、家庭和社会阶层,勒华拉杜里在这里显然运用的是他早年所热衷的历史人口学方法;其次作者讲述了"1580年2月那场悲剧的政治—社会背景"。③ 这一部分与《蒙塔尤》的第一部分("蒙塔尤的生态")有很大的相似性,而且这种模式我们经常可以在人类学的著作中看见。

《罗芒狂欢节》中受人类学影响最大的是第十一章"范型、会社、'王国'"

---

① Masters, R. D., "Review: Montaillou, Village Occitan de 1294 a 1324 by Emmanuel Le Roy Ladurie", *The American Political Science Review*, Vol. 71, No. 4, Dec., 1977, p.1707.
② 埃马纽埃尔·勒华拉杜里:《罗芒狂欢节:从圣烛节到圣灰星期三1579—1580》,许明龙译,商务印书馆,2013年,第1页。
③ 同上书,第5页。

和第十二章"冬天的节日"。近代早期欧洲的狂欢节以及狂欢节上的会社（confraternity）和"王国"（kingdom）是历史学家受人类学影响最主要的领域，这些历史学家包括彼得·伯克、娜塔莉·戴维斯和罗伯特·达恩顿等。① 在近代早期的欧洲，"平民和资产者都经由会社的中介参与狂欢节的活动，这些会社承担着动员和聚集罗芒社会各阶层的使命，使它们都能参与集体行动和节日仪礼"。罗芒主要的会社有四个："显贵一边的圣马蒂厄会、莫古维尔-邦古维尔会，工匠和城市农民一边的圣布莱兹会和圣灵会"。② 其中莫古维尔-邦古维尔修道院是显贵一边相对重要的会社，"所谓修道院，只是借用这个称谓而已"：

> 莫古维尔修道院……是一种年轻人欢聚的团体，其成员均为18岁到38岁的已婚或未婚男性；凡正式参加这个团体者都称作"修士"，初来者称作"初学修士"。所有成员都由一名"修道院长"领导，此人年龄稍大，接近40岁，是本市执政官的后备人才。还有一名司库，这个职位的任职人员几乎从来不更换。莫古维尔修道院在宗教和欢娱等方面发挥多种作用，其中包括封斋期（承担宣教人的酬金）、狂欢节和春季（祈求作物丰收）、权力（政治和市政）、爱情（两性和夫妇）……在丰盛星期二那一天，莫古维尔修道院要在罗芒举行女佣舞会，搭台和雇请五六位小提琴手所需的经费，要从修士们向民众募捐所得中支出，圣诞节—狂欢节期间的所有民间舞会和假面舞会，只要有可能，都应由莫古维尔-邦古维尔修道院负责。③

此外，莫古维尔-邦古维尔修道院还向本城的每一桩婚事收费，有时会有"大声喧闹"仪式（*charivari*）：

> 外来户和鳏夫举行婚礼时，"修道院"和"修士"们还吹号敲鼓，以示祝贺。这种婚庆其实是在替基督教完成一项宗教使命，因为，教会在很长时间里鄙视再婚，拒不为再婚新人举行婚礼祈福仪式。再婚打破了

---

① Davis, N. Z., "The Reasons of Misrule: Youth Groups and Charivaris in Sixteenth-Century France", *Past & Present*, No. 50, Feb., 1971; Burke, P., *Popular Culture in Early Modern Europe*; Darnton, R., *The Great Cat Massacre and Other Episodes in French Cultural History*.
② 埃马纽埃尔·勒华拉杜里：《罗芒狂欢节》，第343页。
③ 同上书，第345页。

某种平衡,热热闹闹的婚礼则把这种平衡重新建立起来。①

在法语中,"莫古维尔"(Maugouvert)的意思是坏政府(mauvais gouvernement),"邦古维尔"(Bongouvert)的意思是好政府(bon gouvernement),"喧嚣胡闹'坏政府'(莫古维尔)其实只是在戏谑中借助严格遵守夫妇合约和社会合约重建'好政府'(邦古维尔)的一种手段"。②

圣马蒂厄会和莫古维尔是资产者和半资产者的会社,而圣布莱兹会和圣灵会则是平民组织,其中圣布莱兹会是罗芒工匠的会社:

> 圣布莱兹会的会友大多是独立经营的小作坊主或小小作坊主,基本上都以家庭为单位从事手工艺制作,只有少数采取联营方式;他们当中有人雇佣一个或数个伙计。圣布莱兹会的会友每年缴纳会费5苏。……圣布莱兹会负有某些行会职责,每年要接受本行业的若干师傅,1631年这一年就接受了14位师傅,并举行仪式向他们表示欢迎之意。普通织毯匠和伙计并未因此而被拒之于门外,这些人也能加入这个比较民主的组织,只是我们并不清楚入会的具体程序和手续。圣布莱兹会还具有组织节庆活动的功能,作坊主也有自己的节日,这些节日通常也是接受师傅入会的时刻,圣布莱兹会往往在此时举行舞会,以示庆贺,于是乎,点亮蜡烛,拉起提琴,敲响大钟……圣布莱兹会还是一个莫古维尔那样的"修道院",它的头头也被称作"修道院长"。……在(1580年)2月3日举行的准军事游行中,圣布莱兹会也指定了一位队长,在此后几天的王国活动中,还指定了一位国王。这就是说,国王、队长和修道院长,多菲内省节日里王国中不可或缺的三个重要人物全都有了。③

在狂欢节中起作用的除了会社之外还有各种"王国",在1580年罗芒狂欢节中就有诸如绵羊王国、老鹰——公鸡王国、野兔王国、阉鸡王国和山鹑王国等。勒华拉杜里根据其他学者的调查研究,认为"王国"活动具有以下成分:宗教核心、选举国王和王后以及其他宫廷大臣、娱乐,这些成分在罗芒的"王国"中都可以发现:

---

① 埃马纽埃尔·勒华拉杜里:《罗芒狂欢节》,第347页。
② 同上书,第344、348页。
③ 同上书,第349—350页。

罗芒的这些王国也都与宗教节日密切相关,例如圣布莱兹节,至少也与宗教仪式相关,例如弥撒。站在这些"王国"后面的是某个行会或某个欢乐的"修道院";而这些王国所组织的活动则包括赛跑或赛马、通过宰杀动物(砍掉公鸡的脑袋)比试灵巧能力、国王或王后登位、虚拟的臣工任职、荒诞不经的节目、伤风败俗的舞蹈、大型舞会和丰盛的筵宴……①

勒华拉杜里对这些会社和"王国"所具有的功能的解释显然受到了人类学和社会学理论的影响,他认为这些会社(尤其是显贵的会社)中所呈现的"颠倒"正起到了社会控制的作用:

为了在某一时间中让社会置于头朝下、脚朝上的倒立状态,就需要了解这个社会非特殊时期中的常态及其自下而上的各个等级的状况。一个处于统治地位的会社用来颠倒常态的仪规,具有一种适逢其时的功能,这是一种保守、整合和等级强化的功能,因为,这些仪规之所以在封斋期前的几天中颠倒常态,使社会呈现出头朝下、脚朝上的不正常状态,恰恰是为了在狂欢节过后漫长时日中,否定这种不正常的颠倒状态。②

同样地,"王国"也起到了类似的作用:

罗芒狂欢节大量使用"王国"这种欢庆节日的模式,狂欢节深深植根于当时的天主教教区和会社文化之中;享有声望的领袖们,无论是大是小,也无论是平民抑或富人,都想"让民众大呼意想不到",他们的追求有时是保守的,有时是激进的,为了能达到目的,他们多少得付出一些钱或蜡,以便在狂欢节或复活节等节日数天里成为"国王"……旧制度下的天主教文化极其巧妙地把神圣和亵渎、宗教和戏谑融为一体,并经由"王国"创制出一种社会工具,下层民众则借助这种工具发出他们的呼声、让人们听到他们的愤懑和要求。平民的政治要求在平常日子里受到压制,只有借助狂欢节的宗教外衣才能得以表达。在庄严和程式化的"王国"中,人群中危险的潜在意识暂时找到了一个向外表露的机遇。③

---

① 埃马纽埃尔·勒华拉杜里:《罗芒狂欢节》,第354—355页。
② 同上书,第353页。
③ 同上书,第356页。

第八章　年鉴学派与历史人类学

会社和"王国"是与狂欢节密切相关的，因此勒华拉杜里在第十二章"冬天的节日"中将目光转向狂欢节这个更大的题目。勒华拉杜里在这一章中借鉴了人类学理论，从六个方面分析了近代早期的狂欢节：

（1）年度—日历上的。在这里，勒华拉杜里运用了阿诺尔德·范热内普、埃德蒙·利奇和维克多·特纳等人类学家的理论，他认为狂欢节类似于"过渡礼仪"，包括三个过程：① 先期，"这个时期标志着与正常生活的时间或已经过去的那一年分离"；② 初始，"这个时期相当于踏进门槛，实现过渡或跨过边缘……钟摆迅速回到原位，时间在此期间开始向相反方向流动，也就是名副其实的颠倒阶段"；③ 后续，"重新融入日常时间，这个阶段一直延续到下一次交替，如此周而复始"。①

（2）基督教—非宗教的。狂欢节与之后的封斋期是相对立的：

> 狂欢节是封斋期之前的一项活动，却与封斋期大异其趣，这就使狂欢节最大程度地脱离了基督教教义。封斋期中应该做的是禁食、禁欲和展示高尚的德行。从历史上来看，封斋期是和平的实践，是上帝的停战时期。狂欢节恰恰与此相反，它所推崇的是犯罪、美食和淫欲，饕餮（颠倒的食品价格、"王国"的筵宴、丰盛的菜肴），放纵性欲（一年之中结婚和受孕最多的时期），群舞、选举"国王"和"王后"，对富家佳丽潜在的性侵犯和威胁，等等。总之，狂欢节让人看到的是实在的或模拟的好战行为（穷人的剑舞、富人军事游行）。就此而言，狂欢节是一种民俗的、乡村的乃至异教徒的行为。②

（3）季节性—冬季的。狂欢节"表现的是一种对于季节的感知，在时间上恰好与冬季即将结束相关，而对于一种依然停留在半农阶段因而与自然相当接近的文明来说，冬季是一个承前启后的关键性季节"。③

（4）农业—生殖的。狂欢节还有一种农业（丰产）和生物（生殖）功能，勒华拉杜里指出："狂欢节是促进生殖的活动，更广泛地说，冬季的所有节日都是为了促进生殖。"④

（5）社会—冲突的。勒华拉杜里引用胡里奥·卡洛·巴洛哈（Julio

---

① 埃马纽埃尔·勒华拉杜里：《罗芒狂欢节》，第 358 页。
② 同上书，第 361 页。
③ 同上书，第 362 页。
④ 同上书，第 364—365 页。

Caro Baroja)的观点,认为"狂欢节的目的是为当地社会的良好运转提供保障"。① 彼得·伯克在《近代早期欧洲的大众文化》中对狂欢节的这种社会功能进行了详细的说明。

(6)象征性—礼仪性的。狂欢节的前面五种功能很大程度上是通过象征方法实现的,例如"武装芭蕾"具有如下意义:"时空礼仪""农业丰收礼仪""男青年和会社成员危险的阳刚启蒙礼仪""对阶级斗争的肯定"。② 在罗芒,1580年狂欢节的组织者们"运用了多种象征性手法,对社会面貌做了全面、动态和具有对抗性的描述"。③

通过以上的分析,我们可以看到勒华拉杜里是如何将人类学的方法和理论应用到历史研究之中的。勒华拉杜里的著作为我们展现了年鉴学派在历史人类学研究方面的成就。

---

① 埃马纽埃尔·勒华拉杜里:《罗芒狂欢节》,第366页。
② 同上书,第378页。
③ 同上书,第366页。

第九章 格尔兹人类学与历史人类学

自20世纪70年代起，英美历史学家开始关注法国的历史学实践以及雅克·德里达、罗兰·巴特、米歇尔·福柯和皮埃尔·布尔迪厄等的后结构主义理论。但是，英美历史学家更多的是受到了美国人类学家克利福德·格尔兹的影响。自格尔兹1970年来到普林斯顿大学高等研究院（Institute of Advanced Studies）后，他的解释人类学对整个学术界产生了巨大的影响，因此美国人类学家罗纳托·罗萨尔多将格尔兹称为"人类学的大使"。

格尔兹的人类学著述丰富，但对历史学产生影响的主要是他于1973年出版的论文集《文化的解释》，书中所提出的"深描"方法以及《深层的游戏：关于巴厘岛斗鸡的记述》一文对历史人类学产生了深远的影响。历史学家彼得·伯克认为，新社会文化史以"历史人类学"著称，其实践者像人类学家一样"研究日常生活，并试图找出隐藏于表面之下的规则、常规、习俗和原则"。[①]

一、"文化作为文本"

美国文化人类学的核心是"文化"，但文化本质上是一个有争议的概念。美国人类学家克莱德·克鲁克洪和阿尔弗雷德·克鲁伯曾整理了自爱德华·泰勒以降的各种关于文化的定义，他们共收集了可归为13个范畴的171种定义。克利福德·格尔兹认为必须把文化"变成一种界限明确的概念，有着确定的适用、明确的意义和特定的用法"。[②] 格尔兹的人类学正是

[①] 彼得·伯克：《西方新社会文化史》，刘华译，李宏图校，《历史教学问题》2000年第4期，第27页。
[②] Geertz, C., *A Life of Learning: Charles Homer Haskins Lecture for 1999*, American Council of Learned Societies, 1999.

建立在反思"文化"这一人类学核心概念的基础之上的。格尔兹的文化概念是指"从历史沿袭下来的体现于象征符号中的意义模式,是由象征符号体系表达的传承概念体系,人们以此达到沟通、延存和发展他们对生活的知识和态度"。①

格尔兹将文化视为文本,他认为"观点、乐曲、公式、地图和图片均非可供观赏的理想之物,但却是可供解读的文本;仪式、宫殿、技术及社会组合物亦是如此"。② 因此,人类学家的任务就是解读这些文本,并解释文本里"象征符号中的意义"。格尔兹写道:"一个民族的文化是一种文本的集合体——这些文本自身也是集合体,而人类学家则努力从这些文本的当然拥有者的背后去解读它们。"③而解读文本的方法就是格尔兹所提出的"深描"。"深描"(thick description)是格尔兹从英国哲学家吉尔伯特·赖尔那儿借用的术语,指对意义的分层次的深入阐释,因此民族志不再是一种观察行为,而是一种解释行为。格尔兹将这种"深描"式的民族志归纳为四个特点:(1)阐释性的;(2)它所阐释的对象是社会话语流;(3)这种阐释在于努力从一去不复返的场合抢救对这种话语的"言说",把它固定在阅读形式中;(4)它是微观的描述,"典型的人类学方法,是通过(极)其广泛地了解鸡毛蒜皮的小事,来着手进行这种广泛的阐释和比较抽象的分析"。④

对格尔兹而言,文化作为文本之所以是可解读的,是因为文化是公共的,而其中的意义是共享的,他在《文化的解释》中有一段经常被引用的论述:

> 我所采纳的文化概念本质上属于符号学的文化概念,以下的论说文试图表明它的效用。我与马克斯·韦伯一样,认为人是悬挂在由他们自己编织的意义之网上的动物,我把文化看作这些网,因而认为文化的分析不是一种探索规律的实验科学,而是一种探索意义的阐释性科学。⑤

---

① 克利福德·格尔兹:《作为文化体系的宗教》,克利福德·格尔兹:《文化的解释》,纳日碧力戈等译,上海人民出版社,1999年,第103页。
② 克利福德·格尔兹:《尼加拉:十九世纪巴厘剧场国家》,赵丙祥译,上海人民出版社,1999年,第164页。
③ 克利福德·格尔兹:《深层的游戏:关于巴厘岛斗鸡的记述》,克利福德·格尔兹:《文化的解释》,第511页。
④ 克利福德·格尔兹:《深描:迈向文化的阐释理论》,克利福德·格尔兹:《文化的解释》,第23—24页。
⑤ 同上书,第5页。

因而,对文化的解释工作"就是清理意义的结构,并确定这些意义结构的社会基础和含义"。①

格尔兹反对将文化看作纯粹的符号系统,而必须要关注行为,因为"文化形态正是在行为之流中得到表达的……它们的意义来自它们在现行生活模式中扮演的角色,而不是来自它们互相之间的任何内在关系"。② 因而对格尔兹而言,文本根植于真实经验世界中的行为,而人类学解释就是对所发生之事的"阅读"。③

格尔兹的《深层的游戏:关于巴厘岛斗鸡的记述》一文对人文学科尤其是历史学产生了重要的影响。格尔兹在文章中将巴厘岛的斗鸡作为一个文本看待,并用"深描"的方法对其进行多层次的阐释,揭示了斗鸡是"三种属性的结合",即"直接的戏剧形态、隐喻的内涵和它的社会场景"。④

首先,格尔兹揭示了雄鸡和男人之间的联系("表面上在那里搏斗的只是公鸡,而实际上却是男人")。(1) 在日常生活中雄鸡是男人的象征,"巴厘男人与他们的雄鸡的深刻的心理认同是明白无误的";(2) 男人与雄鸡的关系不仅仅是隐喻的,"巴厘岛的男人,或者说大多数巴厘男人在他们的宠物身上花大量的时间,修饰它们,喂养它们,谈论它们,让它们相互试斗,或者就是以一种着迷般的赞美和梦幻似的自我专注的眼光凝视它们";(3) 雄鸡也是巴厘人"动物性的表达","巴厘人与他的雄鸡认同时,不仅把雄鸡与他理想化的自我联系在一起,甚而与其男性器官联系在一起,同时也与他最恐惧、最憎恶、既爱又恨的事物,即使之神魂颠倒的'黑暗力量'联系在一起"。⑤

其次,格尔兹将斗鸡视作"文化的事实"。"一次斗鸡就是欧文·戈夫曼(Erving Goffman)所称的一次'有焦点的聚集'——一群人全神贯注于一个共同的活动流并且按照那个活动流相互关联起来。"⑥在古典时代的巴厘,斗鸡是一个"社会事件","带一只公鸡参加一次重要的比赛对一个成年男人来说,是作为公民应尽的义务;经常在集日举行的斗鸡带来的税收是公共岁入的主要来源;对艺术的赞助是被规定的君王的责任;斗鸡场位于村庄的中

---

① 克利福德·格尔兹:《深描》,克利福德·格尔兹:《文化的解释》,第 10—11 页。
② 同上书,第 20 页。
③ Clark, E. A., *History, Theory, Text: Historians and the Linguistic Turn*, Harvard University Press, 2004, p.148.
④ 克利福德·格尔兹:《深层的游戏》,克利福德·格尔兹:《文化的解释》,第 503 页。
⑤ 同上书,第 477—480 页。
⑥ 同上书,第 484 页。

心,与其他的巴厘人礼仪的古址——议会厅、最初的庙宇、市场、信号塔和榕树相邻。"①

第三,斗鸡是一种赌博,分为中心赌博(正式的、大型的、集体性的、赌注相等)和周边赌博(非正式的、小型的、个体性的、赌注不等),这两种赌博系统尽管具有不同的形式,"实际上却并不相互矛盾,而是一个独立的更大体系的组成部分"。②

第四,格尔兹引入边沁(Jeremy Bentham)关于"深层游戏"(deep game)的概念来分析斗鸡。浅层的斗鸡与"金钱赌博"相对应;而深层的斗鸡则是"地位赌博","是一种地位关系的戏剧化过程"。因此,正是由于"巴厘社会的地位等级移入到斗鸡这种形式中"才"使得巴厘人的斗鸡变得深刻"。③

第五,斗鸡并不会导致人们地位实际上的变化。格尔兹写道:"斗鸡通过那些没有实际结果的、被降落到完全明了的层面上的行为和对象而表现普通的日常生活经历,从而使之能够被理解,由此它们的意义更加强烈地表达和更准确地被感知。"斗鸡"作为一个形象、一种虚构、一个模型和隐喻,是一个表达的工具。它的功能既不是减缓社会的激情,也不是增强它们,而是以羽毛、血、人群和金钱为媒介来展现它们"。④

格尔兹最后总结道:斗鸡是"一种使各类日常生活经历得以聚集的事物",而正是在斗鸡中"人们的内在关系的现实一次又一次被明白地感知"。⑤ 格尔兹的"深描"及其在斗鸡分析中的运用对20世纪后期历史学的发展产生了重要的影响。

二、历史学和人类学

克利福德·格尔兹在1990年的一篇名为《历史学和人类学》的文章中探讨了历史学和人类学结合的问题。在文章的一开始,格尔兹就指出了历史学和人类学由于传统上关注点的不同,而导致两个学科间的差异和争论。例如历史学关注时间,而人类学关注空间:

---

① 克利福德·格尔兹:《深层的游戏》,克利福德·格尔兹:《文化的解释》,第484—485页。
② 同上书,第490页。
③ 同上书,第494、496页。
④ 同上书,第502页。
⑤ 同上书,第508页。

有一些历史学家,他们的人类学知识结束于马林诺夫斯基或开始于列维-斯特劳斯,他们认为人类学家应呈现散落在人类世界遥远角落的稳定社会的静态画面,而不顾变化或对变化抱有敌意;一些人类学家,他们的历史观大致来自巴巴拉·图克曼(Barbara Tuchman),他们认为历史学家所做的就是讲述关于西方文明中一个或另一个插曲的劝告性故事。①

再如,历史学关注"诸如资本主义的兴起、罗马的衰落"这类思想和行为的大事件,而人类学偏爱"诸如特瓦(Tewa)世界、阿洛人(Alor)这些有着明确边界的小群体"的微观研究。宏观和微观的差异"导致了历史学家指责人类学家的细微主义(nuancemanship),沉溺于模糊的、不重要的细节,人类学家则指责历史学家的图式主义(schematicism),远离直观性和复杂性"。② 历史学和人类学的其他差异还包括诸如"高级(High)和低级(Low)、死者(Dead)和生者(Living)、书写(Written)和口述(Oral)、特殊(Particular)和一般(General)、描述(Description)和解释(Explanation)或者艺术(Art)和科学(Science)"之间的矛盾。③

正是由于存在着这些学科间的差异,一些历史学家对历史学和人类学的结合表现出极大的怀疑和忧虑。格尔兹写道:

> 历史学受到人类学对于世俗的、普通的、日常生活的强调的威胁,这使得它离开真正推动世界的力量——国王、思想家、意识形态、君主、阶级以及革命——而转向底层,着迷于大声喧闹、嫁妆、屠猫、斗鸡以及磨坊主的故事,这些仅仅推动读者,使他们转向相对主义。人们认为,对现存社会的研究导致了现在主义(presentism),将过去简单地视为我们年轻时的自己("我们失去的世界""公共人的衰落"),这如同将同时代的人错误地理解为祖先(荷马时期希腊的库拉交换、凡尔赛宫中的仪式性王权)。人类学家抱怨历史学家对书面材料的依赖使我们成为精英叙述和文学传统主义的牺牲品。历史学家抱怨人类学家对口述证据的依赖使我们成为虚构传统和记忆缺陷的牺牲品。历史学家被认为在"认识单个事物的战栗"中被一扫而空,人类学家则在体系构建的愉悦

---

① Geertz, C., "History and Anthropology", New Literary History, Vol. 21, No.2, Winter, 1990, p.321.
② Ibid., pp.321-322.
③ Ibid., p.322.

中被一扫而空,一方在表层事件的洪流中淹没了行动的个体,另一方则在集体存在的深层结构中完全消解了个体。①

同时,格尔兹认为历史人类学通常所讲的"过去是另一个国度"这一说法是不可逆的,因为"另一个国度完全不是过去",这表明了问题的复杂性。格尔兹认为"回顾"(历史学)和"旁观"(人类学)是不同的,因为作为"回顾"对象的"他者"(过去)对现在产生影响,而作为"旁观"对象的"他者"(另一个国度)并不对现在产生影响。格尔兹对此做了详细的阐释:

> 比如,我们和法兰克人之间以及我们和尼日利亚人之间的文化距离的相等,这绝非正确,尤其是当现在一个尼日利亚人居住在不远的地方。的确,甚至此处的"我们"(us)——寻求理解"他者"(the other)的"自我"(the self)——也绝不是一回事,我认为这解释了历史学家和人类学家对彼此工作的兴趣以及在追求兴趣时引起的疑虑。对那些回顾而非旁观的人来说,"我们"(we)意味着不同的事情,"他们"(they)也是如此,这是一个很难使人轻松的问题,而且日益如此。
>
> 主要的区别是,当"我们"(we)回顾时,"他者"(the other)在我们看来如同祖先。这某种程度上引导我们至现在的生活方式,尽管是变化不定的。但是当我们旁观时,情况并非如此。中国的官僚系统、实用主义或者科学可能使我们想起我们自己的情况,但是这的确是另外一个国度,某种程度上甚至荷马时的希腊也并非如此,通奸的神、个人的战争以及夸张的死亡,这些使我们想起我们的心智已经改变。对于历史学的想象,"我们"(we)是文化系谱中的一个结合点,"这儿"(here)是遗产。对于人类学的想象,"我们"是文化地名词典中的一个条目,"这儿"是家乡(home)。②

尽管有着各种争论、疑虑和问题,但历史学和人类学的结合是不可避免的趋势,西方学者进行了一系列的努力,并出现了一批优秀的著作。格尔兹写道:

> 西方的历史学家更多地注意到非西方的历史,不仅包括埃及、中

---

① Geertz, C., "History and Anthropology", *New Literary History*, Vol. 21, No. 2, Winter, 1990, p.322.
② Ibid., p.323.

国、印度和日本,也包括刚果、易洛魁和马达加斯加,视之为自主的发展,而不仅仅是欧洲扩张中的插曲;人类学关注英国村庄、法国市场、俄国集体或美国中学,以及它们中的少数群体;研究印度、印尼或北非的作为权力象征的殖民地建筑的演变;分析加勒比海、喜马拉雅山脉、斯里兰卡或夏威夷群岛中人们历史感的建构。美国人类学家写作了斐济的战争史,英国历史学家写作了罗马皇帝仪式的民族志。《近代早期意大利的历史人类学》(由一位历史学家写作)或者《历史之岛》(由一位人类学家写作),《欧洲和没有历史的人民》(由一位人类学家写作)或者《原始的反叛》(由一位历史学家写作),这些著作看上去非常正常。①

在文章中,格尔兹举了两个例子作为说明。第一个例子是"墨尔本学派"(Melbourne Group),这是"一个相对可定义的社会历史学家的小群体,他们有着人类学的观念和人类学的材料,他们发现自己越来越深入地被引入困扰那个学科的黑暗之中"。格尔兹在这里分析了这个学派的三本著作:里斯·艾萨克的《弗吉尼亚的变迁》(1982),"关于通向美国革命道路的殖民地文化兴衰的研究";因加·克兰狄能(Inga Clendinnen)的《矛盾的征服》(*Ambivalent Conquests*, 1987),"对于16世纪中期尤卡坦半岛中西班牙和印第安生活方式冲突的分析";以及格雷格·德宁(Greg Dening)的《岛屿和海滩》(*Islands and Beaches*, 1980),"描写了18世纪70年代在西方侵入的影响下马克萨斯群岛社会的毁灭"。格尔兹认为,尽管这三本著作研究的是三个不同的时空,但探讨了同一个问题,即"世界中存在之确定方式的失衡"。格尔兹最后指出:"这三本著作表明了历史学和人类学的结合并非是将两个学术领域融合成一个新的事物,而是通过在一个特殊研究——文本策略——的界限中处理它们的关系,用彼此的术语重新定义它们。"②

第二个例子,格尔兹称为"国家的象征构建"(Symbolic Construction of the State),"因为这是它的争论者所争论的内容,它提供了一个很好的例子,即当历史学家和人类学家在面对对双方而言都是传统的主题时试图共

---

① Geertz, C., "History and Anthropology", *New Literary History*, Vol. 21, No.2, Winter, 1990, p.324. 引文中提到的著作包括: Burke, P., *The Historical Anthropology of Early Modern Italy*; Sahlins, M., *Islands of History*; Wolf, E., *Europe and the People Without History*, University of California Press, 1982; Hobsbawm, E. J., *Primitive Rebels: Studies in Archaic Forms of Social Movement in Nineteenth and Twentieth Centuries*, Praeger, 1963, 2nd rev.ed.

② Geertz, C., "History and Anthropology", *New Literary History*, Vol. 21, No.2, Winter, 1990, pp.325-329.

同努力所产生的情况"。格尔兹提到了两本论文集:《权力的仪式》(Rites of Power, 1985)和《王权的仪式:传统社会中的权力和仪式》(Rituals of Royalty: Power and Ceremonial in Traditional Societies, 1987),在这里历史学和人类学有着共同关心的问题,即"权力中的意义之网"。①

格尔兹通过这两个"有偏向性的且相当任意的"例子向我们展现了回顾性和旁观性的研究,并展示了历史人类学的承诺、遇到的困难和已经获得的成就。②

在文章的最后,格尔兹认为历史学和人类学的结合"既不会导向两个领域合并成一个新的第三种事物,也不会导向一个领域吞并另一个领域的情况",因此要求历史学家不必过分担心在结合过程中丧失自我,他将历史学和人类学分别比喻为大象和野兔,当两者一起炖的时候,大象不必担心自己的味道会被掩盖。③

三、罗伯特·达恩顿与格尔兹式历史人类学

格尔兹式历史人类学的核心就是:将文化视为文本,并用"深描"的方式解释其中的象征意义。美国新文化史家罗伯特·达恩顿(Robert Darnton)的《屠猫记:法国文化史钩沉》就是格尔兹式历史人类学一个很好的例子。

罗伯特·达恩顿和格尔兹曾是普林斯顿大学的同事,两人曾连续几年共同合作开设了历史学与人类学跨学科研究的讨论班课程。1984年,罗伯特·达恩顿出版的《屠猫记》(The Great Cat Massacre and Other Episodes in French Cultural History)一书即源自这门课程的部分讲义内容。达恩顿在《屠猫记》中就借鉴了人类学的方法,"以人类学家研究异文化的同一方式处理我们自己的文明",并称之为带有民族志特点的历史学。④ 达恩顿在书中力求历史学和人类学的合流,探讨"人类学的史学"之可能性,人类学为历史学提供了一个通路(将一个表面上无法理解的仪式、文本或行为作为研究异文化的切入点)、一个过程("一贯试着从在地人的观点看事情,试着了解当地人寄意所在,也试着寻求意义的社会面向")以及一个作为象征世界

---

① Clifford Geertz, C., "History and Anthropology", *New Literary History*, Vol. 21, No.2, Winter, 1990, pp.325, 329-333.
② Ibid., p.325.
③ Ibid., pp.333-334.
④ 罗伯特·达恩顿:《屠猫记:法国文化钩沉》,吕健忠译,新星出版社,2006年,序第1页。

的概念,在其中"象征是共享的"。① 达恩顿的研究是一种从"文本(text)到语境(context)"的研究,试图解释符号之间的隐喻关系(metaphorical relations)。② 而解释文本的方法就是格尔兹的"深描"方法,达恩顿在《屠猫记》里的《工人暴动:圣塞佛伦街的屠猫记》一文正是从社会的、节日的和象征的三个层次阐释屠猫事件的意义。

《圣塞佛伦街的屠猫记》是根据18世纪巴黎的一位印刷工人尼古拉斯·孔塔半虚构的自传而写成的。孔塔的书中记述了一件发生在他们印刷所的屠猫事件,印刷所的两个学徒和一些职工对包括师母的爱猫"小灰"在内的猫进行了屠杀,他们"把奄奄一息的猫装进袋子,堆在庭院",并对这些猫进行审判,举行临终仪式,甚至"在临时搭建的刑台上把它们绞死",并引发了他们一阵"大笑"。在现代的读者看来,即使这一事件不令人反感,至少也没什么可笑的。达恩顿敏锐地察觉到,这一"阻隔我们和工业化之前的欧洲工人之间的距离"正是"从事一项探究工作的起点",因为"人类学家已经发现最不透光的地方似乎就是穿透异文化最理想的入口处"。③

在这里,达恩顿运用了格尔兹的"深描"方法,从社会的、节日的和象征的三个层次阐释屠猫事件的意义。首先,这一事件反映了工人和资产阶级之间的矛盾。早期的制造业处于一种充满诗情画意的阶段,工坊是家庭的延伸,在那里"师父和职工有劳同担,同桌共食,有时候甚至睡在同一个屋顶下"。④ 然而,到了17世纪下半叶,随着大型印刷厂淘汰了大多数的小印刷铺,职工的处境不断恶化。在孔塔的记述中,他们的学徒生涯苦不堪言,甚至还不如猫:"他们睡在一个又脏又冷的房间,天还没亮就起床,整天跑腿,还得忍受职工的侮辱和师父的虐待,只有靠厨余果腹。"更糟糕的是他们还得忍受猫成群结队地在他们卧室屋顶彻夜叫春。⑤ 为了说明这个问题,达恩顿还以同一时期瑞士的纳沙泰尔印刷公司的文件作为例证,纳沙泰尔印刷公司向各地的劳工介绍所"订购"符合他们要求的印刷工人。因此,达恩顿认为,这两个学徒想要通过屠猫这一事件恢复神话的过去,回到欧洲印刷术刚发明时的黄金时代。

然而,达恩顿并没有停留在这一层次的分析上,他通过对节日和象征的

---

① 罗伯特·达恩顿:《屠猫记》,第286页;Chartier, R., "Text, Symbols, and Frenchness", *The Journal of Modern History*, Vol. 57, No. 4, Dec., 1985, p.683.
② Darnton, R., "The Symbolic Element in History", *The Journal of Modern History*, Vol. 58, No. 1, Mar., 1986.
③ 罗伯特·达恩顿:《屠猫记》,第79—80页。
④ 同上书,第81页。
⑤ 同上书,第77—78页。

分析,继续对屠猫事件进行"深描"。近代早期的仪式中最重要的是狂欢节,其主要的特色是戏谑和暴食滥饮。而印刷业也有着自己独特的各种行业仪式,如每年两次"以游行和聚会纪念他们的守护神传道者圣约翰"(12月27日圣约翰的成圣纪念日和5月6日圣约翰的殉教纪念日),而到了18世纪,由于师父将工人排除在圣约翰的节日庆祝之外,印刷工人协会在11月11日圣马丁节举行自己的餐会。根据孔塔的记述,印刷工人协会是一个小型的"共和国","根据自己的行为规范管理自己",一旦有人违规,通常是交纳少量罚金作为处罚,罚金用来支付他们的聚餐费用。缴费和会餐是所有仪式的特色。此外,学徒生涯有着各种各样的仪式,孔塔记述了四个这样的仪式,其中最重要的是"系围裙"(学徒进入印刷铺举行的仪式)和成为正式会员的入会仪式。这些仪式在某种程度上都是一个缩小的"狂欢节",包括对学徒的戏弄以及"胡天闹地直至深夜"的会餐。一个学徒只有完整经历这些人类学意义上的仪式,才能取得新的身份,成为一个"先生"。[1]

继仪式之后,达恩顿分析了猫的象征意义,主要包括两个方面。第一,猫象征着巫术。在近代早期,人们认为女巫能变形为猫,去参加巫魔会或四处下咒行恶。因此,在屠猫事件中,通过"猎猫"(cat hunt)来影射"猎巫"(witch hunt);同时,猫在巫术中有时也是女巫的"精灵"(familiar),因此在这里师母的爱猫"小灰"就暗指女巫的精灵,强化了师母的女巫形象,因此也就将屠猫的矛头直指师母。第二,猫象征了性。在近代早期,猫通常是女性生殖和性欲的暗喻,在屠猫事件中则影射了师母与神父之间的奸情。达恩顿通过对猫的象征分析,深描了整个事件的象征意义:这些工人"利用这场屠杀进行一次猎杀女巫的行动",这使得他们有借口杀死师父的妻子的"精灵",并且"指桑骂槐说她本人就是女巫",最后他们"把大屠杀转化成闹新婚,借机吃她的豆腐,同时挖苦她的丈夫'戴绿帽子'"。[2] 在这里,我们又可以看到狂欢节戏谑的成分。

达恩顿—夏蒂埃之争

《屠猫记》出版后,引起了史学界的关注,同时也遭到一些质疑和批评,这主要集中在象征的问题上,其中最主要的批评者是法国史学家罗杰·夏蒂埃(Roger Chartier)。

夏蒂埃首先肯定了达恩顿对法国心态史的批评。达恩顿强烈反对以系列史和定量形式出现的心态史实践,他认为文本需要被阅读而不是计算,由

---

[1] 罗伯特·达恩顿:《屠猫记》,第93页。
[2] 同上书,第106页。

于对计算的强调和"对社会交往中象征因素的低估",法国历史学家在最终的分析中忽视了那些本质的东西。① 但夏蒂埃反对达恩顿对"象征"的格尔兹式理解以及将文化定义为"象征世界"。夏蒂埃举了1727年版的菲雷蒂埃(Furetière)词典中"象征"的解释来说明"本土人的观点",例如18世纪时"狮子象征勇猛"等。夏蒂埃指出:

> 我们几乎不能假定象征符号与它所象征和呈现在我们眼中的事物之间关系的稳定性。变化源自很多方面:关于符号,任何特定的象征都能传达很多意义;关于环境,一个符号能不能被赋予象征功能,这依赖于它使用的环境;关于理解,一个群体或个人与其它群体或个人必然是完全不同的。声称象征"如我们呼吸的空气一样共享"似乎是危险的。相反,它们的意义是不稳定的、易变的、不明确的。②

达恩顿对心态史的另一个批评是认为"心态的概念是混乱的、不清楚的和不精确的",而人类学(尤其是格尔兹的人类学)能提供历史学家"一个文化的连贯概念"。夏蒂埃对于这种格尔兹式的文化概念是否适用于历史学表示怀疑:

> 《屠猫记》在严格的格尔兹的意义上使用文化的概念,如《文化的解释》中所表达的"从历史沿袭下来的体现于象征符号中的意义模式,由象征符号体系表达的传承概念体系,人们以此沟通、延存和发展他们对生活的知识和态度"。在什么样的条件下一个历史学家能够合理地利用这样一种解释? 同能够进入作用于古代社会的"象征体系"的文本相比,它意味着什么样的态度? 它是否足以建立一种摆脱已死的心态史的不确定性的书写文化史的新方式? 这本书促使我们尽可能明确地提出这些问题。③

夏蒂埃对达恩顿最主要的批评在于其对"文本"的格尔兹式解读。夏蒂埃质疑了将格尔兹的"深描"方法应用于历史学研究的有效性。"将完成的行为或被述说的故事视为'文本'是否合理?"夏蒂埃写道:

---

① Chartier, R., "Text, Symbols, and Frenchness", *The Journal of Modern History*, Vol. 57, No. 4, Dec., 1985, p.683.
② Ibid., p.689.
③ Ibid., pp.683-684.

我们是否能够将文献(一个古老事件的仅有痕迹)和实践本身视为文本？在这里是不是存在混淆书写表达的逻辑和形成"实践感"所产生的逻辑这两种逻辑类型的危险？对像"文本"或"阅读"这样的术语进行隐喻性的使用通常是有风险的，当我们通过人类学调查获得的仅仅是书写的文本时，情况更是如此。它不仅去除了赋予故事或仪式与字面意义一样多意义(或甚至更多)的言说或行为方式，而且最重要的是，一个有着自身地位的真实文本介于观察者和假定的口头或节日的"文本"之间。在这个意义上，屠猫事件并不是斗鸡游戏：在叙述和解释中，历史学家所依赖的是一个已经由此构成的报告和一个已经存在的文本，这些文本都有着它自己特殊的目的。文本展现了事件，但它也将事件建构为书写行为结果。①

夏蒂埃在文章的最后总结道，任何"想要破解文本中的象征体系"的学者必须做到如下三点：

第一，将文本作为一个文本，试图确定其意图、策略以及由其话语所产生的效果；第二，避免假设它在词汇选择上存在着一个稳定的、完全的价值，但要考虑它所使用的术语的语义赋予和剥夺；最后，在它们由最初的创造所聚集和产生的特殊方式的基础上，说明文本中的行为和仪式的情景，而不是在与西方民俗文化的宝藏中的系统化形式的细微相似性的基础上对它们进行分类。②

达恩顿在《历史中的象征因素》一文中，对夏蒂埃的批评做出了回应。值得注意的是，达恩顿在文中的讨论离开了格尔兹的解释人类学，而借用了皮尔斯的符号学和列维-斯特劳斯的结构人类学。③

达恩顿反对夏蒂埃将象征理解为表象关系，他认为"象征传达多重意义，并且意义是由不同的人通过不同的方式构建的"，并引用人类学家迈克尔·赫兹菲尔德的话，"象征并不代表固定的相等性，而是代表语境中可理解的相似性"。④ 因此达恩顿认为，"文化史家要拒绝狮子——勇猛的象征观

---

① Chartier, R., "Text, Symbols, and Frenchness", *The Journal of Modern History*, Vol. 57, No. 4, Dec., 1985, p.685.
② Ibid., p.694.
③ Clark, E. A., *History, Theory, Text: Historians and the Linguistic Turn*, pp.154-155.
④ Darnton, R., "The Symbolic Element in History", *The Journal of Modern History*, Vol. 58, No. 1, Mar., 1986, p.219.

念,将象征视为多义的、流动的和复杂的,这样才会有所收获"。① 达恩顿认为,文本作者"通过叙述的方式赋予他的故事以意义",他的文本之所以能被理解,是"因为理解依赖一种意义的共同体系,意义在社会中被共享"。② 对于"是否有过度诠释的危险"的质疑,达恩顿认为:

> 对于它们的多义性,仪式包含了内在的限制。它们运用固定的行为模式和一套已确定的意义。历史学家会发现,即使他不能确切地知道每个人如何使用它,也还是可以精确地分类和描绘它。③

可见,尽管达恩顿和夏蒂埃两者在象征的复杂性上观点一致,但夏蒂埃认为象征是不明确的,象征意义也不是共享的,而达恩顿则认为尽管象征是多义的,但象征意义是共享的,在语境中是可以理解的。因此,达恩顿并没有很好地应对夏蒂埃的质疑。达恩顿可以准确理解"斐济$499"的含义,因为他和在图书馆小间阅览室上贴这个小广告的学生处于同一社会语境之中,但他和叙述屠猫故事这个文本的作者孔塔并不处于同一社会语境之中,他们的象征意义是共享的吗?

四、"人类学的诱惑"

克利福德·格尔兹是当代最具影响力的人类学家,其影响力不限于人类学,更是扩及其他学科。正如美国历史学家小威廉·休厄尔所言:"没人能像他这样影响到自己所在学科之外的读者。"休厄尔举了一个小例子进行说明:查阅1995年的"社会科学引文索引"(Social Sciences Citation Index),在人类学期刊中,美国人类学家马歇尔·萨林斯的引用率略高于格尔兹,但从全部引用量来说,格尔兹被引用的次数是萨林斯的两倍多(大约是350对150),涉及诸多的期刊。④ 因此,有学者曾这样调侃:"一个火星人被派来调查20世纪晚期地球的历史知识状况,他可能会认为人类学只有一

---

① Darnton, R., "The Symbolic Element in History", *The Journal of Modern History*, Vol.58, No.1, Mar., 1986, p.223.
② Ibid., p.228.
③ Ibid., p.231.
④ Sewell, W. H., Jr, "History, Synchrony, and Culture: Reflections on the Work of Clifford Geertz", *Logics of History: Social Theory and Social Transformation*, The University of Chicago Press, 2005, p.175.

位学者——克利福德·格尔兹！"①

这里就涉及一个问题：为什么会有如此多的历史学家热衷于格尔兹的人类学？一般认为，历史学家相对于人类学家有着显著的劣势，他们无法像人类学家那样对研究对象进行直接的观察，而只能通过文献记录来研究下层民众，但这些文献通常都是由精英阶层书写的，并非真正的底层视角。但是，格尔兹的文化理论却"给了历史学家以希望和效仿的理由"。②格尔兹认为，"文化活动，即符号形式的建构、理解与利用，如同其他一切，都是社会事件：它像婚姻一样公开，像农业一样可视。"③格尔兹认为，尽管人类学家可以作为参与者对研究对象进行直接观察，但他们没有"异乎寻常的能力像真正的当地文化持有者一样去思考、去感知、去参悟"，"并不能感知一个当地文化持有者所拥有的相同感知"，他们所感知的"是一种游离的、一种'近似的'或'以……为前提的'、'以……而言的'，抑或诸如此类通过这种修饰语言所涵示的那种情境。"④因而，人类学家需要分析文化的象征意义，"勉力搜求和析验语言、想象、社会制度、人的行为等这类有象征意味的形式，通过这种研讨判析，来验证在每一个社会中人们是如何在他们自己人中间表现自己以及如何向外人去表现自己"。⑤小威廉·休厄尔认为，格尔兹这种将文化视为由公开可得的符号体系所构成的观点为"社会历史学家提供了重要的认识论保障"，使得历史学家也可以采用人类学的方法来研究过去的社会。⑥

受格尔兹人类学"诱惑"的一个很好的例子是美国芝加哥大学历史学教授小威廉·休厄尔。休厄尔以研究法国近代社会文化史尤其是法国劳工史著称，他在1980年出版的《法国的工作和革命》（*Work and Revolution in France: The Language of Labor from the Old Regime to 1848*）一书中试图将文化人类学运用于社会史研究。

休厄尔最初受到的是"新社会史"的训练。"新社会史"主要关注普通的

---

① Goodman, J., "History and Anthropology", Bentley, M., ed., *Companion to Historiography*, Routledge, 1997, p.788.
② Sewell, W. H., Jr., "History, Synchrony, and Culture", *Logics of History*, p.180.
③ 克利福德·格尔兹：《作为文化体系的宗教》，克利福德·格尔兹：《文化的解释》，第106页。
④ 克利福德·吉尔兹：《文化持有者的内部眼界：论人类学理解的本质》，克利福德·吉尔兹：《地方性知识——阐释人类学论文集》，王海龙、张家瑄译，中央编译出版社，2000年，第71、74—75页。
⑤ 克利福德·吉尔兹：《文化持有者的内部眼界》，克利福德·吉尔兹：《地方性知识》，第75页。
⑥ Sewell, W. H., Jr., "History, Synchrony, and Culture", *Logics of History*, p.181.

工人大众和他们的经验,这些人通常不被传统劳工史所关注;在方法上,"新社会史"主要是运用社会科学尤其是社会学的方法。然而"新社会史"也有其缺陷:大多数的研究只能限定在一个很小的人群或地域范围内(如一个城镇或地区),无法把握工人的意识形态经验。这就使得历史学家寻求思想史的帮助,但思想史通常只关注著名作家的作品,而无法展现工人的集体意识。[1]

由于不满于"'新社会史'对经济、社会结构和定量的偏爱",休厄尔转向了文化人类学。[2] 休厄尔接受了克利福德·格尔兹关于"文化"的观点,将文化视为"象征和信仰的集体持有模式",他认为"社会生活的全部(从诸如宗教节日等象征性的实践到诸如建造房屋或种植谷物等表面看来平常的活动)都是文化的构建"。[3] 因而,历史学家的任务就是"理解过去人们是如何解释他们的经验的"。尽管历史学家无法像人类学那样直接参与研究对象的日常活动,但历史学家可以"在存留的记录中寻找到人们经验世界的象征形式",这种"象征形式"是指"构建人们谈论和思考其经验的言词、隐喻和修辞惯例的意义"。休厄尔认为,这种路径能使历史学家不再将阶级意识视为"强加给工人阶级的资产阶级理论家的观念",而是视为工人的"集体概念成果",工人们将之视为解释其经验的"一种更为令人满意的方式"。[4]

休厄尔在《法国的工作和革命》中关注的是"劳工的语言","不仅包括工人的言辞或关于劳工的理论话语,而且包括整个制度安排、仪式动作、工作实践、斗争方式、赋予工人世界一个可理解之形态的习惯和行动"。[5] 同时休厄尔指出,工人处于一个包含各种冲突和矛盾的复杂社会中,因此"工人的意识和行动必须放在社会变迁的语境中理解"。[6]

当格尔兹的理论在历史学界日益受到追捧的时候,其在人类学界却遭到了质疑。其中最具代表性的批评来自美国人类学家威廉·罗斯贝里(William Roseberry),罗斯贝里主要针对的是格尔兹关于巴厘岛斗鸡的文章。罗斯贝里在《巴厘岛斗鸡和人类学的诱惑》一文中,站在唯物主义的立场上,认为对斗鸡的研究"不能脱离巴厘岛的历史";同时,罗斯贝里质疑了

---

[1] Sewell, W. H., Jr., *Work and Revolution in France: The Language of Labor from the Old Regime to 1848*, Cambridge University Press, 1980, pp.5-9.
[2] Ibid., p.9.
[3] Ibid., pp.9-10.
[4] Ibid., pp.10-11.
[5] Ibid., p.12.
[6] Ibid., pp.12-13.

将文化视为文本的观念,认为应将文化概念视为"物质社会的进程",视为"生产的过程"(production)而非"产品"(product)。①

美国人类学家保罗·拉比诺(Paul Rabinow)指出:"当概念跨越学科界限时,会发生令人惊奇的时间上的推迟。当史学界的同行在(非代表性的)克利福德·格尔兹那里发现文化人类学的时候,格尔兹正在人类学界受到质疑。"②格尔兹在人类学界和历史学界的不同境遇形成了一种悖论,这一悖论可能缘于历史学家通常采用的是实用主义,他们避免理论,选择适合分析的合适工具,因此他们并不太关心人类学的理论争论,而是直接把格尔兹的方法和概念运用到他们自己的研究中。但是格尔兹人类学本身所存在的问题势必会影响到格尔兹式历史人类学,这主要体现在以下几个方面。

1. 象征意义的多义性和共享性问题

历史学家鲍勃·斯克里布纳(Bob Scribner)指出,对于人类学家(或历史学家)而言,象征是复杂的社会实践,因此需要注意如下问题:

> 随着时间的变化象征的效用和意义是否改变,为什么某种象征在特定时间比另一种象征更受欢迎,是否所有的象征都有能被历史学家获取的明确意义。此外,对于象征行为的强调在唯心主义的方向上走得太远,忽略了很多物质文化的功能的和实用的方面:有时一根管子仅仅是一根管子。在象征的建构和解释中社会性别的问题使得问题更为复杂。③

达恩顿与夏蒂埃之间的争论主要也集中于这个问题。

2. 文本及其解释问题

(1) 文本的问题。如前所述,格尔兹人类学的核心是将文化视为文本

---

① Roseberry, W., "Balinese Cockfights and the Seduction of Anthropology", *Social Research*, Vol.49, No.4, Winter, 1982, pp.1022-1024.
② 保罗·拉比诺:《表征就是社会事实:人类学中的现代性与后现代性》,詹姆斯·克利福德、乔治·马库斯编:《写文化——民族志的诗学与政治学》,高丙中等译,商务印书馆,2006年,第293页。
③ Scribner, B., "Historical Anthropology of Early Modern Europe", Hsia, R. P.-C. et al., eds., *Problems in the Historical Anthropology of Early Modern Europe*, Harrassowitz, 1997, pp.19-20.

(Culture as Text),因此格尔兹研究的对象仍是文化。但是,格尔兹式历史人类学(如罗伯特·达恩顿)研究的对象却是文本中的文化(Culture in Text),其核心是文本。在这里,人类学和历史学之间的鸿沟并没有消失:对人类学家来说,文化是其田野考察的直接结果,无须辨识其真实性;而历史学家则需要辨识其所研究文本的真实性。例如,在《屠猫记》中,达恩顿没有辨析孔塔的文本,而是想当然地将之视为真实事件的记录,而非虚构的故事。哈罗德·玛(Harold Mah)更是指出达恩顿曲解了孔塔文本的整个语境,在孔塔文本随后的段落中这些工人并没有逃脱惩罚,这样就改变了整个故事的基调。① 对于运用格尔兹人类学的历史学家来说,他们往往忽视了格尔兹在《文化的解释》中的一句话:"人类学家不研究乡村;他们在乡村里作研究。"②

(2) 人类学家(或历史学家)是否拥有解释的权威。对于这个问题,最严厉的批评来自美国人类学家温森特·克拉潘扎诺(Vincent Crapanzano)。克拉潘扎诺在《赫尔墨斯的困境》一文中分析了格尔兹关于斗鸡的文本,探讨了"民族志作者的权威建构问题"。他写道:

> 尽管格尔兹用现象学—解释学作为伪装,但其实在"深度游戏"中并不存在从当地人视界出发的对当地人的理解。有的只是对建构出来的当地人的建构出来的视角的建构出来的理解。格尔兹没有为他对意图的归因、就主观性的断言、关于经验的声称提供足够分明的证据。他关于建构的建构的建构看来都不过是臆测,或者至少是把他的视角、他的主观性与本地人——或者更准确地说是建构出来的本地人——的视角和主观性混为了一谈。③

格尔兹后来自己也意识到了这个问题,他在 1995 年出版的《追寻事实》一书中提到民族志研究普遍面临的道德困境时这样写道:"是谁给予我们权利去研究他们? 当我们用我们自己的声音谈论他们时,难道我们不是在取

---

① LaCapra, D., "Chartier, Darnton and the Great Symbol Massacre", *The Journal of Modern History*, Vol.60, No.1, Mar., 1988; Fernandez, J., "Historians Tell Tales: Of Cartesian Cats and Gallic Cockfights", *The Journal of Modern History*, Vol.60, No.1, Mar., 1988; Mah, H., "Suppressing the Text: The Metaphysics of Ethnographic History in Darnton's Great Cat Massacre", *History Workshop*, No.31, Spring, 1991.
② 克利福德·格尔兹:《深描》,克利福德·格尔兹:《文化的解释》,第 25 页。
③ 温森特·克拉潘扎诺:《赫尔墨斯的困境:民族志描述中对颠覆因素的掩饰》,詹姆斯·克利福德、乔治·马库斯编:《写文化》,第 107 页。

代或盗用他们的声音?是否可能有不涉及玩弄权术和宰制的再现他人的方式?是否一切归根结底在于谁书写了谁?殖民主义死了吗?或者说,它是否终究会有死去的一天?"①

(3)过度诠释的问题。格尔兹式历史人类学的核心就是将文化视为文本,并用"深描"的方式解释其中象征的意义,因此"过度诠释"也成为格尔兹式历史人类学无法解决的悖论。达恩顿对屠猫事件的研究如同格尔兹对巴厘岛斗鸡游戏的研究,但是这两者是不完全相同的,达恩顿的研究基于对文本的分析,而格尔兹的研究基于对事件的直接观察。因此,我们必须思考这样一个问题:达恩顿的研究方法是否存在对文本进行过度诠释的问题。② 我们需要注意的是,一方面,达恩顿对屠猫的研究提出的仅仅是一种历史的解释,而非一个历史事实。另一方面,格尔兹式历史人类学的微观视角关注"碎片",但是这些"碎片"是否能与整体建立起联系已成为人类学家和历史学家需要考虑的问题。③

3. 历时性和共时性的问题

尽管,历史学家对历史学和人类学的结合持有乐观的态度,并竭力避免人类学的理论争论,但历史学和人类学毕竟有着明显的学科差异。历史学家大多关注历时性变迁,而人类学家通常都是研究共时性的。将文化视为文本本质上是一种共时性的方法,因而格尔兹的人类学研究仍然是非历时性的。例如格尔兹的《尼加拉》将其分析的19世纪巴厘的"戏剧国家"置于历史之中,但它并不是历史研究,而是对一种"理想类型"的共时性分析。相反,历史"是一门研究历史中的变迁的学科,它试图在更大的语境中展现过去的独特方面,并提供对变迁过程的说明"。④

休厄尔认为,如果要理解历史转型问题,必须要对格尔兹的理论进行修正,而修正可以从格尔兹关于象征的双重性的观点——"现实"的模型(a

---

① 克利福德·格尔茨:《追寻事实——两个国家、四个十年、一位人类学家》,林经纬译,北京大学出版社,2011年,第120页。
② Chartier, R., "Text, Symbols, and Frenchness", *The Journal of Modern History*, Vol. 57, No. 4, Dec., 1985, p.685.
③ Comaroff, J. et al., *Ethnography and the Historical Imagination*, Westview Press, 1992, pp.16-17.
④ Errington, S., "In Memoriam, Clifford Geertz (1926-2006): An Appreciation", *Indonesia*, No. 83, Apr., 2007, p. 196; Davidson, J., "History and Anthropology", Lambert, P. et al., eds., *Making History: An Introduction to the History and Practices of a Discipline*, Routledge, 2004, p.158.

model of "reality")和反映"现实"的模型(a model for "reality")——入手。① "现实"的模型是对"现实"的表现,而反映"现实"的模型是制作"现实"的模板。格尔兹指出,正是这种双重性使文化模式"既按照现实来塑造自身,也按照自身塑造现实,它们以此把意义,即客观的概念形式,赋予社会和心理的现实"。② 休厄尔尽管同意格尔兹的观点,但他认为格尔兹忽略了这种双重性使两种模型之间产生断裂的可能性。一方面,模型不能完全表现世界的多样性;另一方面,模型在塑造世界时会招致抵抗,这些都会导致模型发生变化。③ 这就使休厄尔转而关注萨林斯的方法。萨林斯关于事件的理论指出,在将事件纳入结构中加以理解的同时,也会破坏结构的稳定,最终可能导致结构的变迁。萨林斯试图建立一种结构的、历史的人类学。

休厄尔试图在格尔兹共时性理论的基础上引入历时性视角,将共时性和历时性相结合。休厄尔认为"历史的"(historical)包含两个不同的含义:"过去的"和"随着时间发生的";它们分别代表了历史的两个面向:"作为时间语境的历史"(共时的)和"作为转型的历史"(历时的)。④ 休厄尔指出,历史研究必须将共时性和历时性相结合,如果没有对于共时性关系的分析,历时性的分析也不会是"深刻的、令人满意的、丰富的或令人信服的"。⑤ 尽管历史学家的专业训练和实践要求历史学家同时关注历史的这两个面向,但历史学家通常赋予历时性更大的特权,而格尔兹的共时性方法正好对历史学家有所助益。⑥ 而这也解释了为什么历史学家如此热衷于格尔兹。

---

① Sewell, W. H., Jr., "History, Synchrony, and Culture", *Logics of History*, p.190.
② 克利福德·格尔兹:《作为文化体系的宗教》,克利福德·格尔兹:《文化的解释》,第108页。
③ Sewell, W. H., Jr., "History, Synchrony, and Culture", *Logics of History*, pp.190-192.
④ Ibid., pp.182-183.
⑤ Ibid., p.185.
⑥ Ibid., pp.183-184.

第十章　新文化史与历史人类学

格尔兹的解释人类学和"深描"理论对 20 世纪后期历史学的发展产生了重要的影响,尤其是新文化史家主张"用格尔兹的方法代替史学方法,把文化史研究看作是对过去所作的民族志描写"。① 新文化史家林·亨特(Lynn Hunt)指出:"解读意义并非推导出解释的因果律,相反地,是被当作文化史的核心任务,就如同格尔兹提出它是文化人类学的核心任务那般。"②

在上一章中,我已经讨论了新文化史家罗伯特·达恩顿的历史人类学的实践;在这一章中,我以美国历史学家娜塔莉·泽蒙·戴维斯为例,进一步讨论新文化史的历史人类学实践。我将娜塔莉·戴维斯的历史人类学放在她的整个学术历程中加以梳理和考察,对其历史人类学理论和实践做深入的分析,借以阐明新文化史家在历史人类学方面的贡献。

一、娜塔莉·戴维斯早期的历史人类学实践

由于受到马克思和韦伯的影响,娜塔莉·戴维斯早期关注于社会史,这主要体现在她的博士论文《新教和里昂的印刷工人》(*Protestantism and the Printing Workers of Lyon*, 1959)和论文《16 世纪法国的工会》(*A Trade Union in Sixteenth-Century France*, 1966)上。尽管戴维斯对法国的总体史印象深刻,但这并不是她所需要的模式,于是她转向了人类学。③ 戴维斯的人类学转向有三个方面的背景。首先,娜塔莉·戴维斯在研究法国近代

---

① 王爱和:《人类学和历史学:挑战、对话与发展》,《世界民族》2003 年第 1 期,第 35—36 页。
② 林·亨特:《历史、文化与文本》,林·亨特主编:《新文化史》,江政宽译,麦田出版社,2002 年,第 35 页。
③ Davis, N. Z., *A Life of Learning: Charles Homer Haskins Lecture for 1997*, American Council of Learned Societies, 1997, p.13.

早期的工会时,发现了当时工人的秘密仪式,并开始尝试用人类学的方式来解释这些问题。戴维斯不再将阶级作为决定因素,而是用更复杂和多维的视角来看待近代早期的社会。①

其次,娜塔莉·戴维斯主要的研究兴趣是16世纪法国的新教,而当时很多著作都是怀有教派之见的,很少站在客观的立场上,这也使得戴维斯转而用新的视角来进行研究。她这样说道:

> 既然我并不是在研究犹太人,而且又没有任何派别的倾向,我就退了出来。对我而言,最大的转变就是离开了进化论的立场、或者用旧的术语来说的"进步的"立场。在我开始对人类学和妇女史感兴趣时,我也开始用新的眼光来看天主教。人类学对于宗教的研究方法以及对于宗教更多形式的研究,开阔了我的眼界。这使得我不再将天主教视作一个行将衰亡的体系,而是与新教同样活跃着。而我相信,这种转变由于我是一个局外人而来得更加容易。②

最后,娜塔莉·戴维斯的人类学转向和当时的社会环境也有很大的关系。20世纪60年代后期到70年代初期,政治抗议充斥着美国社会,这也部分影响到戴维斯将研究兴趣转向节日、政治和狂欢节等内容。③

正是由于受到人类学的影响,娜塔莉·戴维斯开始关注"16世纪法国内的微观世界和非正式相互作用"以及"象征行为和看似非理性的行为",并写作了一系列关于近代早期法国社会关系、大众仪式、宗教骚乱等主题的论文。④ 1971年发表于《过去与现在》杂志上的《乱政的理性:青年团体和16世纪法国的大声喧闹》(*The Reasons of Misrule*)一文可以作为这一时期的代表。这篇文章受到法国人类学家阿诺尔德·范热内普的《法国民俗手册》(*Manuel de Folklore Français*)的启发,戴维斯坦承:"《手册》及其遍及法国的民族志研究和其对历史文献的频繁使用为我打开了大门。"⑤范热内普的著作使戴维斯意识到"乡村青年团体及其喧闹的、戴着面具的仪式与法

---

① MARHO: The Radical Historians Organization, "Interview with Natalie Zemon Davis", *Visions of History*, Pantheon Books, 1983, pp.109-110.
② 玛利亚·露西娅·帕拉蕾丝-伯克:《新史学:自白与对话》,彭刚译,北京大学出版社,2006年,第65—66页。
③ Davis, N. Z., *A Life of Learning*, p.13.
④ "Interview with Natalie Zemon Davis", *Visions of History*, p.111.
⑤ Davis, N. Z., *A Passion for History: Conversations with Denis Crouzet*, Wolfe, M., ed., Davis, N. Z. et al., trans., Truman State University Press, 2010, p.45.

国以及整个欧洲的婚姻生活之间的关系","节日可以成为日常生活暂时的颠倒"。① 同时,戴维斯在借鉴人类学方法的时候并没有忘记"历史的维度",她认为人类学的模式尽管为 16 世纪的青年团体提供了一个框架和解释路径,但"我们需要更进一步接近 16 世纪的历史实际"。②

之后,戴维斯又阅读了诸如爱德华·埃文思-普里查德、维克多·特纳、克利福德·格尔兹以及西敏司等人类学家的著作。戴维斯在修改《乱政的理性》一文时运用了特纳在《仪式过程》(*Ritual Process*)中的观点,修改的版本后来被收入《法国近代早期的社会与文化》(*Society and Culture in Early Modern Europe*, 1975)一书。同时,特纳在阅读了戴维斯的文章后邀请她参加一个人类学家的研讨会,会议主题是关于颠倒的仪式和颠倒世界的形式,戴维斯在会上提交了《女性支配》(*Women on Top*)一文。③ 在这些人类学著作中,戴维斯寻找可以用以理解近代早期欧洲社会的路径。戴维斯指出:

> 现在我可以在我过去所考察的社会、经济和政治团体中加入年龄范畴,包括生者和死者的团体。我写作天主教和新教关于埋葬和追忆逝者的形式,作为家庭代际沟通的不同方式。现在我可以思考行为的象征和仪式之形式的社会和认知意义,而过去我仅仅以团体的一致性来进行解释。我写作天主教和新教的节日、游行和建筑,作为描述城市空间、赋予年度节奏以及体验圣人存在的不同方式。现在我可以比早期研究里昂印刷工人时更敏锐地考察文盲,更认真地对待口头文化的技术和作用,如谚语和记忆方式。我开始质疑我早先简单的进步观,将天主教和新教的道路视为运动的不同方式,而不只是旧的和新的,传统的和革新的。无疑,我开始将 16、17 世纪视为产生阶段而非"现代性"。④

戴维斯提到,她的人类学研究开始于多伦多大学期间,在加州大学伯克利分校期间开花结果。1975 年,戴维斯出版了《法国近代早期的社会与文化》一书,书中收录了戴维斯于 20 世纪 60 和 70 年代写的八篇论文,内容包

---

① Davis, N. Z., *A Life of Learning*, p.14.
② Davis, N. Z., "The Reasons of Misrule: Youth Groups and Charivaris in Sixteenth-Century France", *Past & Present*, No.50, Feb., 1971, p.49.
③ Davis, N. Z., *A Passion for History*, p.46.
④ Davis, N. Z., *A Life of Learning*, pp.14-15.

括：里昂的罢工、济贫、妇女、青年团体和大众仪式、宗教改革中的暴力仪式、印刷业和社会转型以及大众谚语等。这本书是戴维斯早期历史学研究的总结，同时也体现了她早期的历史人类学实践。

二、"过去的可能性"

1981年，娜塔莉·戴维斯在《过去的可能性》一文中总结了其早期的历史人类学实践，并对历史学与人类学之间的关系进行了理论上的反思。戴维斯认为人类学不仅提供给历史学新的研究路径，更重要的是扩大了可能性。[①]

《过去的可能性》一文不仅是戴维斯对其前一阶段的历史人类学实践的总结，更预示着新的变化。其实，在娜塔莉·戴维斯的早期研究中，尽管她主要受到的是功能主义人类学的影响，但她已经逐渐转向了文化的解释。例如，在《乱政的理性》一文中，为了理解近代早期法国的乱政，戴维斯"试图将它与下述几个问题相联系：青年团体的历史、低阶层间社会形式的历史、游戏及其功能"，并指出：

> 将狂欢和乱政仅仅看作一种"安全阀"和一种原始的、前政治形式的娱乐是夸大其词。巴赫金的观点离真相更近一点，他认为它们在所有的文化中都存在。我认为，它们不仅存在，而且狂欢形式的结构是发展的，这不仅可以加强秩序，而且可以为现有秩序提供选择。[②]

又如，在《暴力仪式》一文中，戴维斯运用人类学的视角来理解法国近代早期的暴力事件，认为可以从"圣经、礼拜仪式、政治权威的行动或大众正义"来理解法国近代早期的暴力仪式，而这些行为"旨在净化宗教社区和羞辱敌人并减少其危害"。[③] 戴维斯的这种研究取向受到了诸如格尔兹、特纳以及玛丽·道格拉斯等象征主义人类学家的影响，这些人类学家"强调文化的角色是维系秩序、意义、以及社会凝聚的一种巧妙机制"。[④] 戴维斯在文中

---

① Davis, N. Z., "The Possibilities of the Past", *Journal of Interdisciplinary History*, Vol.12, No.2, Autumn, 1981. 对此文的讨论，具体参见本书导论。
② Davis, N. Z., "The Reasons of Misrule", *Past & Present*, No.50, Feb., 1971, pp.73-74.
③ Davis, N. Z., "The Rites of Violence: Religious Riot in Sixteenth-Century France", *Past & Present*, No.59, May., 1973, pp.81-82.
④ 苏珊·德山：《E. P. 汤普森与娜塔莉·泽蒙·戴维斯著作中的群众、社群与仪式》，林·亨特主编：《新文化史》，江政宽译，麦田出版社，2002年，第102—103页。

认为,"暴力不应从暴力群众的疯狂、饥饿或性挫折的角度来解释,而应根据他们的行为目标和他们文化所允许的角色和行为模式来解释"。戴维斯在最后得出了更普遍的结论:"即使在宗教暴力的最极端例子中,人们也不是毫无理智的。他们在一定程度上意识到什么行为是合法的,事件发生的场合也能为他们的动机提供辩护,他们的暴力行为也基于此——戏剧的和仪式的。"[①]在这里我们可以看到,戴维斯不仅从历史的和功能的维度来进行分析,而且开始转向文化的解释。

三、娜塔莉·戴维斯历史人类学实践的转向

历史人类学(更准确说是人类学的史学)就其本质而言是将人类学的方法运用到历史学中,因此人类学为历史人类学提供了方法论上的依据。同时,正是由于人类学方法本身的发展,也使得历史人类学的转变成为可能。有学者将历史人类学归纳为两种范型。第一种范型称为"历史的人类学",人类学提供了"比例缩小"(scale reduction)的方法来克服社会科学的两极,即结构和行动,这种研究倾向于社会史或历史社会学,它考察的对象可能很小,但研究的问题却是诸如社会权力、社会变迁、社会关系的类型、宗教的功能之类的大问题。第二种范型称为"人类学的史学",即运用格尔兹、特纳、道格拉斯、范热内普、涂尔干等人类学家的分析方法来进行历史研究,这种范型倾向于文化史研究。[②]

娜塔莉·戴维斯早期的历史人类学实践类似于第一种范型。1978年,娜塔莉·戴维斯到普林斯顿大学任教,开始了其学术生涯的新阶段,这一阶段的历史人类学实践倾向于第二种范型。戴维斯在普林斯顿大学期间的历史人类学实践受到人类学家克利福德·格尔兹和历史学家劳伦斯·斯通的影响。当时,格尔兹和斯通都在普林斯顿大学,斯通主持着历史研究中心,而格尔兹和戴维斯曾共同主持一门课程。格尔兹和斯通对戴维斯的影响主要体现在两个方面:

(1)"深描"的方法。20世纪70年代,格尔兹用"深描"来代替旧的民族志。深描是指对意义的分层次的深入阐释,因此民族志不再是一种观察行为,而是一种解释行为。"深描"对历史人类学产生了重要影响,娜塔莉·戴

---

① Davis, N. Z., "The Rites of Violence", *Past & Present*, No.59, May., 1973, pp.90-91.
② Kalb D. et al., "Historical Anthropology and Anthropological History: Two Distinct Programs", *Focaal*, No.26/27, 1996, pp.7-8.

维斯等新文化史家采用格尔兹的方法,把历史研究看作对过去所作的民族志描写。

(2) 历史与文学的结合。1979年劳伦斯·斯通在《叙事史的复兴:对一种新的旧史学的反思》一文中宣告"叙事史的复兴",并认为叙事史的复兴导致了西方历史学研究的转型,其中包括"在组织结构方面,从分析转向叙述;在历史学家功能的概念化方面,从科学的转向文学的"。① 正是在劳伦斯·斯通的影响下,戴维斯不仅继续历史人类学的实践,同时也思考历史与文学之间的关系。这种叙事不是传统的讲故事,对于戴维斯而言,关键的是叙事中的不确定因素。正如戴维斯在《马丁·盖尔归来》(*The Return of Martin Guerre*, 1983)中所说,她的历史实验室"提供的不是证据,而是历史的可能性"。②

尽管娜塔莉·戴维斯在早期的历史研究中已经运用人类学方法进行了历史研究,关注于大声喧闹、悼念仪式、大众谚语等主题,但缺乏"田野考察近距离的民族志观察",而这种近距离观察使得"人类学家可以看到人际交流和事件发展的准确顺序,并听到参与者讲述事件的发生过程"。③ 由于研究对象的独特性,历史学家不能采用田野考察的方法,只有"通过文本、图像和器物"才能了解一种文化。④ 当埃马纽埃尔·勒华拉杜里和卡洛·金斯伯格写作了著名的微观史学著作后,娜塔莉·戴维斯则以电影的方式进入了微观史学领域,她自己称之为民族志。在筹拍电影《马丁·盖尔归来》(*Le Retour de Martin Guerre*, 1982)的过程中,戴维斯意识到"拍电影可能类似于民族志体验",她提出:"想象任何场景——村民们欢迎新来者;围坐在火炉边修工具、聊天、讲故事;争吵;回答法官的提问——都迫使我回到资料中去寻找场景可能是如何的或看似是如何的。"⑤1983年,戴维斯出版了《马丁·盖尔归来》一书:

> 在书中,我试图根据我所能确定的乡村生活来理解马丁·盖尔的"奇妙故事"。……受到电影叙述的影响,我决定讲述这个故事两次,第一次以事件在乡村中的每个阶段所展现的方式,第二次以故事讲述者——科拉斯法官、法庭中的年轻律师、蒙田以及其他人——所讲述的

---

① Stone, L., "The Revival of Narrative", *Past & Present*, No.85, Nov., 1979, p.24.
② 娜塔莉·泽蒙·戴维斯:《马丁·盖尔归来》,刘永华译,北京大学出版社,2009年,第4页。
③ Davis, N. Z., *A Life of Learning*, p.17.
④ Davis, N. Z., "The Possibilities of the Past", *Journal of Interdisciplinary History*, Vol.12, No.2, Autumn, 1981, pp.271-272.
⑤ Davis, N. Z., *A Life of Learning*, p.18.

方式。我希望读者注意到建立关于认同的真实性和建立历史的真实性之间的相似之处。①

《马丁·盖尔归来》以及后来的《档案中的虚构》(Fiction in the Archives: Pardon Tales and their Tellers in Sixteenth Century France, 1987)中对文学和史学关系的关注,也是对劳伦斯·斯通的呼应。戴维斯写道:"事实上,'虚构'(fiction)并不是指伪造,而是我们所做所说的任何事中的技巧成分。不同于极端的反基础主义者(anti-foundationalist)不信任档案,我将它们作为关于16世纪的一种新材料。"②

1995年,娜塔莉·戴维斯出版了《边缘中的女人》(Women on the Margins: Three Seventeenth-century Lives)一书。在书中,戴维斯利用17世纪三位女性(犹太人、天主教徒和新教徒)的回忆录、自传、信件和著作重建了她们的生活以及她们处于边缘位置中的个人经验、自我意识和表达。正是在这本书中,戴维斯将过去所有的兴趣——社会学的、人类学的、民族志的以及文学的——结合起来,她的历史人类学实践进入了一个新的领域。③

四、礼物研究:娜塔莉·戴维斯历史　　人类学研究的深化

2000年,娜塔莉·戴维斯出版了《16世纪法国的礼物》(The Gift in Sixteenth-century France)一书,这是一本关于礼物交换的历史人类学研究,也是其研究深化的一种标志。戴维斯对礼物这一主题的兴趣来自法国人类学家马塞尔·莫斯(Marcel Mauss),戴维斯如此说道:"遍及我的整部著作,我都是在与他对话。"④

马塞尔·莫斯在《礼物——古代社会中交换的形式与理由》(Essai sur le don, 1924)一书中试图回答如下问题:"在后进社会或古式社会中,是什么样的权利与利益规则,导致接受了馈赠就有回报的义务?礼物中究竟有

---

① Davis, N. Z., *A Life of Learning*, p.19.
② Ibid., p.21.
③ Davis, N. Z., *Women on the Margins: Three Seventeenth-Century Lives*, Harvard University Press, 1995.
④ Davis, N. Z., *A Passion for History*, p.49.

第十章 新文化史与历史人类学

什么力量使得受赠者必须回礼?"①莫斯在一份关于毛利人 *hau* 的材料中找到了答案:

> taonga(贵重之物)以及所有严格意义上的个人财产都有 hau,即一种精神力。你给了我一份 taonga,我又把它给了第三者;然后那个人又还我一份 taonga,这是我给他的礼物中的 hau 促成的;而我则必须把这份东西给你,因为我所还给你的东西,其实是你的 taonga 造成的。②

莫斯将 *hau* 称为"礼物之灵"(the spirit of the gift),正是 *hau* 导致了回礼的义务,"即使礼物已被送出,这种东西却仍属于送礼者",因为"*hau* 始终追随着它的主人"。因此,"接受了某人的某物,就是接受了他的某些精神本质,接受了他的一部分灵魂;保留这些事物会有致命的危险"。③

同时,莫斯将礼物的理论扩展至人神之间的关系:

> 人们最早与之具有契约关系的一类存在者首先是亡灵和诸神。人们不得不与之订约,而且,就其定义而言,之所以有这二者,就是为了人们能够与之订立契约。的确,它们才是世界上的事物与财富的真正所有者。与它们交换是当务之急,不与它们交换便可能大难临头。但从另一方面来讲,与它们进行交换也是最方便和最有把握的。对牺牲的破坏,目的正是为了确保这份牺牲能够成为必须回报的献礼。④

莫斯关于礼物的理论带有明显的进化论色彩,将礼物经济与市场经济相对,礼物经济经过一个"极其漫长的转变阶段"达到一个"形成了个体契约、货币流通的市场、确切意义上的销售,特别是形成了使用经过计算与命名的货币来估算价格的观念的社会"。⑤

尽管莫斯关于 *hau* 的理论遭到了雷蒙德·弗斯(Raymond Firth)、克洛德·列维-斯特劳斯以及马歇尔·萨林斯等诸多人类学家的批评,但礼物和互惠业已成了人类学家研究的重要课题。同时,一些历史学家也受到莫斯的影响开始研究西方历史上的礼物交换,如摩西·芬利(Moses Finley)研究

---

① 马塞尔·莫斯:《礼物》,汲喆译,上海人民出版社,2002 年,第 4 页。
② 同上书,第 20 页。
③ 同上书,第 20—21 页。
④ 同上书,第 25—26 页。
⑤ 同上书,第 80 页。

了城邦建立前希腊的礼物问题,乔治·杜比(Georges Duby)则研究了7、8世纪时欧洲的礼物流动。

娜塔莉·戴维斯在《16世纪法国的礼物》一书中将历史学和人类学有机地结合起来。一方面,戴维斯历史地考察了法国一个变动时期的礼物交换;另一方面,她运用了人类学的方法来研究这种作为基本交换形式的礼物交换行为。16世纪正是一个转变的时期,礼物模式也发生了变化:

> 16世纪的法国正值拉伯雷的巨人靠礼物义务而非武力获利;西塞罗的《论义务》和塞内卡的《论利益》——关于礼物的罗马指导书——大量印刷出版;天主教和加尔文教争论人类应该给上帝奉献什么;国王正试图加强其声望并扩充其国库;庇护体系变得越来越复杂;父母试图用最好的方式来移交遗产;甚至在农村地方市场不断繁荣,里昂的集市流通着整个欧洲的货物和信贷;雅克·卡蒂耶(Jacques Cartier)在其船上装满小刀和珠子运往处于世界另一边的所谓"野蛮人"之时。①

而戴维斯正是要研究这一背景下的礼物模式。她在书中提到了自己研究这一课题的目标是"思考法国16世纪时礼物的地位、意义和使用","思考在不同的背景(从国王的恩施到乞丐的救济)和不同的形式(物品和服务、神恩和祝福)下的礼物和礼物交换"。②

在书中,娜塔莉·戴维斯通过大量的材料考察了16世纪法国的礼物实践和公共时间、礼物实践的社会意义、礼物体系与买卖体系的关系。戴维斯将16世纪法国的礼物交换体系分为四个部分:基督教的慈善、贵族的慷慨、朋友的恩惠和邻居的大方。③ 可见,戴维斯将礼物交换理解为一个多维度的体系,不仅包括普通的礼物交换,还包括政治中的贿赂和腐败,以及(如莫斯所提到的)宗教中的献祭和祈祷等。在礼物的宗教维度方面,戴维斯强调了两个层次:人与上帝之间的垂直关系(如献祭等);人与人之间的水平关系(如施舍等)。④

《16世纪法国的礼物》是娜塔莉·戴维斯很典型的一部历史人类学的著作。在研究主题方面,礼物交换是一个典型的人类学研究领域;在研究方

---

① Davis, N. Z., *The Gift in Sixteenth-Century France*, The University of Wisconsin Press, 2000, pp.8-9.
② Ibid., p.9.
③ Ibid., p.15.
④ Chartier, R., "Review: The Gift in Sixteenth-Century France by Natalie Zemon Davis", *The Journal of Modern History*, Vol.76, No.4, December, 2004, p.958.

第十章 新文化史与历史人类学

法上,戴维斯借鉴了人类学家关于礼物研究的方法;在研究时段上,戴维斯考察的则是法国的一个历史时期。戴维斯认为这本书不仅是"16世纪法国礼物的民族志",也是礼物模式的"一项文化和社会研究"。戴维斯写道:

> 尽管礼物和交换体系随着时间的变化有着巨大的改变,但不存在有着进化阶段的普遍模式,即从完全的礼物经济缩小为特殊场合的馈赠。相反,礼物交换作为基本的关系模式、行为系统以及有着自己规则、语言、礼仪和姿势的体系继续存在。在特定的阶段礼物模式可能扩展或缩小,但绝不会丧失其重要性。①

同时,礼物交换这一主题并非是无价值的,戴维斯自己在最后总结了礼物交换在16世纪法国的意义:

> 我试图展现礼物的内在之灵,因它们所产生的关系,以及它们在16世纪法国的外在形式。礼物标记年度时节、生活周期;它们在社会所有的层次上维持朋友、邻居、亲戚和共同劳动者之间的关系;它们缓和阶级和地位之间的紧张关系。它们给商业安排以附加的信用,它们无处不在并缓解社会发展和政治交易中的问题。②

从《法国近代早期的社会与文化》到《马丁·盖尔归来》再到《16世纪法国的礼物》,娜塔莉·戴维斯一直坚持历史人类学的实践。一方面,戴维斯不断拓展其历史研究的主题,从大众文化到礼物交换;另一方面,随着人类学研究方法的不断变化,戴维斯的历史人类学的分析模式也在不断变化,从功能主义到象征人类学。例如在《16世纪法国的礼物》一书中,她不仅指出礼物交换在16世纪法国社会中的功能,同时将礼物交换视为一种文化机制。同时,戴维斯对历史人类学的理论也进行了反思,认为人类学为历史学家了解过去提供了新的路径和可能性。

---

① Davis, N. Z., *The Gift in Sixteenth-Century France*, p.9.
② Ibid., p.124.

结　语

一、理论：反思历史人类学

有学者认为，人类学是人的科学，历史人类学则是将人视为历史的存在。① 人类学引入历史的维度导致了人类学的历史化。美国人类学家马歇尔·萨林斯等人的研究表明，结构与历史、稳定与变迁的划分完全是武断的，"所有的历史都是根基于结构之中——偶发事实的系统化秩序；反过来说，这样的结构也只有通过历史事件才能显现出来。"② 另一位美国人类学家罗纳托·罗萨尔多在《伊隆戈人的猎头》一书中认为，研究伊隆戈社会的最佳方式是"在社会结构中加入时间维度"（即从共时性视角转向历时性视角），因为在伊隆戈社会中"社会发展过程并不因袭既定的规则，而是随着历史做出相应的变化"。因此，罗萨尔多主张"把历史引入人类学"，这样"能将研究中的结构和过程、文化模式和文化变迁、生命周期和个人传记这些可悲的二分法融合在一起"。③ 同样地，人类学家萧凤霞也反对"结构"和"变迁"的二分，认为要将"结构"理解为"结构过程"（structuring），因而她提出"结合涂尔干社会结构的向度、马克思注重权力和剥削的观点，以及韦伯强调文化意涵的重要性的主张"，以"把个人根植在层层叠叠的社会、文化、权力和历史关系里"，并且"掌握复杂的历史变迁"。④

丹麦人类学家克斯汀·海斯翠普在《他者的历史》一书的导论中，总结了历史学和人类学的结合是如何可能的。海斯翠普指出，人类学家已经认识到"文化和历史是互相容受的，而不是实质上分离的两个实体"。人类学

---

① Von Weizsäcler, C. F., *The Ambivalence of Progress: Essays on Historical Anthropology*, Paragon House, 1988, p.31.
② 克斯汀·海斯翠普编：《他者的历史》，第 5 页。
③ 罗纳托·罗萨尔多：《伊隆戈人的猎头》，第 16、21、24 页。
④ 萧凤霞：《廿载华南研究之旅》，华南研究会编：《学步与超越：华南研究会论文集》，文化创造出版社，2004 年，第 34—35 页。

的历史化"意味着稳定与变迁在理论上是可以调和的","虽然以前的人类学家往往将历史与变迁混为一谈,可是我们如今已逐渐能理解:稳定不比快速的变化更不具'历史性'"。① 海斯翠普宣称:"到了20世纪70年代末到80年代的'历史人类学',最后终于使历史和社会科学这两个领域成功整合,我们不再需要用历史人类学一词,因为社会人类学已经整个历史化了。"而且,社会人类学的研究对象已经得到重新定义,海斯翠普写道:"真正的'历史'人类学必须同时兼顾空间和时间,这不仅是因为历史是社会在时间中的开展,也是因为'社会'是历史事件的制度形式"。②

同时海斯翠普提醒我们,"各个世界有其本身制作历史的模式,以及其本身思考历史的方法"。③ 因此,在研究"他者"(无论是空间上的还是时间上的)的时候,我们必须要考虑到时间维度,这个时间维度不仅是指时间上的依序发生,更是指所研究的"他者"自身对历史的建构方式,我们必须将"他者"放在其自身的历史中理解,而不是我们的历史之中。西班牙人类学家和历史学家胡里奥·卡洛·巴洛哈(Julio Caro Baroja)就是一个很好的例子。巴洛哈年轻时曾与其家乡巴斯克地区相信巫术的人交谈过,这些谈话使他意识到他们的世界与其他不信巫术的世界之间在观念上存在着极大的不同。因此,巴洛哈在其研究巫术的著作中认为,历史学家在研究和理解一个社会的巫术时,必须将巫术置于其自身的社会中,关注其心态和社会结构。④

20世纪80年代以来,西方人类学(或历史人类学)的反思是围绕克利福德·格尔兹展开的。阿莱塔·比尔扎克(Aletta Biersack)认为,这种反思表现在两个方面:新文本主义和马歇尔·萨林斯的"结构的历史人类学"。比尔扎克指出,当前的历史学和人类学开始关注文学理论,"从(有一部分受到人类学鼓舞的)'社会史',转移到对于历史文本及其文学特性——连同多明尼克·拉卡颇和海登·怀特之作品——的关切,跟人类学之中的焦点从作为文本的文化(诠释的冥想),转移到人类学文本(民族志)及其修辞策略是相似的"。⑤

新文本主义的代表是《写文化》(*Writing Culture*,1986),其主旨是对生产人类学文本(民族志)的诗学和政治学的批判。人类学的传统认为,民

---

① 克斯汀·海斯翠普编:《他者的历史》,第5页。
② 同上书,第7页。
③ 同上书,第9页。
④ Baroja, J. C., *The World of the Witches*, Glendinning, N., trans., The University of Chicago Press, 1964.
⑤ 雅乐塔·宾尔沙克(阿莱塔·比尔扎克):《地方性知识、地方史:纪尔兹与超越纪尔兹》,林·亨特主编:《新文化史》,江政宽译,麦田出版社,2002年,第114—115页。

族志是"从写作、从制作文本开始的",而《写文化》正是要打破这种观念,詹姆斯·克利福德(James Clifford)在导言中阐明了该书的主旨:

> 收集在本书中的论文断言,上述意识形态已经溃败。这些文章认为文化是由相互激烈竞争的符码和表象构成,假设诗学和政治是不可分的,而科学位于历史和语言学过程之中,而不是之上。它们还假定,学术体裁和文化体裁相互渗透,描述文化的写作真正是试验性和伦理性的。它们把焦点放在文本生产和修辞上,以便突出文化叙述的建构和认为的性质。这种做法削弱了过度透明的权威模式,把注意力引向民族志的历史困境,亦即,民族志总是陷入发明文化而非再现文化的境地。这些文章所提问题的范围不属于任何传统意义上的文学,这一点将很快变得明显。大部分的文章虽然焦点在文本实践,然而都抵达了文本之外的语境:权力、抵抗、制度限制以及创新的语境。①

这一研究路径把研究重点"引向文化文本生产的叙述而不是文化'文本'的阐释"。② 在这里,新文本主义对"文化"理解与格尔兹是不同的:文化"不是一个描述客体,也不是能够被明确地阐释的象征和意义的统一体",文化是"暂时的、不断声称的","是历史地生产、激烈地争斗出来的"。③ 民族志的写作被六种方式所决定,因而要从这六个方面来考察民族志的写作:

(1) 从语境上(它从有意义的社会环境中汲取资源并创造有意义的社会环境)

(2) 从修辞上(它使用有表现力的常规手法,也被后者使用)

(3) 从制度上(写作既处在特定的传统、学科和观众读者之中,又对立于所有这些)

(4) 从一般意义上(民族志通常区别于小说和游记)

(5) 从政治上(表达文化现实的权威是不平等地分配的,有时候是有斗争的)

(6) 从历史上(上述所有常规和限制都是变化的)④

---

① 詹姆斯·克利福德:《导言:部分的真理》,詹姆斯·克利福德、乔治·马库斯编:《写文化——民族志的诗学与政治学》,高丙中等译,商务印书馆,2006年,第30页。
② 同上书,第42页。
③ 同上书,第48页。
④ 同上书,第34页。

同时，这种对历史文类的探讨"不仅带给了历史人类学研究上的新方向，更突破了科学知识的理性基础限制"。① 迈克·陶西格的《萨满信仰、殖民主义与野蛮人》就是一个很好的例子。② 黄应贵对此书做了如下评价：

> 就如同民族志也是由人类学家与当地人共同创造的人类学知识一样，本书所呈现的"历史"，也是由殖民者所创造的意象和当地印第安人所创造的意象相互激荡回应而来。这种辩证性的意象，不仅突显出当地文化上魔幻现实主义的特色，更重要的是突显了当地人所关心、所表达的历史经验，也就是历史人类学所说的历史意识与再现。③

对格尔兹的另一个主要批评是他的解释人类学本质上是非历史的，如比尔扎克所指出的，格尔兹关注的"是网，而不是编织；是文化，而不是历史；是文本，而不是文本化的过程"。④ 同时，格尔兹在关注地方性知识的同时忽略了宏观的背景。比尔扎克认为萨林斯的"结构的历史人类学"是一个很好的解决方式：

> 总而言之，这些文章（指萨林斯《历史之岛》中的文章）暗示，关于一者怎样转手另一者的再生产与转化，就像所有的情况一样，区域与全球的关系最好从辩证的角度加以构思。一如萨林斯的芝加哥大学同僚柯玛罗夫夫妇（the Comaroffs）所表达的观点，亦即，"地方和全球之力量的逻辑，首先必须以其自身的角度来了解"，而地方史始终是"这些力量相互限定下的互动结果"，因而最好将之概念化为一种"地方体系及其周围脉络之间的串构（articulation）的辩证"的映像，——换言之，从"内部形式"与"外部力量"怎样彼此制约的角度加以概念化。既然宣称地方性是一种分析单位的那些人跟集中焦点于外源力量和全球力量的决定性权力的那些人之间的论战，区分了强调文化的那些人与强调政治经济的那些人，那么历史之岛（islands-of-history）模式的这一移转，则提供了进一步的机会，通过文化论的视角来柔化物质主义，反过来也一样，通过对"生活的坚硬表面"的关注，来坚韧符号的研究取向。⑤

---

① 黄应贵：《反景入深林——人类学的观照、理论与实践》，商务印书馆，2010年，第325页。
② Taussig, M., *Shamanism, Colonialism, and the Wild Man: A Study in Terror and Healing*, The University of Chicago Press, 1987.
③ 黄应贵：《反景入深林》，第328页。
④ 雅乐塔·宾尔沙克：《地方性知识、地方史》，林·亨特主编：《新文化史》，第125页。
⑤ 同上书，第142页。

比尔扎克认为尽管新文本主义和"结构的历史人类学"有所不同,但它们都认可"地方范围之外、跨文化、多元、历史构成、世俗以及物质之实体的相关性",它们指出了一条历史化的不同道路。① 历史人类学的发展正是基于对历史人类学的不断反思,萧凤霞在《反思历史人类学》一文中指出了人类学家运用"历史"的不同情况,其实这正是历史人类学的一个发展过程:

> 许多关注当代论题的学者干脆就忽略历史;有的在书中开头加插一点历史背景,然后立马进入当下的田野记述中;还有就是从文献——例如方志和族谱——中捡拾过去的经验"事实",以讨论文化变迁;只有少数会批判地解构历史材料,从中揭示深藏在当下田野记述底层中的结构过程——这正是我认为历史学和人类学可以交相结合的地方。②

无论如何,人类学和历史的结合有其广阔的前景。历史人类学对人类学的价值在于它"一方面是对过去的策略,一方面也是扩大了我们人类学工作方法的机会"。③ 在这里,我引用比尔扎克的一段话作为小结:

> 人类学与历史学已经以各自的方式从欧洲凿出了各式各样的思想潮流。今日,知识源头相当密切的这两个领域,都是具有理论性刺激的场所,也是众多传统争夺(或者说,屈服于、穿越以及融入)霸权之处,而且那里的关键词和概念也是具有高度争议性的。这些冲突提供了肥沃的土壤,目前这两门学科从中奋力地创造自己的未来。从属于同样的源流,受到同样的思想力量的浇灌,人类学与历史学如今面对同样的可能性。④

二、实践:历史学的人类学转向与西方史学的转型

张广智教授认为,西方史学经历了五次重大的历史性转折,其中第五次

---

① 雅乐塔·宾尔沙克:《地方性知识、地方史》,林·亨特主编:《新文化史》,第146页。
② 萧凤霞:《反思历史人类学》,《历史人类学学刊》第七卷第二期,2009年10月,第118页。
③ 玛丽莲·西佛曼、P. H. 格里福:《历史人类学和民族志的传统》,玛丽莲·西佛曼、P. H. 格里福编:《走进历史田野》,第69页。
④ 雅乐塔·宾尔沙克:《地方性知识、地方史》,林·亨特主编:《新文化史》,第115页。

转折"发端于 20 世纪 50 年代,从此开始了当代西方史学的发展历程",这次转折在理论上受到马克思和韦伯的影响,在研究方法上"借鉴吸收其他社会科学的新技术和方法"。这种"新史学"借鉴了社会学、经济学、人口学等社会科学方法,与以兰克学派为代表的西方传统史学范型有很大的不同,形成了新政治史、新社会史、新经济史以及人口史等诸多新的研究领域。在研究的主题内容方面,传统史学只关注"精英人物"和政治史传统,是"自上而下的历史",而这种"新史学"则关注普通民众,是"自下而上的历史"。①

但是这种"科学化的历史"也有其自身的问题。尽管历史学家不再关注社会上层和精英,转而关注普通的民众,但是这些普通民众是淹没在长时段的趋势、社会的结构以及各种数据图表之中的,而非活生生的人。到了 20 世纪 70 年代,这种"没有人和事件的历史学"日益受到批评和质疑。英国人类学家艾伦·麦克法兰在 1970 年就指出历史学家"在追求统计事实时忽略了个人以及他们的态度"。② 1979 年劳伦斯·斯通在《叙事史的复兴:对一种新的旧史学的反思》一文中宣告"叙事史的复兴",认为叙事史的复兴正是对"科学化的历史"的反动,认为这"标志了一个时代的终结:对昔日的变化作出一种有条理的科学解释的努力的终结"。③

叙事史的复兴导致了西方历史学研究的转型,斯通将其概括为:"在研究的问题方面,从经济和人口转向文化和情感;在影响的主要来源方面,从社会学、经济学和人口统计学转向人类学和心理学;在研究的主题方面,从群体转向个人;在历史变迁的解释模式方面,从分层的和单一原因的解释模式转向相互关联的和多原因的解释模式;在方法论方面,从群体定量转向个体案例;在组织结构方面,从分析转向叙事;在历史学家功能的概念化方面,从科学的转向文学的。"④历史学和人类学的结合正是这一转型的重要标志之一,正如斯通在《叙事史的复兴》一文的修订版中所说的:"叙事史在一些'新史家'中的复兴之首要原因就是人类学取代社会学和经济学,成为最有影响力的学科。"⑤由于人类学方法的引入,使得历史学家可以采用类似田野调查的方法来考察历史上的小人物(如马丁·盖尔)和小群体(如蒙塔尤)。因此,历史人类学使得历史学研究的对象回归到人,正如苏珊娜·布哈尔茨

---

① 张广智、张广勇:《史学:文化中的文化》,上海社会科学院出版社,2003 年,第 339、343 页。
② Macfarlane, A., *The Family Life of Ralph Josselin, A Seventeent-Century Clergyman: An Essay in Historical Anthropology*, Cambridge University Press, 1970, p.3.
③ Stone, L., "The Revival of Narrative", *Past & Present*, No.85, Nov., 1979, p.19.
④ Ibid., pp.23-24.
⑤ Stone, L., "The Revival of Narrative", *The Past & The Present*, Routledge & Kegan Paul, 1981, p.81.

(Susanna Burghartz)所说的:"各种流派的历史人类学似乎有个共同点,就是它们的兴趣都在于认识和研究处在时代演变之中的人、人的经验和感知。"①正如历史学家鲍勃·斯克里布纳指出的,很多历史学家转向人类学是因为他们试图"超越高层政治(high politics)和精英主义关于文化的观念,更好地理解在传统史学中通常被忽略的或被视为历史之被动者的那些人的行为、思想和行动"。②

法国历史学家弗朗索瓦·菲雷认为人类学在两个方面改变了历史学:历史学的研究对象和历史学的研究方法。③

(一)历史人类学与历史学研究内容的拓展

由于人类学关注的主要是异文化,因此民族志学者会记录这些文化中的日常生活,如列维-斯特劳斯所指出的:"人类学家首先感兴趣的是无文字的资料,这并不完全是由于他所研究的民族不能书写,而是因为他所主要关心的东西与人们通常想到要记录在石头或纸张上的一切都不相同。"④而历史学研究所依据的文献资料由于是生活于其中的人所记录的,它们往往会"把正常视为当然,视为已经被认识了的东西而无需解释"。⑤

因此,人类学的介入极大地拓展了历史学的研究视角以及研究内容,正如卡洛·金斯伯格所指出的,"历史学家试图用不同的方式来看待旧的主题(如政治权力)和旧的证据(如审判记录)",因此"传统上被视为无意义的、不相关的或至多是不重要的奇闻异事的行为和信仰(如魔法和迷信)被作为有意义的人类经验加以分析"。⑥历史学家开始关心"最容易影响到家庭生活、物质生活条件以及基本信念这样一些制约人类的因素所发生的物质变化和心理变化"⑦,或如安德烈·比尔吉埃尔(André Burguière)所言:"在它们自

---

① 雅各布·坦纳:《历史人类学导论》,白锡堃译,北京大学出版社,2008年,第84页。
② Scribner, B., "Historical Anthropology of Early Modern Europe", Hsia, R. P.-C. et al., eds., *Problems in the Historical Anthropology of Early Modern Europe*, Harrassowitz, 1997, p.32.
③ Furet, F., *In the Workshop of History*, The University of Chicago Press, 1984, pp.73-74; Dube, S., "Introduction: Anthropology, History, Historical Anthropology", Dube, S., ed., *Historical Anthropology*, Oxford University Press, 2007, p.33.
④ 克洛德·莱维-斯特劳斯:《结构人类学》(第一卷),谢维扬、俞宣孟译,上海译文出版社,1995年,第30页。
⑤ 杰弗里·巴勒克拉夫:《当代史学主要趋势》,杨豫译,上海译文出版社,1987年,第89页。
⑥ Ginzburg, C., "[The Possibilities of the Past]: A Comment", *Journal of Interdisciplinary History*, Vol.12, No.2, Autumn, 1981, p.277.
⑦ 杰弗里·巴勒克拉夫:《当代史学主要趋势》,第85—87页。

己的范畴内重新发现过去的社会,过去的社会已经变得使我们无法理解。"①海梅·比森斯·比韦斯(J. Vicens Vives)要求历史学家抛弃陈旧的"框框和陈词滥调",并转向研究"基本因素",例如"人类、痛苦和饥荒;瘟疫和死亡;土地所有制、领主与其封臣之间的关系、雇主与工人之间的关系……还有教士与信徒之间的关系……"②

历史人类学不仅关注人的日常生活,研究人的饮食起居、姿态服饰、风俗习惯、技艺和文化,同时还强调要"突出主流史学略而不述者,也就是在历史人类学的文本中认可、展示、强化权力中心和主流话语范围之外的'其他声音'(边缘性的、地方性的、弱势的、不易听见但并非沉默的)",即自下而上的历史(history from below)。③ 18 世纪时,勒格朗·多西(Legrand d'Aussy)就要求历史学家不仅要表现著名人物的历史,而且要描写"那些城市里的资产阶级、茅草房中农民、城堡内的贵族绅士,总之在工作、娱乐着的、和他们的妻小一起生活着的法国人"。④ 德国历史学家汉斯·梅迪克指出,历史人类学把关注点"从历史精英、政治统治关系与政治事件联系的结构上,转移到劳动的、行动的、受难的与反抗的'普通'人身上",还"把历史进程中的地位和名称赋予那些被视作不具有历史影响力的主体"。⑤ 英国历史学家爱德华·汤普森宣称其《英国工人阶级的形成》一书的写作动机就是"把那些穷苦的织袜工、卢德派的剪绒工、'落后的'手织工、'乌托邦式'的手艺人,乃至受骗上当而跟着乔安娜·索斯科特跑的人都从后世的不屑一顾中解救出来"。⑥ 埃里克·霍布斯鲍姆在《原始叛乱者》中研究的都是些不识字的普通人,他们无法表达自己,历史学家对于他们的了解通常很少,仅有的文献通常是偶然的产物,如法庭的记录、记者的采访或学者的采风。⑦ 劳伦斯·斯通将这些"新史家"所关心的问题罗列如下:

---

① 舍普:《非正规科学:从大众化知识到人种科学》,万佚、刘莉译,生活·读书·新知三联书店,2000 年,第 138 页。
② 杰弗里·巴勒克拉夫:《当代史学主要趋势》,第 88 页。
③ 蓝达居:《历史人类学简论》,《广西民族学院学报(哲学社会科学版)》2001 年第 1 期,第 3 页。
④ 安德烈·比尔吉埃尔:《历史人类学》,勒高夫等主编:《新史学》,姚蒙译,上海译文出版社,1989 年,第 230 页。
⑤ 汉斯·梅迪克:《历史人类学》,斯特凡·约尔丹主编:《历史科学基本概念辞典》,孟钟捷译,北京大学出版社,2012 年,第 132 页。
⑥ E.P.汤普森:《英国工人阶级的形成(上)》,钱乘旦等译,译林出版社,2001 年,前言第 5 页。
⑦ Hobsbawm, E., *Primitive Rebels: Studies in Archaic Forms of Social Movement in the 19th and 20th Centuries*, Manchester University Press, 1959, pp.2, 9.

权力、权威及魅力型领袖的特性;政治制度与其背后的社会模式及价值体系间的关系;对青年、老年、疾病及死亡的态度;性、婚姻及同居;生育、避孕及堕胎;工作、休闲和超常量的消费;作为现实之解释模式之宗教、科学及魔法的关系;爱、恐惧、情欲及仇恨等情绪的力量及其指向;识字和教育对于人们生活及看待世界方式的影响;不同社会团体(诸如家庭、亲属、社区、国家、阶级和种族等)的相对重要性;作为维系共同体之仪式、象征和习俗的力量和意义;罪与罚的道德及哲学路径;顺从的模式和平等主义的迸发;身份团体或阶级之间的结构冲突;社会流动的方式、可能性及限制;大众抗议和千禧年希望的特性及意义;人与自然间生态平衡的变化;疾病的原因和结果。①

这种强调关注普通人的、日常生活的历史观带有强烈的人类学的旨趣和研究方法,是历史人类学的主要特征。

瑞士历史学家雅各布·坦纳将历史人类学研究的内容归纳为三个领域:第一类领域研究的课题与人类学相近,"尤指那些跟身体有关的人类社会行为方面:出生和死亡、性行为、婚姻与卖淫、疾病、对待动物的情况、暴力、营养和衣着等等";第二类领域的课题"曾被持现代化理论撰史观的学者们视为过去的'遗存',因而几乎一直没对它们进行历史考察,例如宗教、虔诚、巫术、迷信和驱神弄鬼等等";第三类领域"在研究方向上'从下层着眼',在研究兴趣上则注重'扩展边缘'",因此关注"失败者、少数派、家与家庭、世代、寿命与性别、固执、冲突、抗议、起义和刑事犯罪等等"。②

(二) 历史人类学与历史学研究方法的转变

历史学的"人类学转向"就其本质而言是人类学方法与历史学视角的结合,因此人类学为历史学提供了方法论上的变化,正如辛西亚·海伊所说的:"'人类学转向'是新叙述史的形式之一。即使是在比较小的程度上,这种方法也一定会吸收人类学的理论作为说明历史问题的资源。"③

尽管历史学和人类学在方法上是不同的,但是这种区别不是绝对的。列维-斯特劳斯敏锐地指出,历史学和人类学"具有同一个主题,即社会生活;同一个目的,即更好地了解人;以及,事实上,同一种方法,其中不同的仅

---

① Stone, L., "The Revival of Narrative", *The Past & The Present*, p.15.
② 雅各布·坦纳:《历史人类学导论》,第12—13页。
③ 辛西亚·海伊:《何谓历史社会学》,S. 肯德里克、P. 斯特劳、D. 麦克龙编:《解释过去,了解现在——历史社会学》,王辛慧等译,上海人民出版社,1999年,第35页。

仅是各种研究技术所占的比重而已。"[①]英国人类学家爱德华·埃文思-普里查德教授在1950年的演讲中宣告"社会人类学是一种历史编纂",并指出"社会人类学和历史学之间的区别是技术的区别、重点的区别、视角的区别,而不是方法和目标的区别"。[②] 在埃文思-普里查德的影响下,英国的社会人类学不再循着拉德克利夫-布朗的道路试图揭示普遍规律,而是致力于"对至多两个或三个社会进行专门的研究,这样的研究就如历史学家般关心事实和处境的独特性,这样的研究很可能会带有一定程度的个人情感"。[③] 一些人类学家甚至开始进行直接的历史写作,如埃文思-普里查德的《昔兰尼加的山奴西人》(*The Sanusi of Cyrenaica*, 1949),人类学家艾萨克·沙佩拉(Isaac Schapera)则将他的《一个非洲部落的婚姻生活》(*Married Life in an African Tribe*, 1940)形容为"社会史"。而英国的一些历史学家正是受到埃文思-普里查德的影响,转而在研究中引入人类学的方法,其代表人物就是基思·托马斯。

第二次世界大战之后的政治、社会和经济变迁影响了人类学和历史学,这主要体现在两个方面:

(1) 对于社会和文化变迁研究的日益关注。西佛曼和格里福对此做了详细的描述:

> 人类学家和其他有利害关系的方面,都希望知道在实际案例中,特定的社会和文化制度,比方说,家庭和亲属群体、头目制、合作模式、宗教习俗与信仰,以及经济生产和生活水准,都起了什么变化?到了1950年代,人类学家愈来愈不容易忽略他们研究的民族,正在发生的事情。于是,专注于所谓的传统稳定秩序,而将当时正在发生的变化,贬抑成主要分析的附属章节,开始令人难以接受。这一种对于新近社会变迁的注意,以及将它纳入研究和分析中的需要,鼓励人类学家向过去做进一步考察,并且承认广泛收集历史材料和历时性研究的重要性和可能性。[④]

一些学者通过区域研究来展现现代化和工业化的进程,有些学者甚至

[①] 克洛德·莱维-斯特劳斯:《结构人类学》(第一卷),第22页。
[②] Evans-Pritchard, E. E., "Social Anthropology", *Man*, Vol.50, Sep., 1950, pp.122-123.
[③] Thomas, K., "History and Anthropology", *Past and Present*, No.24, Apr., 1963, p.4.
[④] 玛丽莲·西佛曼、P. H. 格里福:《历史人类学和民族志的传统》,玛丽莲·西佛曼、P. H. 格里福编:《走进历史田野》,第21—22页。

抛弃了结构功能主义模式,转而运用马克思和韦伯的理论展现社会的变迁和文明的进程。① 如西佛曼和格里福所言:

> 马克思主义典范,与人类学对依赖理论和世界体系论的日益关注,不谋而合。这个走向也提出历史性取向的要求。但是人类学家也对由上到下的历史研究提出有正面意义的不同意见,他们不认为地方和区域的人民,只是以几乎自动和相同的方式反应和配合全国和世界性的变动。这样的假设对于地方性研究的专家而言是不可接受的,他们以为它没有正当的理由。②

(2) 20 世纪 60 年代马林诺夫斯基的功能主义和田野工作方法日益遭到挑战。这主要有两个方面的原因:

第一,1967 年马林诺夫斯基的田野工作日记发表,这引发了一场旷日持久的争论。同时,由于不同的人类学家对同一地点的田野考察却得出不同的结论(例如著名的雷德菲尔德—路易斯和米德—弗里曼争论),使得这一争论雪上加霜。这些导致了对人类学家的职业道德以及民族志的客观性和真实性的质疑。

第二,以列维-斯特劳斯为代表的结构主义人类学家"一反功能主义人类学强调社会现实的传统,把思维当成第一性的体系加以探讨",因此在结构主义人类学那里,结构不是通过田野考察的方法获得的,而是"需经人类学家进行分析和概括才能察知的模式"。③

当田野考察方法受到结构主义人类学的威胁时,美国人类学家克利福德·格尔兹捍卫了民族志在文化人类学中的地位,并用新的民族志代替旧的民族志。在格尔兹那儿,民族志已经不再像过去那样仅仅是一套程序,包含"建立关系、选择调查合作人、作笔录、记录谱系、绘制田野地图、写日记等",而是"经过精心策划的对'深描'的追寻"。④ "深描"是指对意义的分层次的深入阐释,因此民族志不再是一种观察行为,而是一种解释行为。彼得·伯克认为,"深描"可以被视为"一种翻译的形式",可以弄明白特定文化

---

① Cohn, B. S., "History and Anthropology: The State of Play", *Comparative Studies in Society and History*, Vol.22, No.2, Apr., 1980, pp.205-206.
② 玛丽莲·西佛曼、P. H. 格里福:《历史人类学和民族志的传统》,玛丽莲·西佛曼、P. H. 格里福编:《走进历史田野》,第 23 页。
③ 王铭铭:《想象的异邦——社会与文化人类学散论》,上海人民出版社,1998 年,第 387、51 页。
④ 克利福德·格尔兹:《文化的解释》,纳日碧力戈等译,上海人民出版社,1999 年,第 6 页。

中内在的规则。① "深描"对历史人类学的发展产生了重要的影响。

此外,历史学家还运用维克多·特纳、玛丽·道格拉斯、阿诺尔德·范热内普以及涂尔干等人类学家的分析方法来进行历史研究,为历史学研究提供了新的解释模式。可以说,正是人类学的发展导致了历史人类学研究路径的转变,并极大地拓展了历史学的研究视角和解释手段。

但是,历史学对于人类学方法的借鉴也引发了诸多的争论,其中最主要的一个问题是历史学家可以在多大程度上将人类学理论直接应用于自己的研究领域。② 我们发现,这样的质疑更多地来自人类学家,相对而言,历史学家通常避免理论,他们通常都是折中主义的,选择适合分析的合适工具。③ 娜塔莉·戴维斯就是一个很典型的例子,她认为:"我们借鉴人类学著作,不是为了寻求法则,而是寻求建议;不是为了寻求人类行为的普遍规则,而是寻求相关的比较。"④

娜塔莉·戴维斯认为,相对于提供给历史研究新的研究路径而言,更重要的是人类学扩大了历史的可能性:"人类学对我的历史思考上的影响在于,它不仅加深了我对不变的过去的理解,还有对人类经验多样性的认识。……人类学能够扩大可能性,帮助我们打开眼界,给予我们一个新的位置来看待过去并从早已熟知的历史文本中发现惊奇。"⑤ "扩大了历史的可能性"也许正是历史人类学给予历史学最大的价值。

---

① Burke, P., *The Historical Anthropology of Early Modern Italy*, Cambridge University Press, 1987, p.6.
② Scribner, B., "Historical Anthropology of Early Modern Europe", *Problems in the Historical Anthropology of Early Modern Europe*, p.22.
③ Goodman, J., "History and Anthropology", Bentley, M., ed., *Companion to Historiography*, Routledge, 1997, pp.795-796.
④ Davis, N. Z., "The Possibilities of the Past", *Journal of Interdisciplinary History*, Vol.12, No.2, Autumn, 1981, pp.273-274.
⑤ Ibid., p.275.

参 考 文 献

一、英文文献

Adams, J. W., "Consensus, Community, and Exoticism", *The Journal of Interdisciplinary History*, Vol.12, No.2, Autumn, 1981, pp.253-265.

Andrade, T., "A Chinese Farmer, Two African Boys, and a Warlord: Toward a Global Microhistory", *Journal of World History*, Vol.21, No.4, 2011, pp.573-591.

Axel, B. K., ed., *From the Margins: Historical Anthropology and Its Futures*, Duke University Press, 2002.

Axel, B. K., "Introduction: Historical Anthropology and Its Vicissitudes", Axel, B. K., ed., *From the Margins: Historical Anthropology and Its Futures*, Duke University Press, 2002.

Bak, J. M., ed., *Coronations: Medieval and Early Modern Monarchic Ritual*, The University of California Press, 1990.

Baroja, J. C., *The World of the Witches*, Glendinning, N., trans., The University of Chicago Press, 1964.

Barry, J. et al., eds., *Witchcraft in Early Modern Europe: Studies in Culture and Belief*, Cambridge University Press, 1996.

Barry, J., "Introduction: Keith Thomas and the Problem of Witchcraft", Barry, J. et al., eds., *Witchcraft in Early Modern Europe: Studies in Culture and Belief*, Cambridge University Press, 1996, pp.1-45.

Bentley, M., ed., *Companion To Historiography*, Routledge, 1997.

Biersack, A., ed., *Clio in Oceania: Toward a Historical Anthropology*, Smithsonian Institution Press, 1991.

Biersack, A., "Introduction: History and Theory in Anthropology",

Biersack, A., ed., *Clio in Oceania: Toward a Historical Anthropology*, Smithsonian Institution Press, 1991, pp.1-36.

Bonnell, V. E. et al., eds., *Beyond the Cultural Turn: New Directions in the Study of Society and Culture*, University of California Press, 1999.

Bourdieu, P., *Outline of a Theory of Practice*, Cambridge University Press, 1977.

Briggs, R., *Witches and Neighbors: The Social and Cultural Context of European Witchcraft*, Viking, 1996.

Brown, P., *A Life of Learning: Charles Homer Haskins Lecture for 2003*, American Council of Learned Societies, 2003.

Burke, P., *The Historical Anthropology of Early Modern Italy*, Cambridge University Press, 1987.

Burke, P., "Bakhtin for Historians", *Social History*, Vol.13, No.1, Jan., 1988, pp.85-90.

Burke, P., "Historians, Anthropologists, and Symbols", Ohnuki-Tierney, E., ed., *Culture Through Time: Anthropological Approaches*, Stanford University Press, 1990, pp.268-283.

Burke, P., ed., *New Perspectives on Historical Writing*, Polity Press, 2001.

Calaresu, M. et al., eds., *Exploring Cultural History: Essays in Honour of Peter Burke*, Ashgate, 2010.

Carmack, R. M., "Ethnohistory: A Review of Its Development, Definitions, Methods, and Aims", *Annual Review of Anthropology*, Vol.1, 1972, pp.227-246.

Chartier, R., "Text, Symbols, and Frenchness", *The Journal of Modern History*, Vol. 57, No. 4, Dec., 1985, pp.682-695.

Chartier, R., *Cultural History Between Practices and Representations*, Cochrane, L. G., trans., Polity Press, 1988.

Clark, E. A., *History, Theory, Text: Historians and the Linguistic Turn*, Harvard University Press, 2004.

Clark, S., ed., *Languages of Witchcraft: Narrative, Ideology and Meaning in Early Modern Culture*, St. Martin's Press, 2001.

Cohn, B. S., "Ethnohistory", Sills, D. L., ed., *International*

Encyclopedia of the Social Sciences, Vol.6, The Macmillan Company & The Free Press, 1968, pp.440-448.

Cohn, B. S., "History and Anthropology: The State of Play", *Comparative Studies in Society and History*, Vol.22, No.2, Apr., 1980, pp.198-221.

Cohn, B. S., "Toward a Rapprochement", *The Journal of Interdisciplinary History*, Vol. 12, No. 2, Autumn, 1981, pp. 227-252.

Comaroff, J. et al., *Ethnography and the Historical Imagination*, Westview Press, 1992.

Daniel, E. et al., eds., *Culture/Contexture: Explorations in Anthropology and Literary Studies*, University of California Press, 1996.

Darnton, R., "The Symbolic Element in History", *The Journal of Modern History*, Vol. 58, No. 1, Mar., 1986, pp.218-234.

Davidson, J., "History and Anthropology", Lambert P. et al., eds, *Making History: An Introduction to the History and Practices of a Discipline*, Routledge, 2004, pp.150-161.

Davis, N. Z., "The Reasons of Misrule: Youth Groups and Charivaris in Sixteenth-Century France", *Past and Present*, No.50, Feb., 1971, pp.41-75.

Davis, N. Z., "The Rites of Violence: Religious Riot in Sixteenth-Century France", *Past & Present*, No.59, May., 1973, pp.51-91.

Davis, N. Z., "The Possibilities of the Past", *Journal of Interdisciplinary History*, Vol. 12, No. 2, Autumn, 1981, pp. 267-275.

Davis, N. Z., *Women on the Margins: Three Seventeenth-Century Lives*, Harvard University Press, 1995.

Davis, N. Z., *A Life of Learning: Charles Homer Haskins Lecture for 1997*, American Council of Learned Societies, 1997.

Davis, N. Z., *The Gift in Sixteenth-Century France*, The University of Wisconsin Press, 2000.

Davis, N. Z., *A Passion for History: Conversations with Denis Crouzet*, Wolfe, M., ed., Davis, N. Z. et al., trans., Truman State University Press, 2010.

Davis, N. Z., "Decentering History: Local Stories and Cultural Crossings in a Global World", *History and Theory*, Vol.50, No.2, May, 2011, pp.188-202.

Dirks, N. B. et al., eds., *Culture/Power/History: A Reader in Contemporary Social Theory*, Princeton University Press, 1994.

Dirks, N. B., "Is Vice Versa? Historical Anthropologies and Anthropological Histories", McDonald, T. J., ed., *The Historic Turn in the Human Sciences*, The University of Michigan Press, 1996, pp.17-51.

Donham, D. L., *History, Power, Ideology: Central Issues in Marxism and Anthropology*, Cambridge University Press, 1990.

Douglas, M., ed., *Witchcraft Confessions & Accusations*, Tavistock Publications, 1970.

Dube, S., "Introduction: Anthropology, History, Historical Anthropology", Dube, S., ed., *Historical Anthropology*, Oxford University Press, 2007, pp.1-73.

Dube, S., ed., *Historical Anthropology*, Oxford University Press, 2007.

Eggan, F., "Social Anthropology and the Method of Controlled Comparison", *American Anthropologist*, New Series, Vol.56, No.5, Part 1, Oct., 1954, pp.743-763.

Eley, G., "Labor History, Social History, Alltagsgeschichte: Experience, Culture, and the Politics of the Everyday — A New Direction for German Social History?", *The Journal of Modern History*, Vol.61, No.2, Jun., 1989, pp.297-343.

Eley, G., "Foreword", Lüdtke, A., ed., *The History of Everyday Life: Reconstructing Historical Experiences and Ways of Life*, Templer, W., trans., Princeton University Press, 1995, pp.vii-xiii.

Errington, S., "In Memoriam, Clifford Geertz (1926-2006): An Appreciation", *Indonesia*, No. 83, Apr., 2007, pp.189-199.

Evans-Pritchard, E. E., *Witchcraft, Oracles and Magic among the Azande*, Oxford University Press, 1937.

Evans-Pritchard, E. E., "Social Anthropology: Past and Present the Marett Lecture, 1950", *Man*, Vol.50, Sep., 1950, pp.118-124.

Fabian, J., *Time and the Other: How Anthropology Makes Its Object*, Columbia University Press, 1983.

Fernandez, J., "Historians Tell Tales: Of Cartesian Cats and Gallic Cockfights", *The Journal of Modern History*, Vol. 60, No. 1, Mar., 1988, pp.113-127.

Fernandez, J., "Enclosure: Boundary Maintenance and Its Representations over Time in Asturian Mountain Villages (Spain)", Ohnuki-Tierney, E., ed., *Culture Through Time: Anthropological Approaches*, Stanford University Press, 1990, pp.94-127.

Freeman, M., *Main Trends in Social and Cultural Anthropology*, Holmes & Meier Publishers, Inc, 1979.

Furet, F., *In the Workshop of History*, The University of Chicago Press, 1984.

Geertz, C., "History and Anthropology", *New Literary History*, Vol.21, No.2, Winter, 1990, pp.321-335.

Geertz, C., *A Life of Learning: Charles Homer Haskins Lecture for 1999*, American Council of Learned Societies, 1999.

Geertz, H., "An Anthropology of Religion and Magic, I", *Journal of Interdisciplinary History*, Vol.6, No.1, Summer, 1975, pp.71-89.

Gibson, M., "Understanding Witchcraft? Accusers' Stories in Print in Early Modern England", Clark, S., ed., *Languages of Witchcraft: Narrative, Ideology and Meaning in Early Modern Culture*, St. Martin's Press, 2001, pp.41-54,

Ginzburg, C., "[The Possibilities of the Past]: A Comment", *Journal of Interdisciplinary History*, Vol. 12, No. 2, Autumn, 1981, pp. 277-278.

Goodman, J., "History and Anthropology", Bentley, M., ed., *Companion To Historiography*, Routledge, 1997, pp.783-804.

Goody, J., *The Development of the Family and Marriage in Europe*, Cambridge University Press, 1983.

Green, A. et al., *The Houses of History: A Critical Reader in Twentieth-Century History and Theory*, New York University Press, 1999.

Gulliver, P. H. et al., *Merchants and Shopkeepers: A Historical*

Anthropology of An Irish Market Town, 1200-1991, University of Toronto Press, 1995.

Gurevich, A., Historical Anthropology of the Middle Ages, Polity Press, 1992.

Handelman, D. et al., "Shaping Time: The Choice of the National Emblem of Israel", Ohnuki-Tierney, E., ed., Culture Through Time: Anthropological Approaches, Stanford University Press, 1990, pp.193-226.

Hartog, F., Regimes of Historicity: Presentism and Experiences of Time, Brown, S., trans., Columbia University Press, 2015.

Hobsbawm, E., Primitive Rebels: Studies in Archaic Forms of Social Movement in the 19th and 20th Centuries, Manchester University Press, 1959.

Hobsbawm, E., "The Revival of Narrative: Some Comments", Past and Present, No.86, Feb., 1980, pp.3-8.

Hobsbawm, E., On History, Abacus, 1998.

Hobsbawm, E., "From Social History to the History of Society", Hobsbawm, E., On History, Abacus, 1998, pp.94-123.

Hobsbawm, E., "British History and the Annales: A Note", Hobsbawm, E., On History, Abacus, 1998, pp.236-245.

Hobsbawm, E., "On History from Below", Hobsbawm, E., On History, Abacus, 1998, pp.266-286.

Isaac, R., The Transformation of Virginia, 1740-1790, The University of North Carolina Press, 1982.

Kalb, D. et al., "Historical Anthropology and Anthropological History: Two Distinct Programs", Focaal, No.26/27, 1996, pp.5-13.

Hsia, R. P.-C. et al., eds. Problems in the Historical Anthropology of Early Modern Europe, Harrassowitz, 1997.

LaCapra, D., "Chartier, Darnton and the Great Symbol Massacre", The Journal of Modern History, Vol.60, No.1, Mar., 1988, pp.95-112.

Lambert, P. et al., eds., Making History: An introduction to the history and practices of a discipline, Routledge, 2004.

Le Goff, J., Time, Work and Culture in the Middle Ages, Goldhammer, A., trans., The University of Chicago Press, 1980.

Le Goff, J., "Merchant's Time and Church's Time in the Middle Ages", Le Goff, J., *Time, Work and Culture in the Middle Ages*, Goldhammer, A., trans., The University of Chicago Press, 1980, pp.29-42.

Le Goff, J., "The Historian and the Ordinary Man", Le Goff, J., *Time, Work and Culture in the Middle Ages*, Goldhammer, A., trans., The University of Chicago Press, 1980, pp.225-236.

Le Goff, J., "The Symbolic Ritual of Vassalage", Le Goff, J., *Time, Work and Culture in the Middle Ages*, Goldhammer, A., trans., The University of Chicago Press, 1980, pp.237-287.

Le Goff, J., *The Medieval Imagination*, Goldhammer, A., trans., The University of Chicago Press, 1985.

Le Goff, J. "The Time of Purgatory", Le Goff, J., *The Medieval Imagination*, Goldhammer, A., trans., The University of Chicago Press, 1985, pp.67-77.

Le Goff, J., "A Coronation Program for the Age of Saint Louis: The Ordo of 1250", Bak, J. M., ed., *Coronations: Medieval and Early Modern Monarchic Ritual*, The University of California Press, 1990, pp. 46-57.

Leach, E. "Aryan Invasion over Four Millennia", Ohnuki-Tierney, E., ed., *Culture Through Time: Anthropological Approaches*, Stanford University Press, 1990, pp.227-245.

Levi, G., "On Microhistory", Burke, P., ed., *New Perspectives on Historical Writing*, Polity Press, 2001, pp.97-119.

Lüdtke, A., ed., *The History of Everyday Life: Reconstructing Historical Experiences and Ways of Life*, Templer, W., trans., Princeton University Press, 1995.

Lüdtke, A., "Introduction: What Is the History of Everyday Life and Who Are Its Practitioners?", Lüdtke, A., ed., *The History of Everyday Life: Reconstructing Historical Experiences and Ways of Life*, Templer, W., trans., Princeton University Press, 1995, pp. 3-40.

Macfarlane, A., *The Family Life of Ralph Josselin, A Seventeent-Century Clergyman: An Essay in Historical Anthropology*, Cambridge

University Press, 1970.

Macfarlane, A., *Witchcraft in Tudor and Stuart England: A Regional and Comparative Study*, Routledge, 1999.

Mah, H., "Suppressing the Text: The Metaphysics of Ethnographic History in Darnton's Great Cat Massacre", *History Workshop*, No.31, Spring, 1991, pp.1-20.

MARHO: The Radical Historians Organization, *Visions of History*, Pantheon Books, 1983.

McDonald, T. J., ed., *The Historic Turn in the Human Sciences*, The University of Michigan Press, 1996.

Medick, H., "Missionaries in the Row Boat? Ethnological Ways of Knowing as a Challenge to Social History", *Comparative Studies in Society and History*, Vol.29, No.1, Jan., 1987, pp.76-98.

Muir, E. et al., *Microhistory and the Lost Peoples of Europe*, The John Hopkins University Press, 1991.

Murphy, E. et al., eds., *Anthrohistory: Unsettling Knowledge, Questioning Discipline*, The University of Michigan Press, 2011.

Ohnuki-Tierney, E., ed., *Culture Through Time: Anthropological Approaches*, Stanford University Press, 1990.

Ohnuki-Tierney, E., "Introduction: The Historicization of Anthropology", Ohnuki-Tierney, E., ed., *Culture Through Time: Anthropological Approaches*, Stanford University Press, 1990, pp.1-25.

Ohnuki-Tierney, E., "The Monkey as Self in Japanese Culture", Ohnuki-Tierney, E., ed., *Culture Through Time: Anthropological Approaches*, Stanford University Press, 1990, pp.128-153.

Ohnuki-Tierney, E., "Structure, Event and Historical Metaphor: Rice and Identities in Japanese History", *The Journal of the Royal Anthropological Institute*, Vol.1, No.2, Jun., 1995, pp.227-253.

Ortner, S., "Sherpa Purity", *American Anthropologist*, New Series, Vol.75, No.1, Feb., 1973, pp.49-63.

Ortner, S., "On Key Symbols", *American Anthropologist*, New Series, Vol.75, No.5, Oct., 1973, pp.1338-1346.

Ortner, S., "Theory in Anthropology since the Sixties", *Comparative*

Studies in Society and History, Vol. 26, No. 1, Jan., 1984, pp. 126-166.

Ortner, S., "Patterns of History: Cultural Schemas in the Foundings of Sherpa Religious Institutions", Ohnuki-Tierney, E., ed., *Culture Through Time: Anthropological Approaches*, Stanford University Press, 1990, pp.57-93.

Peacock, J., "Form and Meaning in Recent Indonesian History: Some Reflections in Light of H.-G. Gadamer's Philosophy of History", Ohnuki-Tierney, E., ed., *Culture Through Time: Anthropological Approaches*, Stanford University Press, 1990, pp.246-267.

Pitt, D., *Using Historical Sources in Anthropology and Sociology*, Holt, Rinehart and Winston, Inc, 1972.

Plakans, A., *Kinship in the Past: An Anthropology of European Family Life, 1500-1900*, Basil Blackwell Inc, 1984.

Rosaldo, R., "Celebrating Thompson's Heroes: Social Analysis in History and Anthropology", Kaye, H. J. et al., eds., *E. P. Thompson: Critical Perspectives*, Polity Press, 1990, pp.103-124.

Roseberry, W., "Balinese Cockfights and the Seduction of Anthropology", *Social Research*, Vol.49, No.4, Winter, 1982, pp.1013-1028.

Roseberry, W., "Political Economy", *Annual Review of Anthropology*, Vol.17, 1988, pp.161-185.

Roseberry, W., *Anthropologies and Histories: Essays in Culture, History, and Political Economy*, Rutgers University Press, 1989.

Rosenhaft, E., "History, Anthropology, and the Study of Everyday Life: A Review Article", *Comparative Studies in Society and History*, Vol.29, No.1, Jan., 1987, pp.99-105.

Sahlins, M., "The Political Economy of Grandeur in Hawaii from 1810 to 1830", Ohnuki-Tierney, E., ed., *Culture Through Time: Anthropological Approaches*, Stanford University Press, 1990, pp.26-56.

Sahlins, M., "The Return of the Event, Again: With Reflections on the Beginnings of the Great Fijian War of 1843 to 1855 Between the Kingdoms of Bau and Rewa", Biersack, A., ed., *Clio in Oceania: Toward a Historical Anthropology*, Smithsonian Institution Press,

1991, pp.37-99.

Schama, S., *The Embarrassment of Riches: An Interpretation of Dutch Culture in the Golden Age*, Vintage Books, 1987.

Schapera, I., "Should Anthropologists Be Historians?", *The Journal of the Royal Anthropological Institute of Great Britain and Ireland*, Vol.92, No.2, Jul.-Dec., 1962, pp.143-156.

Scribner, B., "Historical Anthropology of Early Modern Europe", Hsia, R. P.-C. et al., eds., *Problems in the Historical Anthropology of Early Modern Europe*, Harrassowitz, 1997, pp.11-34.

Segalen, M., *Historical Anthropology of the Family*, Whitehouse, J. C. et al., trans., Cambridge University Press, 1986.

Sewell, W. H., Jr., *Work and Revolution in France: The Language of Labor from the Old Regime to 1848*, Cambridge University Press, 1980.

Sewell, W. H., Jr., *Logics of History: Social Theory and Social Transformation*, The University of Chicago Press, 2005.

Sewell, W. H., Jr., "The Concept(s) of Culture", Sewell, W. H., Jr., *Logics of History: Social Theory and Social Transformation*, The University of Chicago Press, 2005, pp.152-174.

Sewell, W. H., Jr., "History, Synchrony, and Culture: Reflections on the Work of Clifford Geertz", Sewell, W. H., Jr., *Logics of History: Social Theory and Social Transformation*, The University of Chicago Press, 2005, pp.175-196.

Sewell, W. H., Jr.,"A Theory of the Event: Marshall Sahlins's 'Possible Theory of History'", Sewell, W. H., Jr., *Logics of History: Social Theory and Social Transformation*, The University of Chicago Press, 2005, pp.197-224.

Silverman, M. et al., eds., *Approaching the Past: Historical Anthropology through Irish Case Studies*, Columbia University Press, 1992.

Stone, L., "The Revival of Narrative: Reflections on a New Old History", *Past & Present*, No.85, Nov., 1979, pp.3-24.

Stone, L., "The Revival of Narrative: Reflections on a New Old History", Stone, L., *The Past and The Present*, Routledge & Kegan

Paul, 1981, pp.74-96.

Stone, L., *The Past & The Present*, Routledge & Kegan Paul, 1981.

Sturtevant, W. C., "Anthropology, History, and Ethnohistory", *Ethnohistory*, Vol.13, Issue 1/2, Winter/Spring, 1966, pp.1-51.

Tagliacozzo, E. et al., "History and Anthropology: Strange Bedfellows", Willford, A. et al., ed., *Clio/Anthropos: Exploring the Boundaries Between History and Anthropology*, Stanford University Press, 2009.

Tambian, S. J., *World Conqueror and World Renouncer: A Study of Buddhism and Polity in Thailand against a Historical Background*, Cambridge University Press, 1976.

Taussig, M., *The Devil and Commodity Fetishism in South America*, The University of North Carolina Press, 1980.

Taussig, M., *Shamanism, Colonialism, and the Wild Man: A Study in Terror and Healing*, The University of Chicago Press, 1987.

Taussig, M., "The Rise and Fall of Marxist Anthropology", *Social Analysis*, No.21, Aug., 1987, pp.101-113.

Thomas, K., "History and Anthropology", *Past and Present*, No.24, Apr., 1963, pp.3-24.

Thomas, K., "The Relevance of Social Anthropology to the Historical Study of English Witchcraft", Douglas, M., ed., *Witchcraft Confessions & Accusations*, Tavistock Publications, 1970, pp.47-79.

Thomas, K., *Religion and the Decline of Magic*, Penguin Books, 1971.

Thomas, K., "An Anthropology of Religion and Magic, II", *Journal of Interdisciplinary History*, Vol.6, No.1, Summer, 1975, pp.91-109.

Thompson, E. P., "Anthropology and the Discipline of Historical Context", *Midland History*, Vol.1, No.3, 1971, pp.41-55.

Thompson, E. P., "History and Anthropology", *Making History: Writings on History and Culture*, The New Press, 1994, pp.200-225.

Valeri, V., "Constitutive History: Genealogy and Narrative in the Legitimation of Hawaiian Kingship", Ohnuki-Tierney, E., ed., *Culture Through Time: Anthropological Approaches*, Stanford University Press, 1990, pp.154-192.

Von Weizsäcker, C. F., *The Ambivalence of Progress: Essays on Historical Anthropology*, Paragon House, 1988.

Willford, A. et al., *Clio/Anthropos: Exploring the Boundaries Between History and Anthropology*, Stanford University Press, 2009.

Wolf, E., "Facing Power: Old Insights, New Questions", *American Anthropologist*, New Series, Vol.92, No.3, Sep., 1990, pp.586-596.

二、中文文献

菲利普·阿里埃斯:《心态史学》,勒高夫等主编:《新史学》,姚蒙译,上海译文出版社,1989年,第168—196页。

爱德华·埃文思-普里查德:《努尔人——对尼罗河畔一个人群的生活方式和政治制度的描述》,褚建芳等译,华夏出版社,2002年。

爱德华·埃文思-普里查德:《阿赞德人的巫术、神谕和魔法》,覃俐俐译,商务印书馆,2006年。

爱德华·埃文思-普里查德:《论社会人类学》,冷凤彩译,梁永佳审校,世界图书出版公司,2010年。

本尼迪克特·安德森:《想象的共同体——民族主义的起源与散布》,吴叡人译,上海人民出版社,2005年。

巴赫金:《拉伯雷研究》,李兆林、夏忠宪等译,河北教育出版社,1998年。

杰弗里·巴勒克拉夫:《当代史学主要趋势》,杨豫译,上海译文出版社,1987年。

弗雷德里克·巴特:《斯瓦特巴坦人的政治过程——一个社会人类学研究的范例》,黄建生译,上海人民出版社,2005年。

弗雷德里克·巴斯主编:《族群与边界——文化差异下的社会组织》,李丽琴译、马成俊校,商务印书馆,2014年。

唐纳·柏德维尔-斐桑:《20世纪早期的爱尔兰主干家庭——克瑞郡的一个个案研究》,玛丽莲·西佛曼、P. H. 格里福编:《走进历史田野——历史人类学的爱尔兰史个案研究》,贾士蘅译,麦田出版社,1999年,第235—266页。

理查德·比尔纳其等著:《超越文化转向》,方杰译,南京大学出版社,2008年。

雅乐塔·宾尔沙克:《地方性知识、地方史:纪尔兹与超越纪尔兹》,林·亨特主编:《新文化史》,江政宽译,麦田出版社,2002年,第113—146页。

彼得·伯格、托马斯·卢克曼:《现实的社会构建》,汪涌译,北京大学出版社,2009年。

彼得·伯克:《西方新社会文化史》,刘华译、李宏图校,《历史教学问题》2000年第4期,第25—29页。

彼得·伯克:《历史学与社会理论》,姚朋、周玉鹏等译,刘北成校,上海人民出版社,2001年。

彼得·伯克:《欧洲近代早期的大众文化》,杨豫、王海良等译,杨豫校,上海人民出版社,2005年。

彼得·伯克:《法国史学革命:年鉴学派,1929—1989》,刘永华译,北京大学出版社,2006年。

彼得·伯克:《什么是文化史》,蔡玉辉译,杨豫校,北京大学出版社,2009年。

皮埃尔·布迪厄:《实践感》,蒋梓骅译,译林出版社,2003年。

皮埃尔·布迪厄、华康德:《实践与反思》,李猛、李康译,中央编译出版社,2004年。

皮埃尔·布尔迪厄、罗杰·夏蒂埃:《社会学家与历史学家:布尔迪厄与夏蒂埃对话录》,马胜利译,北京大学出版社,2012年。

皮埃尔·布尔迪厄:《区分:判断力的社会批判》,刘晖译,商务印书馆,2015年。

卡罗林·布莱特尔:《资料堆中的田野工作——历史人类学的方法与资料来源》,徐鲁亚译,《广西民族研究》2001年第3期,第8—19页。

A. 布洛:《狭义心态史刍议》,阿劳译,《国外社会科学》1990年第8期,第62—67页。

费尔南·布罗代尔:《15至18世纪的物质文明、经济和资本主义》(第一卷),顾良、施康强译,生活·读书·新知三联书店,1992年。

费尔南·布罗代尔:《论历史》,刘北成、周立红译,北京大学出版社,2008年。

安唐·布洛克:《"制作历史"的反思》,克斯汀·海斯翠普编:《他者的历史——社会人类学与历史制作》,贾士蘅译,中国人民大学出版社,2010年,第134—141页。

蔡志祥:《华南:一个地域、一个观念和一个联系》,华南研究会编:《学步与超越:华南研究会论文集》,文化创造出版社,2004年,第1—8页。

陈启能:《西方史学的发展趋势》,《历史研究》1993年第3期,第153—167页。

陈启能:《〈年鉴〉杂志的更名和史学研究的新趋向》,《史学理论研究》

2000年第2期,第110—117页。

陈启能:《二战后西方历史学的发展趋势》,《学习与探索》2002年第1期,第120—124页。

陈启能:《略论微观史学》,《史学理论研究》2002年第1期,第21—29页。

陈启能主编:《二战后欧美史学的新发展》,山东大学出版社,2005年。

陈新:《20世纪西方史学思潮二题》,《学术研究》2006年第10期,第87—92页。

大贯惠美子:《作为自我的稻米:日本人穿越时间的身份认同》,石峰译,浙江大学出版社,2015年。

罗伯特·达恩顿:《屠猫记》,吕健忠译,新星出版社,2006年。

娜塔莉·泽蒙·戴维斯:《马丁·盖尔归来》,刘永华译,北京大学出版社,2009年。

约翰·戴维斯:《历史与欧洲以外的民族》,克斯汀·海斯翠普编:《他者的历史——社会人类学与历史制作》,贾士蘅译,中国人民大学出版社,2010年,第16—31页。

玛丽·道格拉斯:《洁净与危险》,黄剑波、卢忱、柳博赟译,张海洋校,民族出版社,2008年。

克里斯蒂昂·德拉克鲁瓦、弗朗索瓦·多斯、帕特里克·加西亚:《19—20世纪法国史学思潮》,顾杭、吕一民、高毅译,商务印书馆,2016年。

苏珊·德山:《E. P. 汤普森与娜塔莉·泽蒙·戴维斯著作中的群众、社群与仪式》,林·亨特主编:《新文化史》,江政宽译,麦田出版社,2002年,第81—111页。

乔治·杜比:《法国历史研究的最新发展》,《史学理论研究》1994年第1期,第99—105页。

乔治·杜比:《布汶的星期天》,梁爽、田梦译,北京大学出版社,2017年。

弗朗索瓦·多斯:《从结构到解构》,季广茂译,中央编译出版社,2004年。

弗朗索瓦·多斯:《碎片化的历史学——从〈年鉴〉到"新史学"》,马胜利译,北京大学出版社,2008年。

阿诺尔德·范热内普:《过渡礼仪》,张举文译,商务印书馆,2010年。

弗朗索瓦·菲雷:《历史学和人种学》,许明龙译,《史学理论》1987年第4期,第94—98页。

米歇尔·福柯:《规训与惩罚:监狱的诞生》,刘北成、杨远婴译,生活·读书·新知三联书店,1999年。

米歇尔·伏维尔:《历史学和长时段》,勒高夫等主编:《新史学》,姚蒙译,上海译文出版社,1989年,第130—167页。
西蒙·冈恩:《历史学与文化理论》,韩炯译,北京大学出版社,2012年。
克利福德·格尔兹:《文化的解释》,纳日碧力戈等译,上海人民出版社,1999年。
克利福德·格尔兹:《深描:迈向文化的阐释理论》,克利福德·格尔兹:《文化的解释》,纳日碧力戈等译,上海人民出版社,1999年,第3—36页。
克利福德·格尔兹:《作为文化体系的宗教》,克利福德·格尔兹:《文化的解释》,纳日碧力戈等译,上海人民出版社,1999年,第101—147页。
克利福德·格尔兹:《深层的游戏:关于巴厘岛斗鸡的记述》,克利福德·格尔兹:《文化的解释》,纳日碧力戈等译,上海人民出版社,1999年,第471—521页。
克利福德·格尔兹:《尼加拉:十九世纪巴厘剧场国家》,赵丙祥译,上海人民出版社,1999年。
克利福德·吉尔兹:《地方性知识——阐释人类学论文集》,王海龙、张家瑄译,中央编译出版社,2000年。
克利福德·吉尔兹:《文化持有者的内部眼界:论人类学理解的本质》,克利福德·吉尔兹:《地方性知识——阐释人类学论文集》,王海龙、张家瑄译,中央编译出版社,2000年,第70—92页。
克利福德·格尔茨:《追寻事实——两个国家、四个十年、一位人类学家》,林经纬译,北京大学出版社,2011年。
克利福德·格尔茨:《烛幽之光:哲学问题的人类学省思》,甘会斌译,上海人民出版社,2013年。
P. H. 格里福:《基尔肯尼郡南部的商店主和农民——1840—1981》,玛丽莲·西佛曼、P. H. 格里福编:《走进历史田野——历史人类学的爱尔兰史个案研究》,贾士蘅译,麦田出版社,1999年,第205—233页。
约翰·格莱德希尔:《权力及其伪装——关于政治的人类学视角》,赵旭东译,商务印书馆,2011年。
克斯汀·海斯翠普编:《他者的历史——社会人类学与历史制作》,贾士蘅译,中国人民大学出版社,2010年。
克斯汀·海斯翠普:《乌有时代与冰岛的两部历史(1400—1800)》,克斯汀·海斯翠普编:《他者的历史——社会人类学与历史制作》,贾士蘅译,中国人民大学出版社,2010年,第114—133页。
辛西亚·海伊:《何谓历史社会学》,S. 肯德里克、P. 斯特劳、D. 麦克龙编:

《解释过去,了解现在——历史社会学》,王辛慧等译,上海人民出版社,1999年,第24—44页。

托马斯·豪斯查德:《在意大利南部制作历史》,克斯汀·海斯翠普编:《他者的历史——社会人类学与历史制作》,贾士蘅译,中国人民大学出版社,2010年,第32—50页。

迈克尔·赫茨菲尔德:《人类学:文化和社会领域中的理论实践》(修订版),刘珩、石毅、李昌银译,华夏出版社,2009年。

麦可·赫兹飞:《了解政治事件的意义——欧洲民族国家中的分支与政治》,克斯汀·海斯翠普编:《他者的历史——社会人类学与历史制作》,贾士蘅译,中国人民大学出版社,2010年,第71—91页。

胡鸿保、张丽梅:《没有历史的民族志——从马凌诺斯基出发》,张佩国等:《历史与民族志:"民间文化与公共秩序"学术研讨会论文集》,中国社会科学出版社,2015年,第1—14页。

华南研究会编:《学步与超越:华南研究会论文集》,文化创造出版社,2004年。

黄国信、温春来、吴滔:《历史人类学与近代区域社会史研究》,《近代史研究》2006年第5期,第46—60页。

黄剑波:《人类学的历史与历史中的人类学》,《思想战线》2013年第3期,第8—14页。

黄应贵:《反景入深林——人类学的观照、理论与实践》,商务印书馆,2010年。

埃里克·霍布斯鲍姆、特伦斯·兰格:《传统的发明》,顾杭、庞冠群译,译林出版社,2004年。

埃里克·霍布斯鲍姆:《民族和民族主义》,李金梅译,上海人民出版社,2006年。

林·亨特主编:《新文化史》,江政宽译,麦田出版社,2002年。

林·亨特:《历史、文化与文本》,林·亨特主编:《新文化史》,江政宽译,麦田出版社,2002年,第21—47页。

安东尼·吉登斯:《社会的构成:结构化理论大纲》,李康、李猛译,王铭铭校,生活·读书·新知三联书店,1998年。

卡洛·金斯伯格:《夜间的战斗——16、17世纪的巫术和农业崇拜》,朱歌姝译,上海人民出版社,2005年。

景军:《神堂记忆:一个中国乡村的历史、权力与道德》,吴飞译,福建教育出版社,2013年。

康乐主编:《年鉴史学论文集》,梁其姿等译,远流出版社,1989年。
科大卫:《告别华南研究》,华南研究会编:《学步与超越:华南研究会论文集》,文化创造出版社,2004年,第9—30页。
撒穆尔·克拉克:《历史人类学、历史社会学与近代欧洲的形成》,玛丽莲·西佛曼、P. H. 格里福编:《走进历史田野——历史人类学的爱尔兰史个案研究》,贾士蘅译,麦田出版社,1999年,第361—392页。
温森特·克拉潘扎诺:《赫尔墨斯的困境:民族志描述中对颠覆因素的掩饰》,詹姆斯·克利福德、乔治·马库斯编:《写文化——民族志的诗学与政治学》,高丙中等译,商务印书馆,2006年,第81—109页。
詹姆斯·克利福德、乔治·马库斯编:《写文化——民族志的诗学与政治学》,高丙中等译,商务印书馆,2006年。
詹姆斯·克利福德:《导言:部分的真理》,詹姆斯·克利福德、乔治·马库斯编:《写文化——民族志的诗学与政治学》,高丙中等译,商务印书馆,2006年,第25—55页。
克莱德·克鲁克洪等:《文化与个人》,高佳、何红、何维凌译,浙江人民出版社,1986年。
安·克努森:《二元历史:一个地中海问题》,克斯汀·海斯翠普编:《他者的历史——社会人类学与历史制作》,贾士蘅译,中国人民大学出版社,2010年,第92—113页。
丹尼斯·库什:《社会科学中的文化》,张金岭译,商务印书馆,2016年。
保罗·拉比诺:《表征就是社会事实:人类学中的现代性与后现代性》,詹姆斯·克利福德、乔治·马库斯编:《写文化——民族志的诗学与政治学》,高丙中等译,商务印书馆,2006年,第285—314页。
奈杰尔·拉波特、乔安娜·奥弗林:《社会文化人类学的关键概念》(第二版),鲍雯妍、张亚辉译,华夏出版社,2009年。
克洛德·莱维-斯特劳斯:《结构人类学》(第一卷),谢维扬、俞宣孟译,上海译文出版社,1995年。
蓝达居:《历史人类学简论》,《广西民族学院学报(哲学社会科学版)》2001年第1期,第2—7页。
雅克·勒高夫等主编:《新史学》,姚蒙译,上海译文出版社,1989年。
雅克·勒高夫:《新史学》,勒高夫等主编:《新史学》,姚蒙译,上海译文出版社,1989年,第1—40页。
雅克·勒高夫:《中古时期教会的时间及商人的时间》,康乐主编:《年鉴史学论文集》,梁其姿等译,远流出版社,1989年,第215—238页。

雅克·勒高夫:《圣路易》,许明龙译,商务印书馆,2002年。

E. 勒胡瓦拉杜里:《事件史、历史人类学及其他》,许明龙译,《国外社会科学》1995年第3期,第50—53页。

埃马纽埃尔·勒华拉杜里:《蒙塔尤——1294—1324年奥克西坦尼的一个山村》,许明龙、马胜利译,商务印书馆,1997年。

埃马纽埃尔·勒华拉杜里:《罗芒狂欢节:从圣烛节到圣灰星期三》,许明龙译,商务印书馆,2013年。

伊曼纽埃尔·勒鲁瓦·拉迪里:《历史学家的思想和方法》,杨豫等译,上海人民出版社,2002年。

伊曼纽埃尔·勒鲁瓦·拉迪里:《社会人类学家布雷顿的雷蒂夫:18世纪的勃艮第乡村》,伊曼纽埃尔·勒鲁瓦·拉迪里:《历史学家的思想和方法》,杨豫等译,上海人民出版社,2002年,第272—350页。

李宏图选编:《表象的叙述——新社会文化史》,上海三联书店,2003年。

保罗·利科:《法国史学对史学理论的贡献》,王建华译,上海社会科学院出版社,1992年。

埃德蒙·利奇:《缅甸高地诸政治体系——对克钦社会结构的一项研究》,杨春宇、周歆红译,商务印书馆,2010年。

刘海涛:《论西方"历史人类学"及其学术环境》,《史学理论研究》2008年第4期,第75—81页。

刘永华:《历史学家的人类学与人类学家的历史学》,《时间与主义》,北京师范大学出版社,2018年,第99—120页。

奥维·洛夫格伦、乔纳森·弗雷克曼:《美好生活:中产阶级的生活史》,赵丙祥、罗杨译,北京大学出版社,2011年。

吉多·鲁格埃罗:《离奇之死——前现代医学中的病痛、症状与日常世界》,王笛主编:《时间·空间·书写》,浙江人民出版社,2006年,第124—150页。

尼克拉斯·罗杰斯:《社会史中的人类学转向》,玛丽莲·西佛曼、P. H. 格里福编:《走进历史田野——历史人类学的爱尔兰史个案研究》,贾士蘅译,麦田出版社,1999年,第393—413页。

罗纳托·罗萨尔多:《伊隆戈人的猎头——一项社会与历史的研究(1883—1974)》,张经纬等译,北京大学出版社,2012年。

罗艳春、周鑫:《走进乡村的制度史研究——刘志伟教授访谈录》,常建华编:《中国社会历史评论》第14卷,2013年,第390—415页。

吕一民:《法国心态史学述评》,《史学理论研究》1992年第3期,第138—

148页。

阿尔夫·吕特克：《日常生活史》，斯特凡·约尔丹主编：《历史科学基本概念辞典》，孟钟捷译，北京大学出版社，2012年，第1—4页。

乔治·马尔库斯、米开尔·费彻尔：《作为文化批评的人类学：一个人文学科的实验时代》，王铭铭、蓝达居译，生活·读书·新知三联书店，1998年。

马凌诺斯基：《西太平洋的航海者》，梁永佳、李绍明译，华夏出版社，2002年。

汉斯·梅迪克：《历史人类学》，斯特凡·约尔丹主编：《历史科学基本概念辞典》，孟钟捷译，北京大学出版社，2012年，第132—134页。

汉斯·梅迪克：《转向全球？微观史的扩展》，董欣洁译，《史学理论研究》2017年第2期，第132—139页。

末成道男总主编，刘志伟、麻国庆主编：《人类学与"历史"：第一届东亚人类学论坛报告集》，社会科学文献出版社，2014年。

克劳斯·墨勒：《透析历史人类学》，约恩·吕森主编：《跨文化的争论：东西方名家论西方历史思想》，陈恒、张志平等译，山东大学出版社，2009年，第35—56页。

马塞尔·莫斯：《礼物》，汲喆译，上海人民出版社，2002年。

杰里·穆尔：《人类学家的文化见解》，欧阳敏、邹乔、王晶晶译，李岩校，商务印书馆，2009年。

热拉尔·努瓦利耶：《社会历史学导论》，王鲲译，上海人民出版社，2009年。

玛丽亚·露西娅·帕拉蕾丝-伯克编：《新史学：自白与对话》，彭刚译，北京大学出版社，2006年。

若敖·德·裴纳-卡布若：《欧洲文化中的异教遗存问题——异教徒的神祇是恶魔》，克斯汀·海斯翠普编：《他者的历史——社会人类学与历史制作》，贾士蘅译，中国人民大学出版社，2010年，第51—70页。

彭兆荣：《边界的空隙：一个历史人类学的场域》，《思想战线》2004年第1期，第101—106页。

彭兆荣：《田野中的"历史现场"——历史人类学的几个要件分析》，《云南民族大学学报（哲学社会科学版）》2004年第3期，第83—88页。

奇迈可：《成为黄种人：一部东亚人由白变黄的历史》，吴纬疆译，八旗文化，2015年。

希安·琼斯：《族属的考古——构建古今的身份》，陈淳、沈辛成译，上海古籍出版社，2017年。

约瑟夫·汝安:《殖民主义和爱尔兰历史发展的诠释》,玛丽莲·西佛曼、P. H. 格里福编:《走进历史田野——历史人类学的爱尔兰史个案研究》,贾士蘅译,麦田出版社,1999年,第327—360页。

舍普:《非正规科学:从大众化知识到人种科学》,万佚、刘莉译,生活·读书·新知三联书店,2000年。

马歇尔·萨林斯:《历史之岛》,蓝达居等译,上海人民出版社,2003年。

马歇尔·萨林斯:《历史的隐喻与神话的现实》,刘永华译,上海人民出版社,2003年。

马歇尔·萨林斯:《资本主义的宇宙观——"世界体系"中的泛太平洋地区》,赵丙祥译,张宏明校,马歇尔·萨林斯:《历史之岛》,上海人民出版社,2003年,第360—415页。

马歇尔·萨林斯:《"土著"如何思考》,张宏明译,上海人民出版社,2003年。

威廉·史迈斯:《让征服文件说话——17世纪提普拉瑞郡和基尔肯尼郡地产、社会和聚落的转型》,玛丽莲·西佛曼、P. H. 格里福编:《走进历史田野——历史人类学的爱尔兰史个案研究》,贾士蘅译,麦田出版社,1999年,第267—324页。

詹姆斯·斯科特:《弱者的武器》,郑广怀、张敏、何江穗译,译林出版社,2011年。

戴维·斯沃茨:《文化与权力:布尔迪厄的社会学》,陶东风译,上海译文出版社,2012年。

爱德华·泰勒:《原始文化》,连树声译,谢继胜、尹虎斌、姜德顺校,上海文艺出版社,1992年。

罗伦斯·泰勒:《信仰的语言——19世纪当尼格尔西南部的宗教概述》,玛丽莲·西佛曼、P. H. 格里福编:《走进历史田野——历史人类学的爱尔兰史个案研究》,贾士蘅译,麦田出版社,1999年,第167—204页。

E. P. 汤普森:《英国工人阶级的形成》,钱乘旦等译,译林出版社,2001年。

爱德华·汤普森:《共有的习惯》,沈汉、王加丰译,上海人民出版社,2002年。

雅各布·坦纳:《历史人类学导论》,白锡堃译,北京大学出版社,2008年。

维克多·特纳:《仪式过程:结构与反结构》,黄剑波、柳博赟译,中国人民大学出版社,2006年。

维克多·特纳:《象征之林——恩登布人仪式散论》,赵玉燕、欧阳敏、徐洪峰译,商务印书馆,2006年。

维克多·特纳:《戏剧、场景及隐喻:人类社会的象征性行为》,刘珩、石毅译,民族出版社,2007年。

基思·托马斯:《巫术的兴衰》,芮传明译,上海人民出版社,1992年。

基思·托马斯:《人类与自然世界:1500—1800年间英国观念的变化》,宋丽丽译,译林出版社,2009年。

王爱和:《人类学和历史学:挑战、对话与发展》,《世界民族》2003年第1期,第31—36页。

王爱和:《中国古代宇宙观与政治文化》,金蕾、徐峰译,徐峰校,上海古籍出版社,2011年。

王笛主编:《时间·空间·书写》,浙江人民出版社,2006年。

王明珂:《华夏边缘:历史记忆与族群认同》(增订本),浙江人民出版社,2013年。

王铭铭:《想象的异邦——社会与文化人类学散论》,上海人民出版社,1998年。

王铭铭:《"在历史的垃圾箱中"——人类学是什么样的历史学?》,杨念群、黄兴涛、毛丹主编:《新史学》,中国人民大学出版社,2003年,第72—86页。

保罗·威利斯:《学做工:工人阶级子弟为何继承父业》,秘舒、凌旻华译,译林出版社,2013年。

雷蒙·威廉斯:《关键词:文化与社会的词汇》,刘建基译,生活·读书·新知三联书店,2005年。

琼恩·文森:《爱尔兰饥荒的政治大合唱——佛曼那夫郡,1847年5月》,玛丽莲·西佛曼、P. H. 格里福编:《走进历史田野——历史人类学的爱尔兰史个案研究》,贾士蘅译,麦田出版社,1999年,第89—115页。

埃里克·沃尔夫:《欧洲与没有历史的人民》,赵丙祥、刘传珠、杨玉静译,上海人民出版社,2006年。

玛丽莲·西佛曼:《由捕鱼者到偷捕鱼者——19世纪诺尔河鲑鱼渔场的公共权利和私有财产》,玛丽莲·西佛曼、P. H. 格里福编:《走进历史田野——历史人类学的爱尔兰史个案研究》,贾士蘅译,麦田出版社,1999年,第117—165页。

玛丽莲·西佛曼、P. H. 格里福编:《走进历史田野——历史人类学的爱尔兰史个案研究》,贾士蘅译,麦田出版社,1999年。

玛丽莲·西佛曼、P. H. 格里福:《历史人类学和民族志的传统——个人、历史和知识性的考量》,玛丽莲·西佛曼、P. H. 格里福编:《走进历史田野——历史人类学的爱尔兰史个案研究》,贾士蘅译,麦田出版社,

1999年,第11—85页。

西敏司:《甜与权力——糖在近代历史上的地位》,王超、朱健刚译,商务印书馆,2010年。

史蒂文·夏平、西蒙·谢弗:《利维坦与空气泵:霍布斯、玻意耳与实验生活》,蔡佩君译,上海人民出版社,2008年。

萧凤霞:《廿载华南研究之旅》,华南研究会编:《学步与超越:华南研究会论文集》,文化创造出版社,2004年,第31—40页。

萧凤霞:《反思历史人类学》,《历史人类学学刊》第七卷第二期,2009年10月,第105—137页。

小威廉·休厄尔:《文化的(多种)概念》,小威廉·休厄尔:《历史的逻辑——社会理论与社会转型》,朱联璧、费滢译,上海人民出版社,2012年。

徐大慰、梁德阔:《结构与事件·历史与结构·他者与我者——评〈历史之岛〉的历史人类学方法论价值》,《历史教学》2008年第8期,第75—79页。

徐桂兰:《历史学与人类学的互动——历史人类学的理论与实践学术研讨会综述》,《广西民族学院学报(哲学社会科学版)》2001年第6期,第27—32页。

杨懋春:《一个中国村庄——山东台头》,张雄等译,江苏人民出版社,2001年。

伊格尔斯:《二十世纪的历史学——从科学的客观性到后现代的挑战》,何兆武译,辽宁教育出版社,2003年。

俞金尧:《微观史研究:以小见大》,《史学理论研究》1999年第1期,第116—119页。

俞金尧:《书写人民大众的历史:社会史学的研究传统及其范式转换》,《中国社会科学》2011年第3期,第199—219页。

斯特凡·约尔丹主编:《历史科学基本概念辞典》,孟钟捷译,北京大学出版社,2012年。

张广智、张广勇:《史学:文化中的文化》,上海社会科学院出版社,2003年。

张佩国等:《历史与民族志:"民间文化与公共秩序"学术研讨会论文集》,中国社会科学出版社,2015年。

张佩国:《历史活在当下——"历史民族志"实践及其方法论》,张佩国等:《历史与民族志:"民间文化与公共秩序"学术研讨会论文集》,中国社会科学出版社,2015年,第15—27页。

张荣华:《文化史研究中的大、小传统关系论》,《复旦学报(社会科学版)》2007年第1期,第73—82页。

张小军:《历史的人类学化和人类学的历史化——兼论被史学"抢注"的历史人类学》,《历史人类学学刊》2003年第1期,第1—28页。

张小军:《历史人类学:一个跨学科和去学科的视野》,清华历史讲堂初编,生活·读书·新知三联书店,2007年,第359—375页。

张小也:《历史人类学:如何走得更远》,《清华大学学报(哲学社会科学版)》2010年第1期,第97—104页。

章衍:《人类学方法在历史研究中的运用——以〈蒙塔尤〉为个案的分析》,《史学理论研究》2010年第1期,第66—78页。

赵世瑜:《历史人类学:在学科与非学科之间》,《历史研究》2004年第4期,第22—24页。

赵世瑜:《小历史与大历史——区域社会史的理念、方法与实践》,生活·读书·新知三联书店,2006年。

赵旭东:《神话的文化解释及其争论》,《民俗研究》2001年第1期,第157—169页。

郑振满、黄向春:《文化、历史与国家——历史学与人类学的对话》,《中国社会历史评论》2004年第2辑。

郑智鸿:《雅克·勒高夫的法式新史学》,唐山出版社,2007年。

周兵:《当代意大利微观史学派》,《学术研究》2005年第3期,第93—98页。

周兵:《新文化史:历史学的"文化转向"》,复旦大学出版社,2012年。

周兵:《全球视野下的文化史书写——解读娜塔莉·泽蒙·戴维斯的"去中心的历史"》,《历史教学问题》2013年第2期,第38—44页。

后　　记

我的研究方向是近代早期西欧巫术史,这一主题与人类学有着很大的关系。2007年我的导师张广智教授在《历史教学问题》上主持"当代西方史学新趋势讲座"专栏时,他让我写作其中关于历史人类学的一篇。论文完成后,我自觉对"历史人类学"有了全面的认识和理解,现在回过头来看,发现当时对这个问题的理解还是很肤浅的。就像绝大多数的学术研究一样,随着研究不断深入,出现的问题总比解决的问题要多。即使到了今天,我不得不承认一些问题仍没有解决,一些内容还没有涉及,所以我更愿意将眼前这本书看作一个阶段性的成果,自己读书的心得。

书中的部分内容曾与一些同仁交流过,在一些讲座、学术会议和学术期刊上发表过,在此对给我建议和意见的同仁和专家表示感谢。2010年—2016年,我开设了"历史人类学导论"研究生课程,在与学生的交流中我获益颇多,正如娜塔莉·戴维斯所说的:"学生教我的,至少和我教他们的一样多。"最后,感谢国家社科基金后期资助项目和复旦大学出版社,使我得以完成和出版此书。

陆启宏
2019年3月

图书在版编目(CIP)数据

历史学与人类学:20世纪西方历史人类学的理论与实践/陆启宏著. —上海:复旦大学出版社,2019.8(2021.8重印)
ISBN 978-7-309-14348-5

Ⅰ.①历… Ⅱ.①陆… Ⅲ.①历史人类学-研究-西方国家-20世纪 Ⅳ.①K0

中国版本图书馆 CIP 数据核字(2019)第 097178 号

历史学与人类学:20世纪西方历史人类学的理论与实践
陆启宏 著
责任编辑/赵楚月

复旦大学出版社有限公司出版发行
上海市国权路 579 号 邮编:200433
网址:fupnet@fudanpress.com http://www.fudanpress.com
门市零售:86-21-65102580 团体订购:86-21-65104505
出版部电话:86-21-65642845
常熟市华顺印刷有限公司

开本 787×1092 1/16 印张 14.25 字数 236 千
2021 年 8 月第 1 版第 3 次印刷

ISBN 978-7-309-14348-5/K·698
定价:58.00 元

如有印装质量问题,请向复旦大学出版社有限公司出版部调换。
版权所有　侵权必究